STATE-LED
MONEY CREATION
국가주도 화폐창조

나희량

박영사

이 저서는 2023년 부·울·경 노무현 연구 지원사업에 의하여 저술되었음

존 로(John Law, 1671~1729)를 기리며
화폐의 본질을 고민하는 모든 이에게 이 책을 바칩니다.

머리말

"사람들은 왜 늘 돈이 없어서 힘들어할까? 돈이 없어서 가난하고 불행한 사람들이 있다면 국가가 직접 돈을 만들어서 주면 되지 않을까?" 저자가 대학에서 경제학을 공부하기 시작하면서부터 가지고 있던 질문이다. 이 책의 기획은 이러한 경제와 화폐에 대한 단순하지만 본질적인 의문에서 시작되었다.

적지 않은 시간의 사유와 천착 끝에 찾은 이 질문에 대한 답은 "국민을 위한 국가의 화폐창조는 과거에는 어려웠지만 급속한 과학기술 발전과 폭발적인 생산력 증대로 현재는 가능하다. 그리고 이는 경제적 이익의 증가뿐만 아니라 윤리적, 철학적으로 정당하다. 이제 남은 것은 이를 현실로 구현하기 위한 의지와 합의이다"라고 정리할 수 있다.

이 책을 통해 앞의 질문과 답에 대한 지금까지의 고민과 의견을 나누고자 한다. 이와 함께 관련된 논의가 확산하는 계기가 될 수 있기를 기대한다. 왜냐하면 저자만이 아니라 많은 사람이 이에 대해 질문하고 그 해답을 찾고 있다고 생각하기 때문이다. 이 책이 그 해답을 찾아가는 데 도움이 되기를 바란다.

세계는 2008년 글로벌 금융위기와 2020년 코로나 팬데믹 위기 이후 화폐·통화정책의 대전환기를 맞고 있다. 이는 경제위기가 체제의 위기로 비화하지 않도록 하기 위한 노력의 일환이기도 하다. 하지만 부의 불평등과 양극화는 심화하고 국민 다수의 삶은 부채의 늪에 빠져들고 있다. 이러한 모순의 심화는 화폐의 공공성을 몰각한 채, 국민 다수에게 돌아가야 할 '화폐창조이익'이 줄어들고 오히려 투기적 이익인 '현대판 시뇨리지'를 사적으로 독점하는 화폐의 불균형적, 비대칭적 배분과 활용에서 기인한다.

이 책은 이러한 화폐·통화정책의 세계사적 전환이라는 전제를 바탕으로 화폐에 대한 기존 통념과 정책을 비판적으로 평가하고자 한다. 예상하지 못한 위기의 상시화에 대응하고 국민의 삶을 지키기 위해 새롭고 혁신적인 화폐·통화시스템의 대안을 제시하고자 한다. 신자유주의에 입각한 현 금융자본주의는 위기 대응에 한계를 드러내고 있다. 따라서 그 대안적 가치와 정책을 구현할 수 있는 새로운 화폐·통화시스템의 가능성을 고민하고 이를 제시하는 것은 시대적 요구가 되었다. 최근 이에 대한 논의와 연구가 국내외에서 활발히 진행되고 있는 것은 고무적인 일이다.

이는 상시적, 비상시적 사회경제 위기 상황을 극복하고 화폐창조이익이 모든 사회구성원에게 공정하게 분배, 활용될 수 있도록 하는 화폐·통화시스템의 변화와 개혁과도 연결된다. 이 책은 다소 학술적인 내용일 수 있지만 최근 일반 독자들의 경제, 화폐에 대한 이해 수준과 관심이 그 어느 때보다 높아진 것을 고려하면 일반 독자도 충분히 이해할 만한 내용이다.

특히 최근 다수의 세계사적인 경제위기가 발생하면서 재테크나 일반적인 경제학 교과서의 내용이나 수준을 넘어 대안적인 화폐·통화시스템을 소개하는 경제 교양서가 필요한 시점이다. 이러한 주제에 대한 일반 대중의 지적, 정책적 수요도 증가하고 있다. 이 책이 세상에 나오게 된 이유이기도 하다.

현재 인류는 역사상 그 어느 때보다 풍요로운 물질적 환경에서 살아가고 있다. 하지만 그 이면에는 부의 불평등이 심화하고 사회적인 불안정성이 증가하는 어두운 부분이 존재함은 부정할 수 없다. 더 심각한 것은 그 위기의 성격과 규모를 예상하기 어렵다는 점이다. 이런 위기의 시대에는 기존의 고정관념이나 관행, 정책만으로는 위기 해결을 위한 적절한 대응과 처방이 어려울 수밖에 없다.

위기를 적절하게 통제하고 해결하지 못한다면 그 고통과 부담은 오롯이 서민을 비롯한 대다수 국민의 몫으로 돌아올 수밖에 없다. 그 고통과 부담의 크기는 같지 않다. 사회경제적 약자, 취약계층은 더 큰 영향을 받을 수밖에 없다. 이는 실증적 분석이 굳이 필요 없을 만큼 이미 IMF 외환위기나 코로나 팬데믹 위기에서 뼈저리게 경험한 바가 아니겠는가?

따라서 지난 한 세대 이상 지배 이데올로기인 동시에 위기의 주범으로 비판받고 있는 신자유주의 사회경제정책을 대체할 수 있는 대안적 이데올로기와 정책에 대한 고민과 논의가 필요하다. 신자유주의로는 위기의 극복과 지속 가능한 성장과 복지는 어렵다는 공감대가 형성되고 있다. 그 대안에 대한 고민과 논의가 활발히 진행되고 있다.

예를 들어 2020년 이후 코로나 팬데믹 극복을 위해 미국, EU, 일본 등 주요 선진국은 과감한 재정지원을 시행하였다. 하지만 우리나라의 재정지원은 이들 선진국에 비해 현저히 낮은 수준이었다. 전염병 방지를 위한 사회경제적 고통과 부담은 개인, 가계, 기업, 특히 개인과 가계가 대부분 떠안게 되었다. 대부분 선진국은 기존 관행이나 정책으로는 이러한 위기에 대응할 수 없음을 직감하고 국가의 전폭적인 재정투입과 지원을 아끼지 않았다. 우리나라는 이에 한참 미치지 못하였다.

　문재인 정부 시기 코로나 팬데믹 대응을 위한 정부의 재정지원은 국내총생산 대비 4.5% 수준이었다. 선진국 평균은 17.3%로 우리나라의 4배 가까이 되었다. 특히 미국은 25.4%로 우리나라의 6배, 일본도 16.5%로 4배 가까이 되었다. 이는 재난으로부터 국민을 보호해야 하는 국가가 제 역할을 하지 않은 부끄러운 수치가 아닐 수 없다.

　위기는 언제든 예상하지 못한, 그리고 전혀 다른 형태로 도래할 수 있다. 그 대응에 있어서 대부분 선진국은 기존 신자유주의 정책을 탈피하여 과감한 재정지원을 통해 국민의 삶을 지켜냈다고 평가된다. 반면 우리나라는 재정파탄, 초인플레이션 등 자극적이고 과도한 위기의식을 조장하고 좌우 이념 대립의 정치적 구호만 난무할 뿐이었다. 실질적으로 위기에서 국민의 삶을 지켜낼 수 있는 정책은 부재하였다. 이 책에서 논의할 대안적인 화폐·통화시스템과 정책에 대한 고민과 연구는 이 지점에서 시작되었다.

　다행스럽게도 국내에서도 이러한 문제를 인식한 일부 학자와 전문가를 중심으로 관련 논의가 시작되고 있다. 본문에서 다루겠지만 관련 정책은 다양하게 고려해 볼 수 있다. 특히 위기 시 실질가처분소득을 보전해 줄 수 있는 사회경제정책이 필요하다. 예를 들어 공동구매를 통해 규모의 경제를 활용할 수 있는 사회서비스 확충과 이를 위한 재정의 집중적 투자가 필요하다. 이를 통해 중장기적으로 사회적 약자와 경제적 취약계층의 삶의 질을 높일 수 있다. 이것은 단순히 시혜적, 일회적 복지의 차원이 아니라 저성장, 저출산 고령화로 인해 생산인구가 줄고 역동성이 감소하고 있는 우리나라 경제에 활력을 불어넣을 수 있다.

　이 책은 위기 대응을 위한 재정사업에 필요한 재원 마련 방안을 기존과 같은 증세 또는 국채 발행에 한정하지 않고 그 인식의 지평을 넓히고자 한다. 대표적으로 현대화폐이론의 '부채의 화폐화', 그리고 주권화폐이론의 '주권화폐'의 필요성과 가능성을 모색하고자 한다. 현대화폐이론과 주권화폐이론은 신자유주의의 모순을 완화하기 위해 화폐의 긍정적 역할을 국가가 십분 활용할 것을 주장한다. 이 책에서는 현대화폐이론과 주권화폐이론을 '국가주도 화폐이론'의 개념으로 통합하고 이를 통한 화폐발행을 '국가주도 화폐창조'라고 명명한다.

위기에 대응하기 위한 정책을 뒷받침할 재원 문제를 해결하지 못한다면 실질적인 정책효과를 담보하기 어렵고 국민의 삶을 개선하는 데 무용하기 때문이다. 그 한계를 극복해야만 위기 대응을 위한 정책적 진보가 가능하다. 위기 대응을 위해서는 정치적 선전이나 구호, 그리고 수사만으로 한계가 있다. 정책을 시행할 수 있는 물질적 토대인 재원이 동반되지 않으면 현실에서는 아무 의미가 없기 때문이다.

미국은 코로나 팬데믹이 발생한 직후 사실상 '부채의 화폐화'를 통해 전 국민(가계)을 대상으로 재난지원금을 지급했다. 기존에는 상상하기 어렵던 이러한 정책을 통해 자영업, 유통업 등 기초 생산단위의 붕괴를 막고 급격한 경제활동의 위축을 방지할 수 있었다. 국민의 삶을 위기로부터 지켜내는 데 중요한 역할을 했다고 평가되고 있다.

이는 미국뿐만이 아니었다. 구체적인 내용은 다르지만 EU, 일본 등 주요 선진국은 이미 과감한 화폐·통화정책의 변화를 시도하고 있다. 비단 전염병 대응 차원을 넘어 위기 상시화의 시대를 대비하기 위해 기존 화폐·통화시스템을 넘어서는 다양한 차원의 연구와 적용이 필요한 시점이 아닐 수 없다.

이러한 시대의 변화와 요구라는 측면에서 이 책은 일반 대중에게 익숙한 신자유주의적 화폐·통화시스템의 허구성과 한계를 지적하고자 한다. 또한 위기의 시대에 생존을 위해 화폐에 대한 인식의 전환과 부채의 화폐화, 주권화폐를 포함한 국가주도 화폐창조의 대안적이고 혁신적인 정책 도입 필요성을 제안한다. 더 나아가 그 현실적 적용 가능성에 대해서도 구체적인 정책을 대상으로 살펴보고자 한다.

기존 화폐·통화 관련 분야는 주로 거시경제학, 중앙은행론, 화폐금융론, 국제금융론 등 경제 분야 학술서에서 기본적이거나 개괄적인 내용을 중심으로 다루어져 왔다. 기존 학술서의 경우 위기 대응을 위한 새로운 대안적 화폐·통화시스템에 대한 소개와 분석은 아직 충분하지 않은 것이 사실이다. 경제 관련 교양서의 경우에는 더욱 그렇다.

이 책은 대학생을 포함한 일반인이 이해할 수 있는 교양서 수준에서 '새로운 화폐인식과 화폐·통화시스템'의 필요성을 제시하고, 이에 대한 일반 독자의 의문과 관심에 대답하는 역할을 하고자 한다. 물론 이 책은 정책결정자와 학계 연구자가 동 분야에 관심을 가지고 심도 있는 분석과 정책 자료를 생산, 구축하도록 하는 마중물 역할도 할 수 있을 것이다.

이 책은 앞에서 제시한 저술 내용과 목적을 위해 총 여섯 개의 장(章)으로 구성되었다. 무엇보다 이 책은 교양서 수준으로 집필되기 때문에 경제학을 전공하지 않은 일반 독자도 이해하기 쉬운 단어와 문장으로 기술하고자 하였다. 각 장의 내용도 최대한 스토리텔링 형식으로 구성하였다.

우선 제1장 '화폐에 대한 논의 배경'에서는 금융자본주의의 문제점을 중심으로 우리나라가 당면하고 있는 사회경제적 상황과 문제점을 살펴본다. 그리고 이에 대한 대응을 위해 화폐에 대한 인식 전환과 현 화폐·통화시스템의 대안이 필요함을 제기한다. 이어서 제2장 '화폐 이야기'에서는 화폐에 대한 기초적이면서 핵심적인 내용을 기술한다. 이를 통해 독자는 새롭게 제시되는 화폐의 개념, 역사, 역할, 종류 등에 대해 이해할 것으로 기대한다.

다음으로 제3장 '화폐이론 고찰'에서는 기존의 화폐이론에 대한 비판적 고찰을 시도한다. 이를 통해 화폐이론에 대한 전반적인 이해가 가능할 것이다. 더 나아가 상품화폐이론과 신용화폐이론이 서로 상충되는 화폐인식에서 비롯되었다는 것과 화폐에 대한 긍정적 인식의 필요성을 이해할 수 있다.

이어서 제4장 '화폐·통화시스템 분석과 국가주도 화폐창조'에서는 금융자본주의 화폐·통화시스템의 특징과 모순에 대해 현대판 시뇨리지를 중심으로 논의한다. 화폐의 기능과 역할을 이해하기 위해서는 단순히 화폐에 대한 이해를 넘어 그 화폐가 경제적 자원으로서 기능과 역할을 하게 하는 중앙은행, 상업은행에 대한 이해가 필요하다.

상업은행은 영리를 목적으로 하는 제1금융권 은행을 의미한다. 이 책에서는 영어 commercial bank를 그대로 활용하여 '상업은행'으로 통일한다. 20세기 이후 중앙은행과 상업은행의 역학관계, 그 위상과 역할은 크게 변화하였다. 특히 은행을 비롯한 금융시스템의 안정은 그 어느 때보다 중요하다. 중앙은행과 상업은행에 대한 이해는 화폐뿐만 아니라 금융, 경제에 대한 이해에 있어서 필수적이다.

현 화폐·통화시스템에서 발생하는 현대판 시뇨리지의 발생 방식과 배분 메커니즘은 이러한 문제점과 부작용을 증폭, 심화시키고 있다. 또한 팬데믹, 재난, 전쟁 등으로 인한 경제위기는 예상치 못한 상태에서 압도적으로 다가올 수 있다. 그 위기의 영향은 국가경제뿐 아니라 사회

내에서 분화된 사회적, 경제적 층위와 신분으로 나뉘어 있는 개인에게 차별적으로 미칠 수밖에 없다.

따라서 다양한 형태의 경제위기에 효과적으로 대응하기 위해서는 새로운 화폐·통화시스템이 필요하다. 경제위기는 계층과 빈부 등의 사회경제적 차이에 따라 그 미치는 영향력과 부작용도 다를 수밖에 없다. 새로운 화폐·통화시스템은 그 차별성에 따라 다르게 대응할 수 있도록 탄력적으로 운용되어야 한다. 위기 대응을 위한 국가 주도의 지원과 사회경제적 자원의 투자를 위해서는 화폐를 단순히 실물경제의 베일로 규정하는 신자유주의, 통화주의 관점을 극복할 필요가 있다.

기존 화폐·통화정책은 화폐를 단순히 실물경제의 베일로 보는 통화주의 관점이 주류를 이루었다. 이와 관련하여 기존 신자유주의를 기초로 하는 화폐 개념과 통화정책에 대해 살펴보고 그 경제위기 대응의 취약성을 기술한다. 더 나아가 최근 새로운 대안으로 제기되고 있는 화폐·통화정책 내용도 소개한다.

제5장 '국가주도 화폐창조의 적용 가능성'에서는 인간 존재를 위한 화폐 인식과 화폐·통화시스템의 필요성에 대해 인문학적 고찰을 시도한다. 이어서 유럽에서 활발히 논의되고 있는 보편적 기본서비스, 미국에서 시행되고 있는 현대화폐이론의 부채의 화폐화를 활용한 정책을 소개한다. 그리고 이에 대한 우려와 비판에 대응하는 국가주도 화폐창조를 위한 합리적인 기준에 대해서도 살펴본다.

이와 관련하여 우리나라는 기축통화 발행 국가가 아니기 때문에 국가주도 화폐창조를 활용한 정책이 불가하다고 주장하는 경우가 있다. 하지만 수출과 외국인직접투자를 통한 외화 유입과 축적을 통해 세계 본위화폐(standard money)의 역할을 하는 미국 달러화의 보유(외환보유고)가 뒷받침된다면 국가주도 화폐창조의 활용은 충분히 가능하다.

마지막으로 제6장 '국가주도 화폐창조와 우리나라'에서는 우리나라가 직면하고 있는 중요한 사회경제적 문제 대응을 위해 국가주도 화폐창조를 활용, 적용 가능성을 논의하고자 한다. 국가주도 화폐창조를 통해 시도할 수 있는 다양한 사회경제정책과 그 적용 가능성을 모색한다. 예를 들어 최근 그 논의의 필요성이 빠르게 증가하고 있는 사회서비스 제공, 저출산 문제 대응, 지역경제 활성화 등의 문제를 중심으로 이야기하고자 한다.

국가주도 화폐창조는 우리나라에도 다양하게 적용할 수 있다는 점에서 의미가 크다. 아울러 매 절 마지막 부분에는 그 절의 내용을 요약하였다. 요약 부분을 통해 독자가 앞에서 서술된 내용을 다시 기억하고 정리하는 데 도움이 될 수 있을 것이다.

우리나라는 반세기 만에 가난과 독재를 극복한 위대한 나라이다. 그렇게도 염원했던 산업화와 민주화는 어느덧 현실이 되었고 선진국의 반열에 들어서게 되었다. 하지만 이제 또 다른 과제가 우리 앞을 가로막고 있다. 국민의 삶을 무겁게 짓누르고 있는 '부채' 그리고 극한의 경쟁과 승자독식으로 인한 '불안'이다. 부채는 경제의 역동성을 갉아먹고 불안은 사회적 연대와 협력을 갉아먹는다. 이는 경제를 침체의 길로 국민을 각자도생의 길로 몰아간다. 어쩌면 극복하기에 더 어려운 도전일 수도 있다.

하지만 이는 반드시 극복해야 할 시대적 과제가 되었다. 이 과제의 극복 여부에 대한민국의 명운이 달려있다고 해도 과언이 아니다. 이 책은 한 가지 방안으로 인류 최고의 발명품이지만, 아직 온전히 활용되지 못하고 있는 화폐와 화폐창조이익을 제안하고자 한다. 새로운 화폐 인식과 화폐·통화시스템의 가능성이 제시된다면 현재 우리나라를 짓누르고 있는 이러한 문제를 해소하기 위한 첫 단추가 될 수 있을 것이다.

이를 통해 국민 다수가 화폐창조이익을 공유하고 여유롭고 안정적인 사회경제 환경에서 살아갈 수 있다면, 그리고 실패해도 그 상처와 아픔을 보듬고 격려해 주시는 부모님의 품과 같은 나라를 이룰 수 있다면 이 책이 세상에 나오는 의미는 충분할 것이다.

2024년 3월
국립부경대학교 국제통상학부
저자 나 희 량

차례

CHAPTER

01

화폐에 대한
논의 배경

우리나라는 현재 1987년 개정된 헌법을 기초로 성립된 제6공화국의 시대를 지나고 있다. 헌법이 개정된 해인 1987년을 기점으로 삼아 이를 '87년 체제'라고도 한다. 1987년 헌법 개정 이후 노태우, 김영삼, 김대중, 노무현, 이명박, 박근혜, 문재인, 윤석열 정부의 총 8차례의 정부가 수립되었다.

군부정권에서 문민정부로의 권력 이양, 여야 간 수평적 정권교체, 대통령 탄핵 등 굵직한 정치사적 변화도 적지 않았다. 군부 독재 시기 그토록 염원했던 대통령 단임제와 직선제를 쟁취하는 등 민주화의 진전을 이루었다. 경제적으로도 고도의 산업화가 진행되었고 7대 수출 대국에 진입하는 등 괄목할 만한 성과를 이루었다.

경제 규모는 10대 경제 대국으로 성장하였고 1인당 국민소득도 1996년 1만 달러, 2006년 2만 달러, 그리고 2017년 3만 달러를 넘어서는 등 이미 선진국 수준에 진입했다는 평가가 다수이다. UNCTAD(유엔무역개발회의)는 2021년 대한민국의 지위를 개발도상국에서 선진국으로 변경하였다. 이는 세계가 우리나라를 명실상부한 선진국으로 인정한다는 것을 의미한다. 불과 60~70년 전만 해도 원조를 받던 나라가 반대로 원조를 제공하는 나라가 된 것은 우리나라가 유일하다.

이러한 경제적 성과 이면에는 1997년 IMF 외환위기, 2008년 금융위기, 2020년 코로나 팬데믹 위기 등으로 인한 상흔과 그 부작용이 있다는 것을 부정할 수 없다. OECD 국가 중 최고 수준의 자살률, 산업재해 건수와 최저 수준의 출산율과 복지 지출 비율, 최악의 경제 불평등 지수 등 선진국이라고 하기에 무색할 정도로 많은 문제점을 가지고 있다.

최선의 지표와 최악의 지표가 함께 공존하는 이러한 우리나라의 경제발전 사례는 세계사적으로도 이례적이고 독특하다. 이는 일반적으로 선진국이 200년 이상 걸린 산업화를 반세기여 만에 이룬 단기간 압축성장의 결과를 잘 보여주는 사례이다. 눈부신 성과와 함께 그에 따른 부작용과 폐해가 선명하게 대조되어 나타나는 것이다.

이처럼 지난 한 세대 이상 우리나라는 87년 체제 속에서 급격한 발전과 후퇴, 변화를 겪어 왔다. 이러한 변화는 국내의 여러 정치, 사회, 경제적 요인으로 설명할 수 있지만, 세계체제의 변화와도 밀접하게 연결되어 있음을 부정할 수 없다. 이 시기는 공산주의가 붕괴하고 미·소 냉전이 종식되면서 기존 미·소 양극 체제가 미국 중심의 일극 체제로 변화되는 시기와 맞물린다. 세계경제와 금융질서는 미국이 전파하는 신자유주의를 중심으로 재편되었다. 국제화, 세계화, 자유무역, 시장개방 등의 용어와 구호들이 요란하게 들려오는 시대가 도래하였다. 불행하지만 이 재편 과정은 결코 순탄하거나 평화롭지 않았다. 다수 국가와 국민이 많은 고통과 희생을 감수해야 했다.

우리나라도 예외는 아니었다. 1997년 IMF 외환위기는 우리에게 처절한 아픔을 가져다주었다. 이와 동시에 모든 사회경제 분야에 경쟁과 효율을 앞세우는 시장과 자본의 논리가 전면적으로 확산하게 되는 분기점이 되었다. 미국 중심의 신자유주의 논리가 지배 이데올로기로 고착되었다. 세계화라는 단어가 유행처럼 사용되게 된 것도 이때부터이다. 신자유주의가 우리나라 국가경제를 비롯한 사회 시스템 전반을 관통하게 되었다.

그동안 소위 보수와 진보, 여야 간 정권교체가 있었고 이에 따른 각 정부가 내세운 국가 운영 철학과 주요 정책은 그 결이 달랐던 것도 사실이다. 하지만 대북정책이나 한반도를 둘러싼 미·일/중·러 4강에 대한 외교정책 등에서 그 노선이 갈릴 뿐 실제 대부분 사회경제정책의 내용은 신자유주의 노선에서 크게 벗어나지 않았다. 이는 정부가 보수를 표방하든 진보를 표방하든 상관없이 대한민국은 지정학적 특성상 미국 패권의 세계체제, 신자유주의 중심의 세계사적 전환과 그 영향력에서 벗어나기 어려웠기 때문이다.

우리나라는 지정학적으로 이러한 미국 중심의 세계체제 속에서 그 갈등과 압력이 절정에 이르는 최전선에 위치한다. 우리 마음대로 감정대로 할 수 없는, 우리의 힘과 의지만으로는 극복하기 어려운 외부 환경이 존재하는 것이 현실이다. 노무현 대통령의 참여정부 시기, 지지자들의 우려와 진보 진영의 반대에도 불구하고 한·미 FTA 체결, 지속적인 시장개방, 이라크파병을 결정한 것이 그 사례이다.

특히 한·미 FTA, 이라크파병은 기본적으로 반미, 반전 성향의 진보 진영 입장에서는 결코 받아들이기 어려운 정책이었다. 이러한 반대를 무릅쓰고 이를 추진할 수밖에 없었던 외부적 제약과 환경이 존재했던 것이다. 이런 논란에도 불구하고 한 세대 가까이 지난 현재, 이러한 참여정부 정책은 진영의 유불리를 떠나 국익에 도움이 되었다고 평가받고 있다.

이제 우리나라도 미국 패권의 세계체제를 뒷받침하는 중심 이데올로기인 신자유주의가 지배 이데올로기로 자리 잡게 되었다. 이로 인해 우리나라의 사회경제정책은 그 정부가 보수냐 진보냐와는 상관없이 크게 다르지 않다고 해도 과언이 아니다. 시장과 자본의 논리가 최우선되었다. 정책도 그다지 큰 차별성을 보이지 못했다. 이는 우리나라 경제가 미국 패권의 세계체제에 순응함으로써, 한편에서는 성장의 혜택을 누리지만 그 이면에서는 신자유주의로 인한 문제와 부작용을 해결하지

KOREAN ECONOMY

POLARIZATION

코로나 팬데믹 이후 더욱 심화되고 있는
K자형 양극화

못하는 한계가 있음을 보여준다.

그렇다면 과연 미국 패권의 세계체제라는 대외적 환경과 제약을 수용하는 동시에 이로 인한 문제와 부작용을 극복할 방안은 없는 것일까? 이 책은 이러한 문제의식에 기초하여 신자유주의 문제점을 해소할 수 있는 대안으로 국가주도 화폐창조의 필요성과 가능성을 살펴보고자 한다.

일반적으로 화폐창조라는 용어보다는 화폐를 찍어낸다는 의미에서 화폐발행이라는 용어가 많이 쓰인다. 이 책에서는 화폐가 무(nothing)에서 만들어진다는 의미에서 화폐창조라는 용어를 채택한다. 영어로도 화폐발행은 money creation이다. 경제학에서 쓰이는 용어인 신용창조(credit creation)도 이와 비슷한 의미이다. 경제학에서 창조라는 용어가 쓰이는 분야는 화폐·금융이론밖에는 없다. 그리고 발행은 화폐의 중립성을 전제하지만 창조는 화폐의 긍정성, 즉 경제에 기여하는 적극적인 역할을 내포한다는 측면에서 창조라는 용어를 사용하고자 한다.

현 화폐·통화시스템의 화폐발행은 상업은행 대출을 통해 무에서 만들어지는, 말 그대로 창조의 성격이 강하다. 이렇게 무에서 만들어진 화폐는 다양한 경제적 활동에 투입, 투자된다. 화폐는 자본주의라는 기관차가 멈추지 않고 달려가도록 하는 연료 역할을 한다.

화폐창조는 새로운 이윤 또는 부가가치창출 그리고 자본의 확대재생산에 기여한다. 화폐는 비록 내재가치가 없지만 경제적 가치를 새롭게 창출하는 원동력, 추동력이 된다. 이러한 점을 고려하면 화폐발행이라는 중립적 성격의 용어보다는 화폐창조라는 용어가 적합하다. 그리고 화폐창조로부터 추동된 다양한 경제적 활동에서 창출된 이윤의 총합을 '화폐창조이익'(money creation benefit)으로 개념화하고자 한다.

그리고 앞으로의 논의전개 과정에서 화폐창조이익과 대별되는 개념으로 현대판 시뇨리지를 제시하고자 한다. 현재는 주화 대신 지폐가 쓰이기 때문에 주조차액을 의미하는 중세적 시뇨리지는 소멸되었다. 하지만 시뇨리지의 본질이 독점적 화폐발행권을 활용한 투기적 이익에 있다는 측면에서 볼 때 현대에도 시뇨리지는 남아있다. 이 책에서는 이를 중세적 시뇨리지와 구별해서 '현대판 시뇨리지'(modern version sei-gniorage)라고 명명한다. 앞으로의 화폐·통화정책은 현대판 시뇨리지를 배제하는 대신 화폐창조이익을 확대하는 방향으로 나아가야 한다.

이 책은 모든 정책의 목표는 사회적 약자, 경제적 취약계층을 우선하면서 궁극적으로는 국민 다수의 이익과 복리를 향해야 함을 전제한다. 이와 관련된 정책은 다양하게 고려될 수 있지만 특히 가계(개인)의 실질가처분소득 증대를 위한 노력이 필요하다. 일반적으로 실질가처분소득은 물가를 반영한 시장소득(개인의 경제적 활동을 통해 벌어들인 소득)에서 세금을 빼고 정부에서 제공하는 혜택을 더한 것이다.

이는 개인이 순전히 자신을 위한 소비나 저축으로 사용할 수 있는 실제 소득을 의미한다. 따라서 개인 또는 가계의 실제적인 삶의 질 수준은 실질가처분소득에 따라 결정된다. 이 책에서는 실질가처분소득의 개념을 일상에 필요한 고정비용을 고려하여 고정비용의 부담이 줄수록 실질가처분소득이 증가하는 것으로 조정하고자 한다.

실질가처분소득 증가를 위해서 기본소득 등 직접적인 소득 지원도 고려할 수 있다. 하지만 기본소득 지급을 위해서는 천문학적인 재원이 필요하다. 시장가격과 시장소득에 국가가 직접적으로 개입하는 것은 저항과 부작용이 크다. 따라서 실질가처분소득 증가를 위해 고정비용(지출)을 줄여야 한다. 국가가 개인이 부담해야 하는 고정비용의 성격이 강한 간병, 교육, 교통, 보육, 의료, 주거, 통신 등의 소위 사회서비스(social service)의 비용을 줄여주거나 지원해준다면 실질가처분소득은 그만큼 증가한다.

사회서비스의 확충과 이를 위한 재정의 집중적 투입, 투자는 국민 다수에게 이익이 된다. 특히 사회경제적 약자와 취약계층에 더 큰 혜택으로 돌아간다. 이것은 기존의 시혜적이고 단기적인 차원의 복지를 제공하는 차원에서 머무는 것이 아니다. 저성장, 저출산 고령화로 인해 생산인력이 줄고 경제적 역동성이 감소하고 있는 우리나라 경제에 활력을 불어넣는 역할을 할 수 있다.

이 책은 국민 다수를 위한 보편적 복지에 필요한 재원 마련을 위해 증세, 국채 발행 등의 기존 방안에 그치지 않고 부채의 화폐화, 더 나아가 주권화폐의 발행 가능성도 모색한다. 부채의 화폐화는 일반적으로 국채를 중앙은행이 직접 인수(매입)하는 것을 의미한다. 주권화폐는 상업은행의 신용(화폐)창조 기능을 정지시키고 정부(중앙은행)가 경제에 필요한 화폐를 직접 발행(창조)하는 것을 의미한다.

특히 주권화폐는 국가의 생산력을 기초로 한 지분(equity)의 성격을 갖고 부채를 발생시키지 않는다는 점에서 현 화폐·금융시스템의 신용화폐와 근본적인 차이점이 있다. 다시 말해 주권화폐는 부채로부터 자유로운 화폐(debt-free money)이다. 정부는 부채가 늘어난다는 이유로 적극적인 재정정책을 뒷받침할 재원 문제에 막혀 더 이상 앞으로 나아가지 못하고 있는 것이 사실이다. 이제 그 한계를 극복해야만 하는 시대가 되었다. 이를 위해서는 화폐인식의 대전환과 새로운 화폐·통화 시스템의 구축이 필요하다.

미국, EU, 일본 등은 사실상 부채의 화폐화를 통해 코로나 팬데믹 극복을 위한 전 국민 대상 재난지원금을 지급했다. 특히 미국은 코로나 팬데믹 위기에 대응하기 위해 기존 재정정책에 더해 부채의 화폐화에 준하는 방식으로 전 국민 대상 보편적 재난지원금을 지급했다. 예를 들어 트럼프 행정부는 코로나 팬데믹으로 인한 기초 생산단위의 붕괴를 막고 경제침체에 대응하기 위해 2조 2천억 달러의 CARES법을 제정하였다. 개인 평균 1,200달러의 현금(수표)이 즉시 지급되었다. 이를 위한 재원은 부채의 화폐화 방식으로 마련되었다.

또한 이들 선진국은 각종 사회 인프라 구축과 신성장산업 육성을 위한 지원에도 국채 발행과 이를 중앙은행이 인수하는(일반적으로는 유통시장에서 매입) 방식을 통해 부채의 화폐화를 직간접적으로 활용해 왔다. 대부분 선진국의 국가부채 비율이 우리나라에 비해 높은 것은 단순히 복지 지출 규모가 커서가 아니라 이러한 다양한 국가적, 사회적 필요를 충족시키기 위한 국가의 역할에 충실했기 때문이다.

세상은 이미 이렇게 과감하고 적극적인 변화를 통해 위기 극복과 지속 가능한 성장을 위한 도전을 시도하고 있다. 특히 자본주의 첨병이라고 할 수 있는 미국도 부채의 화폐화 등 이전과는 전혀 다른 과감하고 혁신적인 화폐·통화시스템의 변화를 시도하고 있다. 우리나라도 팬데믹 대응의 일회적 차원을 넘어 진정한 복지국가 실현을 위해 기존 화폐·통화시스템의 대안 개발과 적용이 필요한 시점이다.

최근 관련 연구와 논의가 국내외적으로 활발히 진행되고 있다는 점은 반갑고 고무적인 일이다. 기존 연구를 토대로 이 책은 복지국가의 실현을 위해 국가주도 화폐창조의 가능성을 모색하고 최근 새롭게 제시되고 있는 대안적 화폐·통화시스템을 제안하고자 한다. 그리고 그 층위에서 여러 스펙트럼을 가진 대안적 화폐·통화시스템을 포괄하는 개념으로 '국가주도 화폐창조'(state−led money creation)를 제시하고자 한다.

국가주도 화폐창조는 크게 중앙은행의 정부 대출 또는 국채의 직접 인수를 통해 화폐를 창조하는 현대화폐이론(modern monetary theory) 방식, 그리고 정부가 발권력을 갖고 직접 화폐를 창조하는 주권화폐이론(sovereign monetary theory) 방식으로 나눌 수 있다. 방식의 차이가 있지만 상업은행 화폐창조를 벗어나 국가가 주도적으로 화폐 창조와 활용에 개입한다는 점에서 두 방식 모두 국가주도 화폐창조라고 할 수 있다.

이 책이 국가주도 화폐창조에 주목한 이유는 위기 대응과 복지국가의 실현, 그리고 지속적인 성장을 위한 방안이라는 차원뿐만 아니라 현 화폐·통화시스템의 모순과 한계를 극복할 수 있는 대안으로 보기 때문이다. 국가주도 화폐창조를 활용하여 화폐가 비생산적이고 투기적인 부문이 아닌 사회간접자본, 사회서비스, 신성장산업 등 실제 국민 다수의 이익과 복리에 기여하는 부문으로 투입, 투자되게 할 수 있다.

이를 통해 일부 자산가, 특정 계층에 불균형, 비대칭적으로 배분되고 있는 현대판 시뇨리지가 최소화되고 되도록 많은 화폐창조이익이 국민 다수에게 공정하고 균등하게 돌아갈 수 있기를 기대한다. 제2장부터 이에 대해 좀 더 구체적으로 이야기해 보도록 하자.

CHAPTER

02

화폐 이야기

1. 화폐 일반론

화폐는 문자, 바퀴 등과 함께 인류의 가장 위대한 발명품의 하나로 인정받고 있다. 20세기 저명한 경제학자인 폴 새뮤얼슨(Paul Samuelson, 1915~2009)은 『경제학』(Economics, 1948)에서 화폐는 불과 바퀴와 함께 인류의 가장 위대한 발명품이라고 했다. 화폐가 발명되지 않았다면 인류가 이룬 문명과 기술은 불가능했을 것이다. 또한 화폐는 자본주의가 탄생하고 발전하기 위한 필수 불가결한 존재이다. 이 절에서는 인류 역사에서 왜 화폐가 생겨났고, 어떻게 현재의 모습으로 변화, 발전해 왔는지 일반적으로 알려진 내용을 중심으로 살펴보고자 한다.

경제는 인간이 삶을 유지하는 데 필요한 생산과 소비 등의 활동과 그 메커니즘의 총체를 의미한다. 인간은 생존을 위해 자급자족할 수 없으며, 공동체를 이루고 타인과의 분업과 교환을 통해서만 인간적인 삶을 살 수 있다. 인간을 사회적 동물이라고 하는 이유가 여기에 있다. 따라서 경제는 나와 타인과의 교환행위에 대한 분석으로부터 시작한다고 해도 과언이 아니다.

경제의 핵심은 필요한 상품의 가치(가격)를 매기고, 그 가치(가격)에 해당하는 그 무엇인가를 그 상품과 교환하는 행위에 있다. 자기가 필요한 것과 타인이 필요한 것의 교환, 다시 말해 서로 다른 욕망의 교환이 경제의 시작이다. 단순한 차원에서 생각해 보면 내게는 없지만 남이 가진 걸 가지고 싶고, 동시에 상대방도 그는 없지만 내가 가진 걸 가지고 싶어 하는 그런 쌍방 간 욕망의 일치가 이루어지면 교환이 가능하다. 이것을 물물교환(barter)이라고 한다. 같은 수량의 물건이라도 교환이라는 행위를 거치면 나와 상대방이 가지는 만족감(효용)의 총합은 교환 전에 비해 커진다.

물물교환은 내가 가진 물건을 상대방 물건과 교환하고 싶다고 하더라도 상대방이 내 물건을 원하지 않으면 거래가 이루어질 수가 없다. 이를 욕망의 불일치라고 한다. 사전에 정해놓은 교환의 매개 수단이 없다면 이를 해결하기는 어렵다. 내가 상대방의 물건을, 동시에 상대방은 나의 물건이 필요해야지 물물교환은 성사된다. 그렇지 않다면 물물교환은 어렵다. 시장에서는 이러한 욕망의 불일치를 해결할 수 있다. 각 개인이 일일이 거래할 사람을 찾아다니는 것보다는 정해진 시간과 장소에 전부 모이는 것이 유리하다.

　　일단 이러한 물리적 장소를 시장(market)이라고 한다. 이는 우리나라의 오일장과 같은 전통적인 재래시장 같은 개념이 될 수도 있고, 서양 같은 경우는 광장이나 교회처럼 사람이 많이 모일 수 있는 곳이 그 역할을 하기도 한다. 경제학적 의미의 시장은 반드시 시간과 장소가 정해진 물리적 공간이 아니어도 된다. 예를 들어 금, 주식, 외환, 코인 등이 거래되는 가상공간은 금시장, 주식시장, 외환시장, 코인시장 등과 같이 시장이라고 할 수 있다. 정보통신기술의 발달로 시장은 물리적 공간이 아닌 가상공간으로 확장되고 있다. 아무튼 시장에서는 욕망이 일치하는 상대방을 찾는 데 필요한 시간과 수고를 줄일 수 있게 된다.

　　일단 시장이 형성되면 일대일의 물물교환 때보다는 분명히 좋아진다. 하지만 시장만으로는 모든 사람이 욕망의 일치로 거래를 성사하는 것은 사실상 불가능하다. 시장은 욕망의 불일치를 해결하는 데 도움을 주지만 완벽한 해결책은 될 수 없다. 이러한 욕망의 불일치 문제를 해결하는 수단이 등장하는데 이것이 바로 화폐이다. 화폐 기원에 대한 전통적인 주장은 시장을 중심으로 교환행위가 확대되면서 자연스럽게 교환을 위한 수단으로 인기 있는 물건이 생기게 되고 점차 화폐로 발전했다는 것이다.

　물건의 상태가 쉽게 변하지 않으면서 대부분 사람이 필요로 하고 거래가 활발히 이루어지는 물건을 교환의 매개 수단으로 활용한다면 이러한 욕망의 불일치 해결이 가능하다. 대표적인 물건이 곡물, 소금, 옷감, 철기 등이었다. 필요하지 않은 물건이라도 다른 거래의 용이성을 목적으로 이런 인기 있는 물건과 교환한다. 이러한 경험치가 시장 참여자들 사이에 쌓이게 되면 소금, 곡물, 옷감처럼 시장에서 인기 있는 물건은 수요가 많아지고 가치도 높아진다.

　예를 들어 소금은 고대 로마제국에서 병사의 급여로 사용되었다고 알려져 있다. 소금이 급여 지급을 위한 화폐로 쓰인 것이다. 대표적인 화폐의 기능은 교환의 매개(지불), 가치저장, 가치평가(회계단위)이다. 소금은 먹거리 상품으로서 가치를 가지고 있지만, 동시에 세 가지 화폐의 기능도 갖고 있기 때문에 시장에서 화폐로서 인정받게 된다. 이렇게 상품 자체가 화폐가 되는 것을 '상품화폐'(commodity money)라고 한다. 상품화폐는 역사 속에서 다양한 형태로 나타났는데 곡물, 소금, 옷감과 같은 일반상품화폐, 그리고 금화, 은화, 철전과 같은 금속화폐 등이 그 예이다.

최초의 주화인 리디아의 사자 문양 금화(B.C. 6세기경)

　시장이 확대되고 거래가 활발해지면서 상품화폐는 거래와 휴대에 편하기 위해 부피와 무게가 작으면서 가치가 높고 분할이 가능한 상품으로 수렴하게 된다. 금이나 은 같은 귀금속이 광범위한 지역에서 오랫동안 화폐의 역할을 하게 되었다. 귀금속은 가벼워서 휴대하기 편하고 분할도 가능하다. 금속화폐는 일반상품화폐에 비해 편리하다. 예를 들어 금화, 은화의 사용은 기원전 6세기경 소아시

중세 유럽에서 사용된 다양한 주화

아 지역의 리디아 왕국으로까지 거슬러 올라간다. 이후 금속화폐는 페르시아, 그리스, 로마제국 등에서 널리 유통되게 되었다.

귀금속이 화폐로 사용되면서 거래 속도나 횟수도 이전보다 훨씬 늘어나게 되었다. 그런데 금속화폐는 한 가지 중요한 불편함 또는 단점이 있다. 한 단위의 금화, 은화라고 해도 실제 가치와 명목가치의 괴리가 발생하기 쉽다. 각 주화의 귀금속 함유량이 달라도 이를 정확히 알아내기란 쉽지 않다. 주화의 명목가치에 비해 실질가치가 미달하는 위·변조 주화가 유통될 가능성이 있다.

이에 따라 주화에 포함된 귀금속 함량을 정확하게 평가할 수 있거나 아니면 그에 대한 공인이 필요했다. 화폐에 대한 신뢰가 무너지면 그 화폐는 더 이상 화폐로 사용되기 어렵다. 이 문제를 해결하기 위해 왕(국가)이 직접 주화를 발행하고 주화에는 왕의 초상이나 특정 문양을 각인하는 방법으로 주화의 순도(함량)를 보장하였다.

당시 이런 문양을 금속에 각인하기 위해서는 고도의 기술과 인력이 필요했다. 따라서 이러한 문양이 각인된 주화를 위조하는 것은 거의 불가능했다. 왕(국가)이 주화의 가치를 보장함으로써 대중은 주화에 포함된 귀금속 함량을 굳이 따지지 않을 수 있었다. 주화의 개수만으로 화폐가치의 평가가 가능해진 것이다. 자연스럽게 거래를 위한 화폐의 신뢰는 확보되었다.

이렇게 대중은 왕이 만든 화폐를 널리 이용하게 된다. 이 부분이 상당히 의미 있는 부분이다. 물물교환이 이루어지는 시장에서는 곡물 등 화폐 역할을 하는 상품을 가진 사람이 시장 지배력을 갖는다. 왕이 발행한 화폐가 널리 유통되면서 왕의 시장 지배력은 강화되었다. 이는 왕권 강화에 필수적이다. 화폐에 대한 통제력 여부가 왕권 강화만이 아니라 왕조의 존망에도 절대적인 영향을 주었음은 많은 역사적 사례를 통해 입증되었다.

이러한 화폐 통제와 권력 간 메커니즘은 유사 이래 지속되었다. 왕정이 종식되고 민주주의, 공화주의 체제가 성립된 지금도 형태만 바뀌었을 뿐 본질적으로 같은 방식으로 작동하고 있다. 예를 들어 미국이 패권 국가로 군림하고 있는 것은 세계시장에서 달러가 기축통화 또는 본위화폐로서 시장 지배력을 갖는 것과 무관하지 않다. 본위화폐는 모든 거래와 결제의 기준, 기초가 되는 화폐이다. 화폐권력은 경제권력 그리고 정치권력으로 이어진다. 권력은 화폐에서 나온다.

미국이 달러의 지위에 도전하는 국가에 대해서 철저한 견제와 관용 없는 보복을 해 온 것은 이상하지 않다. 달러 패권에 도전했던 일본 엔화, 중국 위안화, EU 유로화는 국한된 지역(동아시아, 유럽)에서만 기축통화의 기능을 한다. 전 세계적인 달러의 위상에는 견주기 어렵다. 과거와 현재 그리고 미래에도 화폐에 대한 통제는 권력 유지에 필수 불가결한 것이다.

인류가 물물교환 시대를 지나 화폐 시대를 맞이하게 되면서 상인이 등장하였다. 상인은 시장과 시장을 이어주는 상업 활동을 통해 인류의 경제활동이 지역을 벗어나 지구적으로 확대하는 데 중요한 역할을 하였다. 상인의 목적은 이윤이었고 이윤 창출을 위해서는 화폐는 필수적이었다.

상인이 주도적으로 화폐를 사용하면서 화폐경제가 발전하였다. 이와 함께 거래물량과 거래금액도 증가하게 되었다. 문제는 거래되는 물량과 금액이 커질수록 그만큼 화폐도 필요하게 된다는 점이다. 경제가 성장하는 속도만큼 화폐공급도 이를 따라가야 한다. 하지만 주화를 만들기 위해 필요한 금, 은 등 귀금속 생산량은 이를 따라가지 못하는 경우가 많았다. 화폐가 부족해진다.

화폐가 부족해지면 상인은 외상으로 물건을 구매하고 나중에 대금을 치르는 일이 잦아졌다. 외상거래를 위한 증서가 어음(IOU)이다. 어음이 사용되기 위해서는 어음 발행인에 대한 신용(신뢰)이 있어야만 한다. 신용을 전제로 어음이나 차용증이 발행되면 그 소재가치가 없어도 화폐로 사용될 수 있다. 상호 신뢰가 화폐의 본질임을 의미하는 것이다.

특히 금화, 은화와 같은 금속화폐가 부족한 상황에서는 상인에게 어음은 중요한 지불수단이 된다. 하지만 신용이 없다면 어음 발행도 어렵고 거래도 성사되지 않는다. 상인에게 신용은 그 무엇보다 중요하다. 신용을 인정받은 상인이 발행한 어음은 시장에서 금화, 은화와 같은 지불수단, 즉 화폐로 인정받고 유통되었다.

어음은 종이 증서인 만큼 귀금속 주화보다 휴대하기도 편하다. 이러한 어음 또는 차용증이 현재 보편적으로 사용되고 있는 신용화폐의 시작이다. 금화, 은화는 소재가치를 가지고 있는 귀금속으로 만들어졌기 때문에 그 자체가 가치를 가지는 상품화폐이다. 하지만 어음은 종이일 뿐이다. 종이의 소재가치는 없다고 해도 무방하다. 다시 말해 어음은 상품화폐가 아닌 것이다. 어음 발행인의 신용이 그 거래를 보장해 주기 때문에 비로소 화폐로 사용될 수 있다. 일종의 신용화폐이다.

우리가 일상에서 사용하는 지폐도 종이에 불과하지만 국가가 법적으로 그 명목가치를 보증해주기 때문에 안심하고 쓸 수 있다. 어음과 같은 신용화폐는 공급이 부족한 금속화폐 대신 쓰이기 시작했지만 휴대, 보관, 유통 등 여러 측면에서 장점이 있다. 이를 사용하는 빈도가 늘어나기 시작하였다. 신용화폐의 사회화가 진행되었다. 시간이 지나면서 어음은 금화, 은화 등의 금속화폐를 대체하게 되었다. 그리고 신용화폐의 최종판이라고 할 수 있는 지폐로 대체되었다.

예를 들어 근대 유럽에서는 도난을 막기 위해 사금고를 가진 금세공업자에게 보관비를 주면서 자기 금을 맡기는 경우가 많았다. 이때 발행된 금보관증이 일종의 화폐처럼 유통되기 시작하였다. 나중에는 금을 보관만 해주던 금세공업자가 자금이 필요한 사람에게 금보관증을 발행하고 대신 수수료를 받았다. 실제 금을 찾으러 오는 사람이 많지 않았기 때문에 금세공업자는 금고에 보관되어있는 금의 양을 초과하는 금보관증을 발행할 수 있었다. 이는 현 상업은행의 대출업무와 유사한 것이다.

금세공업자는 원래 하던 일은 뒷전으로 하고 금 보관과 금 대출 업무를 주된 사업으로 하게 되었다. 이후 대출이자를 금의 실제 소유자와 나누게 되었고 더 많은 금을 유치하기 위해 금 예치에 대한 이자를 지급해주기 시작하였다. 이것이 현 상업은행의 예금업무로 이어졌다. 상업은행의 수익원은 기본적으로 대출이자와 예금이자의 차이인

환전상과 그의 아내(퀸틴 마시스 작, 1514)

예대마진이다. 예대마진의 기원은 보관된 금을 기초로 이를 초과하는 금보관증을 발행한 금세공업자의 영업비밀에 있다고 할 수 있다.

금세공업자 외에도 환전상도 화폐의 진화에 중요한 역할을 하였다. 환전상은 여러 국가와 지역에서 흘러들어온 다양한 주화의 무게와 순도, 금속의 종류 등을 토대로 주화의 교환가치를 평가했다. 상인은 환전상이 산정한 교환 비율에 따라 자신의 주화를 다른 종류 주화로 쉽게 교환할 수 있었다. 물론 그 대가로 환전상에게 교환 대금의 1~2% 정도를 수수료로 납부했다. 현 상업은행의 환전수수료와 크게 다르지 않다. 상업은행의 환전 업무는 환전상으로부터 기원하였다고 할 수 있다.

은행(bank)의 어원은 이들 환전상이 흥정과 환전을 위해 펼쳐 놓은 좌판을 방카(banca)라고 한 데서 기인했다. 특히 12세기 무렵부터 이탈리아의 공증인들은 화폐를 대상으로 거래하였는데 이와 관계된 일을 하는 사람을 가리켜 은행가(banchiere)라는 표현을 쓰기 시작했다. 당시 환전상은 접근의 편의성을 위해 유럽 주요 도시에 거주하였다.

환전상은 단순히 주화의 환전 업무뿐만 아니라 다양한 지역과 도시에서 온 상인들이 제시하는 대량의 어음을 상호 청산, 결제해 주었다. 이는 현 상업은행의 지급결제 업무와 본질적으로 같다. 이렇게 환전상이 환전, 지급결제 등 실질적으로 은행의 역할을 하였다. 이는 어음 거래가 유럽 전 지역에서 활발하게 이루어지고 화폐경제가 발전하는 데 중요한 역할을 하였다.

이렇게 화폐를 둘러싼 상인, 금세공업자, 환전상의 활약과 역사적 변천을 통해 현재의 상업은행이 탄생하였다. 상업은행의 탄생은 본격적인 신용화폐시대를 불러왔다. 확대되는 경제 규모에 비해 금화, 은화 등의 금속화폐가 부족했던 시대적 한계를 극복하기 위한 이 같은 노력이 상업은행제도로 이어졌다. 어음, 금보관증이 화폐의 역할을 하는 신용화폐시대가 열리게 되었다.

그 정점에 있는 사건이 중앙은행의 효시라고 할 수 있는 영국의 영란은행(Bank of England)의 탄생이다. 영란은행은 상업은행으로 시작했지만 1844년 은행인가법(the Bank Charter Act) 제정으로 독점적인 화폐(지폐) 발행권을 부여받았다. 영란은행은 법적으로 주화뿐만 아니라 지폐를 독점적으로 발행할 수 있게 되었다. 지폐로 상징되는 신용화폐 시대, 중앙은행과 상업은행의 이중은행제도(dual banking system)시대가 열리게 된 것이다.

물물교환 시대에는 화폐 역할을 하던 곡물 등 상품화폐를 가진 사람이 시장 지배력을 가질 수 있었다. 주화 같은 금속화폐 시대에는 주화주조권을 가진 사람이 시장 지배력을 가지게 되었다. 근대 이전 유럽에서는 왕과 봉건영주가 주화주조권을 가지고 있었다. 화폐권력, 경제권력, 정치권력은 왕과 귀족 등 일부 특정 계층에게 독점되었다.

신용화폐시대에 접어들면서 상인계층을 중심으로 어음, 차용증, 금보관증, 수표, 그리고 지폐 같은 신용화폐가 광범위하게 유통되었다. 상인계층이 시장의 지배력을 갖게 되었다. 이는 화폐권력, 경제권력, 정치권력이 상인계층으로 이동하였음을 의미한다. 그 대표적인 상인이 네덜란드 상인, 유대인 상인, 이탈리아 상인, 아라비아 상인들이었다. 그중에서도 신용화폐 활용에 선두에 있었던 유대인 상인이 이후 기업가나 거대 금융가문으로 변모하였다.

15~16세기 이탈리아의 메디치(Medici) 가문, 신성로마제국의 푸거(Fugger) 가문, 18~19세기 독일의 로스차일드(Rothschild) 가문, 19~20세기 미국의 모간(Morgan) 가문 등이 그 예이다. 거대 금융가문은 이후 금융시장을 좌지우지하는 큰 손이 되었다. 심지어 이들 가문이 자신의 뜻대로 세계금융과 경제를 쥐락펴락하고 있다는 음모론이 등장할 정도

이다. 이러한 음모론은 그 근거가 불명확하고 신뢰할 수 없다. 하지만 그만큼 이들 거대 금융가문이 과거와 현재에 지대한 영향력을 행사해 왔음은 분명하다.

앞의 내용을 요약하면 다음과 같다.

① 화폐는 인류의 위대한 발명품이다. 일반적으로 최초의 화폐는 물물교환의 불편함을 극복하기 위해 상품화폐의 형태로 등장하였다고 알려져 있다.

② 이후 상품화폐의 불편함을 극복하기 위해 신용화폐가 등장하게 되었다.

③ 상품화폐의 발전된 형태가 금속화폐이고, 신용화폐의 발전된 형태가 종이화폐(지폐)이다.

④ 신용화폐의 중심에는 상업은행이 존재한다. 상업은행의 탄생과 발전은 상인, 금세공업자, 환전상의 등장과 역할이라는 역사적 맥락에서 이해할 수 있다.

⑤ 현재는 금속화폐와 같은 상품화폐는 사용되지 않고 지폐, 예금과 같은 신용화폐가 사용되는 시스템으로 발전하였다.

2. 다시 생각해 보는 화폐

위 1절에서는 화폐에 대해 기존의 일반적이고 잘 알려진 내용을 중심으로 살펴보았다. 이 절에서는 화폐를 이러한 일반적인 논의를 넘어 신용화폐의 관점에서 보다 구체적으로 살펴보고자 한다. 이는 현 화폐·통화시스템에 대한 이해와 그 대안을 제시하기 위한 기초 작업이기도 하다.

앞에서 보았듯이 화폐는 그 자체로 내재가치를 가진 상품화폐와 사회적 약속이나 국가의 법적 공권력으로 명목가치가 보장되는 신용화폐로 구분된다. 지폐와 같은 신용화폐는 화폐의 명목가치가 그 화폐가 가지고 있는 소재가치로 보장되지 않는다. 정부의 공권력과 같은 신용이 그 가치를 뒷받침한다. 따라서 신용화폐는 사회적으로 약속된 증표, 표식(token)의 성격이 강하기 때문에 증표화폐라고도 한다.

또는 국가가 법적 공권력으로 그 화폐가치를 결정하고 지불을 보증한다는 의미에서 법정화폐(legal tender, fiat money)라고도 한다. 신용화폐가 명목가치를 인정받는 원천은 두 가지로 나눌 수 있다. 하나는 사인 간의 약속과 신뢰인 민간 신용이고, 다른 하나는 국가의 법적 구속력인 국가 신용이다. 어음, 차용증, 금보관증 등은 민간 신용의 예이고, 현금(지폐)은 국가 신용의 예이다.

인류는 유사 이래로 오랫동안 금화, 은화 등의 금속화폐를 비롯한 상품화폐를 사용해왔다. 이는 신용화폐가 사회 전반에 걸쳐 사용될 수 있을 정도로 민간 신용이 안정적이지 않았고 국가 신용도 공고하지 못했던 시대적 한계 때문으로 보인다. 그렇더라도 신용화폐의 맹아는 인류가 공동체 생활을 시작하면서 이미 발생했다. 상품화폐보다는 신용화폐가 역사적 보편성을 갖는 이유이다.

인류는 상호 협력과 교류를 바탕으로 다양한 사회경제적 관계를 형성하면서 그 문명과 기술을 발전시켜왔다. 그 관계 중 핵심이 경제적 권리·의무(채권·채무) 관계이다. 권리·의무 관계는 사인 간의 암묵적이거나 비공식적일 수도 있고 법적 강제력이 주어지는 등 공식적일 수도 있다. 그 관계가 당사자 간 약속(계약)대로 생성, 유지, 해소되지 않으면 신뢰는 깨질 수밖에 없다. 이는 사회가 안정적으로 유지, 발전하는 데 걸림

돌이 된다. 모든 사회경제적 권리·의무 관계는 약속대로 정확하게 생성, 유지, 해소되어야 한다. 그것이 사회 존립의 토대가 되기 때문이다. 따라서 이를 보장하기 위한 사적, 공적인 수단이 개발되어왔다.

이는 '인간은 사회적 동물'이라는 명제로부터 시작한다. 인간은 다른 누군가에게 신세를 지고 살아가는 존재이다. 이러한 상호 의존 관계, 즉 신세를 지기도 하고 그래서 신세를 다시 갚는 이러한 관계는 끊임없이 유지, 발전되어왔다. 신세를 주고받는 관계는 점차 정교하고 복잡한 사회경제적 권리·의무 관계로 변화하였다. 누군가가 신세를 졌다면 그 신세에 대한 갚음이 필요하다는 것은 인지상정이다.

인류가 진정한 인류가 되게 한 말이 "Thank you", "I owe you"라는 것은 과장이 아니다. "감사하다", "당신에게 신세를 졌다"라는 이 말은 권리·의무 관계를 규정짓는 원초적이면서 본질적인 언어이다. 만약 "감사하다", "신세를 졌다"라는 말이 말로만 끝난다면 어떤 유의미한 권리·의무 관계가 생성되지 않는다. 권리·의무 관계를 청산할 수단이나 방식도 필요 없다. 하지만 인간은 신세를 졌을 때 다시 말해 누군가로부터 도움을 받았을 때, 경제적인 수단을 포함해서 어떤 방식으로든 권리·의무 관계를 청산(해소)할 필요를 느낀다. 이는 상대방도 마찬가지이다.

인류는 이를 위한 수단으로 다양한 방식을 고안하게 되었는데 그중 하나가 화폐이다. 따라서 화폐는 처음에는 그 형태가 무엇이든 감사의 표시나 선물로 신세를 갚겠다는 약속의 징표나 상징물로 그리고 장부(기록)의 형태로 시작되었다. 이러한 논거를 뒷받침하는 인류학, 고고학 증거와 유물은 시대와 지역을 초월하여 보편적으로 존재한다.

예를 들어 고대에 화폐로 쓰인 조가비(조개껍데기)는 조가비 그 자체의 소재가치가 아니라 권리·의무 관계와 관련이 있다. 누군가에게 신세를 지게 되면 그 신세를 갚겠다는 약속을 '조가비'라는 형태로 남긴 것이다. 조가비는 선물, 징표, 상징물이다. 조가비는 가벼우면서 썩지 않고 오랫동안 편리하게 휴대할 수 있다. 조가비 목걸이나 팔찌 등 장식물은 치장이나 과시를 위한 의미도 있지만 신세를 갚겠다는 약속의 징표이기도 하다.

사회경제적 권리·의무 관계가 증가하고 복잡해지면서 그 관계의 생성과 청산을 위한 수단도 사회가 보편적으로 받아들일 수 있는 것으로 수렴되어 갔다. 이 수단이 화폐가 되는 것이다. 권리·의무 관계의 생성과 청산의 수단이 사회적인 약속으로 정해지게 되었다. 경제적 의미의 권리와 의무는 채권과 채무이므로 권리·의무 관계는 채권·채무 관계로 바꿔 부를 수 있다. 고대에는 왕이 정한 법과 명령이 사회적 약속을 정하는 데 절대적이었다. 즉 왕의 명령이 화폐를 정하였다. 왕이 가진 절대 권력이 신뢰(신용)의 기초가 되었기 때문이다.

고대 사회에서 원시적 형태의 신용화폐뿐만 아니라 소금, 곡물, 옷감, 금, 은, 철 등과 같은 상품화폐도 사용되었다. 이는 그 상품 자체가 소재가치를 갖기 때문에 채권·채무 관계의 청산을 위해 사용될 수 있다. 시간이 지나면서 상품화폐는 금, 은과 같은 귀금속이 함유된 금속화폐(주화)로 보편화되었다. 여러 형태의 상품화폐가 금속화폐로 수렴되었다. 이는 금과 은과 같은 귀금속이 내재가치가 있는 상품인 동시에 화폐로 사용되기에 가장 적합한 특성이 있기 때문이다. 금화, 은화 등 금속화폐가 상품화폐의 최종판으로 등장한 이유이다.

화폐의 대표적인 기능은 지급결제, 가치저장, 회계단위 세 가지이다. 이 중에서도 가장 핵심은 지급결제 기능이다. 왜냐하면 지급결제 기능은 채권·채무 관계의 청산과 불가분의 관계가 있기 때문이다. 여기에는 세상이 구성되고 돌아가는 이치도 담겨있다. 지급결제수단인 화폐를 좀 더 확장해 보자. 인간의 인식은 눈앞에 보이는 실체에 주목한다. 그 이후 이를 개념화하고 추상화한다. 화폐에 대한 인식도 마찬가지이다. 화폐는 눈에 보이는 실물, 즉 거래를 위해 사용되는 눈에 보이는 실체로부터 시작된다.

그리고 화폐는 채권·채무 관계의 생성과 청산을 가능케 하는 일련의 과정, 방식, 수단 등을 포괄하는 보편적, 추상적인 개념으로 확장된다. 눈에 보이는 그 무엇이라는 차원을 벗어나 화폐의 본질을 들여다볼 필요가 있다. 인간의 삶은 빚(부채)을 동반한다. 누군가는 채권자가 되고 누군가는 채무자가 된다. 이것은 인간이 다른 사람과의 협력을 통해 거친 자연환경을 극복하고 생존해 왔다는 사실과 연결되어 있다. 이 지점에서 화폐가 등장한다. 이 화폐는 추상화된 화폐이다.

화폐는 인간 실존의 보편성, 즉 인간은 예외 없이 누군가에게 신세를 지고 또 신세를 갚아야만 생존할 수 있다는 사실과 연결된다. 그것이 농경사회든 유목사회든, 아니면 현재와 같은 산업사회든 형태는 다르더라도 그 본질은 다르지 않다. 사회경제적 채권·채무 관계의 생성과 청산을 위한 수단이 필요하고 그것이 화폐의 본질이다. 이는 시공간을 초월하여 보편적으로 적용된다. 지금도 마찬가지이다.

인류가 씨족사회, 부족사회를 벗어나면서 사회경제 활동과 교류의 영역은 다른 집단, 국가로 확장되었다. 이 과정에서 더욱 복잡다기한 사적, 공적 채권·채무 관계가 형성된다. 소규모의 혈연, 지연 공동체 밖에 존재하는 외인이나 집단은 이질적이고 심지어 적대적이다. 이런 상황에서 인류애 차원의 박애 정신을 발동해서 무조건적인 도움을 주거나 도움을 받는 것은 쉽지 않다. 상호 타협을 통해 채권·채무 관계를 확실하게 정해놓아야 한다. 이는 개인이든 집단이든 국가이든 크게 다르지 않다.

이렇게 개인, 집단, 국가 간에 그 어떤 형태로든 사회경제 활동을 위한 접촉이 많아질수록 채권·채무 관계는 확장된다. 채권·채무 관계는 영원하지 않다. 어떤 방식으로든 일정 시점이 되면 이를 해소해야 한다. 이를 청산(settlement)이라고 한다. 청산은 빚을 갚아 채권·채무 관계를 깨끗이 정리한다는 의미이다. 청산은 상황에 따라 여러 방식이 고려될 수 있지만 일반적이면서 최종적이고 불가역적인 방식은 화폐의 지급이다. 지금으로 치면 현금의 지급이다.

채권·채무 관계가 일단 생성되면 그 해소 또는 청산이 따라오기 마련이다. 이를 위해 기본적인 두 가지 문제를 생각해 볼 수 있다. 하나는 방식 또는 수단의 문제이고 다른 하나는 시점의 문제이다. 방식의 문제는 채권·채무 관계를 무엇으로 어떤 수단으로 청산할 것인지의 문제이다. 시점의 문제는 그 청산의 시점을 언제로 정하느냐의 문제이다.

Yap섬의 돌화폐 Fei
The Island of Yap and The Idea of Money

청산 방식(수단)의 경우 채권·채무 관계가 노동이라고 한다면 같은 노동의 양(예를 들어 노동시간)이 될 수 있다. 아니면 그 노동에 상응하는 재화(물건)로도 가능하다. 수렵시대에는 동물 가죽이나 채집한 과실이, 남태평양 군도 야프(Yap)섬에서는 Fei(페이)라는 돌이 그 역할을 하였다. 가죽을 얻기 위해서는 수렵이나 목축 활동이, 과실을 얻기 위해서는 채집 활동이, Fei를 얻기 위해서는 큰 바위나 돌을 엽전 모양으로 깎아 내는 노동이 필요했다. 청산수단은 이러한 수고와 노동이 물화(物化)한 것이다. 일반적으로는 소금, 곡물, 옷감 그리고 금화, 은화, 철전 등 금속화폐가 청산수단이 되었다.

그중에서도 금화나 은화와 같은 금속화폐가 오랫동안 광범위한 지역에서 사용되었다. 금이나 은은 부패하거나 녹슬지 않고 필요에 따라서는 일정한 함량과 무게로 분할이 가능하다. 휴대하기도 편하다. 청산수단으로 사용하기에 여러 이점이 있다. 이러한 금속화폐는 근대 국민국가가 형성되고 국가의 공권력으로 가치가 보장되는 법정화폐가 등장하면서 역사의 뒤안길로 사라지게 되었다. 채권·채무 관계의 청산수단은 궁극적으로 국가가 법적으로 보장하는 법정화폐로 귀결되었다.

다음으로 청산 시점의 경우를 생각해 보자. 일반적인 거래에서 청산은 청산수단(현금)의 지급과 동시에 이루어진다. 상품이 판매되어 A에서 B로 가면, 동시에 현금이 B에서 A로 지급(결제)된다. 최근에는 계좌 이체도 가능하지만 이것도 따지고 보면 이체가 현금 지급과 같다고 보기 때문이다. 현금 지급의 경우 채권·채무 관계는 매매가 이루어지는 순간 동시적으로 생성, 청산된다. A와 B는 이제 더 이상 채권·채무 관계로 볼 일이 없다.

이것이 소위 말하는 현금박치기이다. 청산 시점의 연기나 유예는 없다. 이는 금화, 은화, 소금이나 쌀, 지폐로도 가능하다. 화폐로 인정되는 지급수단이면 언제 어디서든 가능하다. 거래와 함께 채권·채무 관계의 생성과 청산이 즉시 이루어지기 때문에 단순하면서 깔끔하다. 현금 지급의 경우 채권·채무 관계는 그 즉시 최종적이고 불가역적으로 청산된다.

하지만 현실은 그렇게 단순하고 깔끔하지 않은 경우가 대다수이다. 누군가가 지금 당장 물건이 필요한데 수중에 가진 현금이 없다면 어떻게 해야 할까? 원하는 거래를 포기해야만 하는 것일까? 방법이 없는 것은 아니다. 인간은 과거, 현재, 미래라는 시간의 흐름을 인식할 수 있고 이를 활용할 수 있는 지혜가 있다.

시간의 흐름을 활용하여 필요한 물건을 지금 받는 대신 지급(청산) 시점을 연기한다면 거래는 성사된다. 다시 말해 채권·채무 관계의 생성은 현시점에서 이루어지지만 청산은 미래 시점에서 이루어진다. 외상거래가 그 예이다. 지인, 친인척, 친구와 같이 거래 당사자 간 신뢰가 형성되어 있다면 구두 약속과 같은 방법으로 청산을 미래 시점으로 연기할 수 있다.

구두 약속은 강제력, 구속력이 없다. 만일 채무자가 지급불능 상황이 되면 채무이행이 어려워질 수 있다. 채권자는 지급을 보증할 확실한 방법이 필요하다. 그럼 어떻게 해야 할까? 여기서 채무이행을 강제하는 물리적 공권력이 등장하게 된다. 예를 들어 계약서대로 지급을 이행하지 않으면 법적 처벌을 받도록 강제력을 부여하면 채무이행(청산)은 좀 더 확실해진다.

그리고 사람의 기억이나 구두 약속은 시간이 지나면 불명확해지므로 거래 내용을 장부 등 기록으로 남겨놓을 필요가 있다. 지금도 계약이나 거래 내용은 일반적으로 계약서, 복식부기, 차용증 등과 같이 장부상 기록으로 남기게 된다. 앞에서 이야기한 어음, 금보관증도 장부의 한 종류이다. 장부의 위조 또는 변조는 불가하고 장부상의 채무를 불이행하는 경우 그에 상응하는 처벌을 받는다. 이렇게 채권·채무 관계의 신뢰가 전제되어야만 채권·채무 관계가 안정적으로 생성, 유지, 청산될 수 있다. 이러한 장부의 기원은 약 6천 년 전 최초의 문명이라고 알려진 메소포타미아의 수메르 문명에까지 거슬러 올라간다.

아직 금속화폐가 사용되기 이전인 고대 수메르 문명에서 채권·채무 관계는 어떻게 생성, 유지, 청산될 수 있었을까? 그때도 장부가 활용됐다. 지금과 크게 다르지 않다는 이야기이다. 당시에는 계약의 내용이 종이가 아닌 점토주머니 또는 점토판이 사용되었을 뿐, 이는 엄연히 채권·채무 관계를 기록한 장부였다. 예를 들어 물표를 넣은 점토주머니 또는 거래 내용을 새긴 점토판을 보관하고 있다가 빚을 갚으면, 다시 말해 청산이 이루어지면 이를 채무자가 보는 앞에서 깨뜨리는 것이다. 수메르 문명에서 금화, 은화 등이 사용되지 않았지만 점토주머니 또는 점토판이 거래를 위한 수단, 즉 화폐의 역할을 하였다. 화폐는 고대 문명에서도 신용에 기초한 사

이란의 수사에서 발견된 진흙 봉투
(B.C. 3500년경)
거래 물건의 종류와 수량을 상징하는
여러 모양의 물표가 담겨 있다.

회적 약속이라는 것을 알 수 있다.

앞에서 이야기했듯이 근대 이후 유럽에서는 이러한 장부를 활용한 상거래, 고리대금업, 환전업 등이 가능했고 이는 은행의 시초가 되었다. 예를 들어 영국의 경우 17세기 이후 금을 보관해 주고 수수료를 받던 금세공업자들이 실제 보관하는 금의 총량보다 많은 금보관증을 화폐처럼 유통시켰다. 이후 금보관증은 지폐로 진화하

거래 내용 등이 새겨진 수메르 점토판
(B.C. 2600년경)
Charles Tilford

였다. 그리고 점차 현재와 같은 상업은행
중심의 신용화폐시스템으로 발전하였다.

지급(청산) 시점의 유예는 화폐의 진화
라는 차원에서 머물지 않는다. 이를 통해
경제적 의사결정과 활동을 현재에서 미래
로 확장할 수 있다. 현재와 미래의 시점 간

영란은행에서 발행한 1파운드 금보관증

교환을 통해 생산, 유통, 소비 등 경제활동이 현재에서 미래로 확장된
다. 경제활동의 역동성은 그만큼 커지게 된다. 경제적 부가가치도 그에
비례하여 증가한다. 금융의 본질은 시점 간 교환을 가능케 함으로써 경
제적 역동성을 높이고, 동시에 더 많은 경제적 부가가치의 창출을 유도
하는 데 있다.

시점 간 교환을 위해서는 청산 시점의 유예가 필요하다. 화폐를 매
개로 한 금융의 역할이 제기되는 지점이다. 금융은 채권·채무 관계의
청산 시점을 미래로 유예하는 행위, 특히 화폐를 빌리고 미래 시점에
그 원리금을 지급(청산)하는 것이다. 금융을 활용하여 미래 시점의 생산
과 소비를 현재 시점의 생산과 소비로 환원할 수 있다. 욕망의 시간적
불일치를 극복할 수 있다.

금융은 시점 간 욕망의 불일치를 극복함으로써 경제가 성장하는
데 중요한 기능을 한다. 현 화폐·통화시스템과 금융자본주의가 가능하
게 된 것은 채권·채무 관계의 청산을 미래로 유예할 수 있는 화폐, 금융
과 관련된 법과 제도가 정비되었기 때문이다. 미래 시점으로 채권·채무
관계의 청산을 유예할 수 없다면 금융은 존재의 의미가 없다. 금융이
없다면 화폐를 융통하고 그 화폐를 자본으로 삼아 이윤추구에 활용하
는 자본주의도 존재할 수 없다. 이렇게 자본주의는 화폐와 금융의 진화,

발전과 그 맥을 같이 한다.

현대 자본주의는 산업혁명으로 형성된 산업자본주의를 넘어 금융자본주의로 변화되었다고 해도 과언이 아닐 만큼 금융의 역할과 위상은 절대적이다. 금융은 화폐를 빌리고 빌려주는 행위, 즉 화폐를 융통하는 것을 의미한다. 금융이 원활히 작동해야만 자본주의도 지속적인 발전이 가능하다. 만약 은행을 포함한 금융시스템에 문제가 발생하면 신용과 금융을 기초로 발전해 온 금융자본주의는 위기를 맞게 될 수밖에 없다.

글로벌 금융위기 풍자화

과거의 금융위기뿐만 아니라, 최근 2008년 글로벌 금융위기, 2011년 남유럽 재정위기, 2015년 중국 부채위기, 2020년 코로나 팬데믹 위기 등은 채권·채무 관계의 정상적인 생성, 유지, 청산이 전 방위적으로 어려워진 데서 비롯되었다. 이렇게 금융위기가 발생하면 이는 경제 전 분야에 영향을 미치고 결국 실물경제 위기로 확산한다. 미국, EU, 일본 등 선진 주요국 정부와 중앙은행이 왜 그렇게 금융시스템 안정을 위해 전력을 다하는지 이해할 수 있다. 금융시스템의 안정은 곧 채권·채무 관계의 정상화와 같은 의미이다. 그리고 그 중심에는 화폐가 있다. 우리나라도 여기서 예외는 아니다.

화폐를 빌리고 빌려주는 행위가 멈추면 자본주의도 멈추게 된다. 왜냐하면 자본주의는 자본의 확대 재생산, 즉 자본의 끊임없는 자기 증식을 전제로 하기 때문이다. 자본의 자기 증식을 위해서는 화폐의 축적이 반드시 뒷받침되어야 한다. 이러한 이유로 금융을 통한 화폐 차입(대출)은 필수적이다. 자기 소유의 돈만으로 사업을 하는 경우는 거의 없다. 따라서 기업은 화폐를 빌리고 빌려주는 금융을 통해 사업에 필요한 자본을 마련한다. 그것이 대출이든, 주식이든, 채권이든 그 본질은 같다.

기업은 은행 대출로 필요한 자금을 마련한다. 그 자금으로 생산 활동을 하고 이를 통해 자본의 확대 재생산을 이루어간다. 만약 기업과 은행 간 채권·채무 관계가 파괴되면 이를 기초로 한 금융시스템은 더이상 작동하기 어렵다. 금융위기가 발생하면 대출을 바탕으로 한 화폐의 흐름은 정지된다. 자본의 확대 재생산도 멈추게 된다. 자본주의는 붕괴 내지는 소멸의 위기를 맞게 된다.

이렇듯 화폐는 일반적이고 보편적인 채권·채무 관계의 청산을 위한 지급수단이다. 또한 화폐는 그 청산 시점을 미래로 유예하는 대차거래를 가능케 하는 사회적 약속이다. 화폐는 금융을 통해 자본으로 축적, 전환되고 자본주의 유지와 확대 재생산에 핵심적인 역할을 한다. 자본의 형성을 위해서는 충분한 규모의 화폐가 축적되어야 하기 때문이다.

이를 가능하게 한 것이 아래에서 논의할 현 화폐·통화시스템의 화폐창조 메커니즘이다. 현 화폐·통화시스템은 중앙은행의 최종대부자 역할과 상업은행의 예금을 전제로 하지 않는 무한한 대출 능력이라는 두 가지 특징을 갖는다. 이는 영국의 금세공업자가 보관된 금의 양을 초과하는 금보관증을 발행했던 것과 유사하다. 만약 상업은행 화폐창조에 급격한 변화나 문제가 발생하면 이는 금융위기로 이어질 수 있다. 이 문제를 적절히 해결하지 못하면 자본주의는 체제 위기에 봉착할 수밖에 없다.

위기가 발생하면 채권·채무 관계의 청산을 위해 사용되는 화폐, 즉 현금 수요는 급증한다. 현 금융자본주의에서 현금이야말로 채권·채무 관계 청산을 위한 가장 최종적이면서 불가역적인 수단이다. 다시 말해 진짜화폐이다. 이를 본위화폐라고 한다. 현금이야말로 그 어떤 지급수단보다 우월한 진짜화폐이다. 위기가 발생하면 현금에 대한 수요는 급증한다. 모두 현금 확보에 사활을 걸게 된다. 반대로 현금이 투입되어 다른 형태로 변화된 부동산, 주식, 채권, 코인 등 자산에 대한 수요는 급격히 줄어든다.

부동산 또는 금융자산은 현금화만 된다면 채권·채무 관계의 청산을 위해 사용될 수 있는 수단이기 때문에 파생화폐 또는 준(準, quasi)화폐라고 할 수 있다. 현금과 같은 진짜화폐에 대한 수요가 증가할수록 이런 파생화폐, 준화폐와 같은 자산의 수요는 감소한다. 현금 가치는 상승하고 자산가치는 하락한다. 이것이 급격하고 발작적으로 일어나는 현상이 거품(bubble)의 붕괴이다. 이처럼 다양한 지급수단 중 화폐 그중에서도 현금이야말로 그 어떤 환경에서든, 특히 위기 상황에서는 절대 반지로 등극한다. 현금이야말로 모든 경제활동의 최종 목표이고 채권·채무 관계의 궁극적인 청산수단이다.

현금은 중앙은행에서 발행하는 것이기 때문에 현금을 중앙은행화폐라고 명명할 수 있다. 화폐도 다 같은 화폐가 아니라는 의미이다. 현 화폐·통화시스템에서 화폐는 중앙은행이 창조하는 중앙은행화폐(현금)와 상업은행이 창조하는 상업은행화폐(가상의 대차대조표상에 존재하는 예금)로 나눌 수 있다. 이 중 중앙은행화폐만이 본위화폐로서 본원통화를 구성한다. 왜냐하면 상업은행화폐는 상업은행이 망하면 공중으로 사라질 수 있기 때문이다. 100%화폐가 아니라는 의미이다. 하지만 중앙은행화폐는 그 나라가 지구상에서 사라지지 않는 한 그 가치가 영구히 보장된다. 100%화폐인 것이다.

이는 자본주의 발전과 그 궤를 같이한다. 영국에서 시작된 자본주의가 유럽을 넘어 세계로 확산하면서 단순히 채권·채무 관계의 청산수단이었던 화폐의 성격도 큰 변화를 맞이하였다. 자본주의는 화폐 그 자체가 모든 경제활동의 목적이 되는 체제이다. 자본주의에서 화폐는 이윤 창출을 위한 자본이 된다. 자본은 더 큰 규모의 자본으로 자기 증식한다. 이러한 자본주의의 작동 메커니즘이 유지되기 위해서는 화폐의 대규모 집중과 축적이 필요하다.

자본주의는 생산력 확대를 기초로 대량생산, 대량소비의 시대를 열었다. 이를 뒷받침하기 위해서는 화폐가 대규모로 동원, 집중, 축적되어야 했다. 화폐의 동원을 위해서는 경제 내 존재하는 화폐를 모아야 한다. 그것으로 부족하다면 새로운 화폐가 공급되어야 한다. 자본의 이익에 부합하는 방향으로 화폐를 동원하고 공급하기 위해서는 새로운 화폐·통화시스템, 은행제도가 필요했다.

이러한 필요와 노력의 과정에서 무한한 화폐의 동원과 공급(화폐창조)이 가능한 상업은행이 출현하였다. 그리고 1694년 영란은행을 시작으로 이러한 상업은행의 기능을 뒷받침하는 중앙은행이 잇따라 탄생하였다. 중앙은행과 상업은행이라는 조금은 이상해 보이는 이중은행제도가 형성된 것이다.

이중은행제도는 처음에는 여전히 금과 은이 본위화폐가 되는 방식이었다. 즉, 중앙은행이나 상업은행이 보유한 금 또는 은의 양을 기초로 화폐(은행권) 발행이 이루어졌다. 이 은행권은 그 명목가치에 해당하는 금과 은으로의 태환(교환)이 보장된다. 이를 태환화폐(convertible money)라고 한다. 금, 은과 같은 귀금속은 생산량(채굴량)을 늘리는 데 한계가 있다. 따라서 태환화폐의 발행도 그만큼 제약될 수밖에 없었다.

한 가지 짚고 넘어가야 하는 것은, 이 과정에서 화폐발행권이 기존 왕이나 영주로부터 자본의 이해에 부응하는 상업은행, 그리고 그 상업은행을 뒷받침하는 중앙은행으로 이전되었다는 점이다. 중앙은행과 상업은행의 이중은행제도가 형성되면서 상업은행은 예금에 기초하지 않는 대출이 가능하게 되었다. 대출수요만 있다면 상업은행은 예금의 규모와 무관하게 대출이 가능하다. 이는 곧 현 화폐·통화시스템의 특징인 무로부터의 화폐창조로 이어졌다. 상업은행 화폐창조는 대규모 자본의 동원과 축적을 전제로 하는 자본주의의 발전을 위해 필수적이다.

금, 은을 본위화폐로 하고 그 보유량에 기초하여 태환화폐가 유통되는 방식은 19세기 이후 한계를 맞게 되었다. 산업혁명에 따른 생산력의 폭발적 증가, 세계시장의 급격한 확대라는 시대적 상황에 부응하기에 태환화폐 발행만으로는 한계가 있을 수밖에 없었다. 화폐공급이 자본주의의 폭발적인 생산력과 생산성을 따라가지 못하게 되면 물가 하락, 즉 디플레이션의 가능성이 커지게 된다. 이는 지속적인 경제성장 다시 말해 끊임없는 자본의 축적이 요구되는 자본주의의 발전에 걸림돌이 되었다.

또한 경제 내 총공급(총생산)이 빠르게 증가하는 데 비해 화폐의 부족으로 총수요(소비)가 이를 뒷받침하지 못하면 만성적인 수요부족과 경기침체로 이어진다. 자본의 확대 재생산은 어려워지게 된다. 이러한 문제를 타개하기 위해 상업은행 화폐창조는 더욱 장려되는 사회경제적 환경이 형성되었다. 하지만 통제되지 않는 상업은행 화폐창조는 결국 파국을 초래할 수밖에 없음을 깨닫게 된 것은 그리 오랜 시간이 걸리지 않았다.

1929년 미국에서 시작되어 전 세계를 강타한 대공황이 그 대표적인 사건이다. 대공황은 1910년대 이후 계속된 미국의 경기 호황에 따른 투기적 수요와 과도한 신용창조에 따른 부채의 급증, 이로 인한 자산 버블의 생성으로 시작되었다. 이후 부채 부담과 유효수요의 부족 등으로 인해 경기가 하강하면서 주가가 폭락하기 시작하였다.

이는 다시 급격한 자산 버블의 붕괴, 현금수요 급증과 뱅크런, 은행 파산으로 인한 금융시스템 붕괴로 이어졌다. 그리고 이러한 금융시스템의 붕괴는 앞에서 이야기했듯이 채권·채무 관계의 생성, 유지, 청산에 큰 장애가 되었다. 그에 따른 막대한 경제적 손실을 초래했다. 절대반지인 현금을 확보하기 위한 치열한 경쟁이 시작되었고 여기서 탈락한 가계와 기업은 나락으로 떨어졌다. 대규모 기업 파산, 대량 실업, 세계적인 실물경제 붕괴 등으로 이어졌다.

이처럼 대공황은 앞에서 소개한 상업은행 화폐창조 메커니즘과 무관하지 않다. 대공황은 태환화폐 시스템임에도 불구하고 과도한 신용창조와 급격한 신용파괴 그리고 적절한 통화정책의 부재 등이 겹치면서 일어난 사건이다. 만약 사전적으로는 상업은행 화폐창조가 과도하게 일어나지 않도록 통제되고 또 사후적으로는 위기 발생 시 채권·채무 관계 유지를 위한 적절한 화폐공급이 이루어졌다면 파국적인 재앙은 피할 수 있었을 것이다.

자본주의가 이러한 시행착오를 겪는 와중에 중앙은행은 최종대부자로서의 위상이 높아졌다. 이제 자본주의의 지속 가능한 발전을 위해서는 화폐·통화시스템은 새롭게 변화될 필요가 있었다. 화폐는 중앙은행이나 상업은행이 보유한 금, 은의 양에 제한받지 않고 발행되어야 할 때가 되었다. 금본위제의 최후가 다가오게 된 것이다. 드디어 국가가 국가의 신용만으로 화폐의 명목가치를 보장하는 불태환화폐(nonconvertible

다양한 은행들. 그 중심은 중앙은행과 상업은행이다.

money)가 등장하였다. 불태환화폐는 금, 은, 예금과 무관하게 무(無)에서 창조될 수 있다. 남은 것은 혹시 모를 상업은행의 무분별한 화폐창조를 중앙은행이 적절하게 통제하는 일이었다. 드디어 자본의 이익을 위하면서도 금으로부터 해방된 새로운 화폐·통화시스템이 완성되었다. 이것이 불태환법정화폐를 사용하는 현화폐·통화시스템이다.

이러한 화폐·통화시스템의 변화와 이중은행제도는 어느 날 갑자기 이루어진 것은 아니다. 영국을 시작으로 18세기 이후 여러 시행착오를 겪으면서 유럽 주요국과 미국, 일본 등의 순으로 확산하였다. 하지만 이는 국내적 차원에 국한되었다. 국제적 차원의 금태환이 폐지되고 달러 중심의 국제금융시스템이 시작된 것은 달러의 금태환이 정지된 1971년 8월 15일 닉슨 선언 이후이다.

달러의 금태환 의무가 정지됨으로써 달러는 금에서 해방되었고, 더 나아가 금을 대신하여 세계 본위화폐의 역할을 하게 되었다. 이는 세계적인 차원에서 달러라는 신용화폐가 금이라는 최고의 상품화폐를 완전히 몰아낸 경제사적 측면에서 획기적인 사건이다. 경제사는 1971년 8월 15일을 기점으로 이전의 상품화폐시대와 이후의 신용화폐시대로 나뉜다고 할 수 있다.

이제 달러는 미국의 패권적 경제력을 힘입어 금과의 연결고리를 끊고 세계경제의 확장과 발전에 부응하게 되었다. 달러의 발행은 미국이 보유한 금이 아니라 중앙은행인 연방준비제도(Federal Reserve System, 이하 연준)와 상업은행 화폐창조 메커니즘에 의존하게 되었다. 다른 국가의 화폐창조도 이와 연계되었다.

달러는 세계 본위화폐 역할을 하는 동시에 무역과 투자에 필요한 자금(유동성)의 원천이 되었다. 세계경제는 연준의 통화정책과 이에 따른 미국 상업은행 화폐창조에 큰 영향을 받게 되었다. 왜냐하면 다른 개별 국가 중앙은행의 통화정책과 상업은행 화폐창조도 연준의 통화정책에 적지 않은 영향을 받기 때문이다. 세계경제 그리고 개별 국가의 경제에 미치는 연준의 영향력은 막강하다. 연준은 'super duper ultra power'인 것이다. 연준 의장을 세계경제 대통령이라고 하는 이유가 이에 있다.

달러는 미국이라는 한 나라의 법정화폐이다. 하지만 세계 본위화폐의 공급이 온전히 연준 통화정책과 미국 상업은행 화폐창조에 의존할 수밖에 없게 되었다. 이것이 현재 세계경제와 금융시스템의 아킬레스건이다. 만약 연준이 기준금리 인하와 같은 완화적 통화정책을 시행하면 상업은행 화폐창조는 증가한다. 이는 세계경제의 화폐공급 증가를 의미한다. 달러 유동성은 미국 국내뿐만 아니라 글로벌 차원에서도 증가하게 된다.

그리고 대부분 국가의 기준금리는 연준이 정한 기준금리와 동조된다. 따라서 미국의 기준금리 인하는 다른 국가의 기준금리 인하로 이어진다. 이에 따라 개별 국가의 상업은행 화폐창조도 증가한다. 이와 함께 국내로 유입된 달러 유동성은 국내 화폐로 환전되고 불태화정책(sterilization policy)이 시행되지 않는 경우 화폐창조는 가속화된다.

이렇게 미국 기준금리가 하락하면 세계경제 전반적으로 금리는 하

부동산 투기 풍자화

락하고 달러 유동성과 국내 유동성은 증가한다. 대출은 쉬워지고 경기는 활황으로 이어진다. 부동산, 주식, 채권, 코인 등 부동산, 금융자산에 대한 수요도 높아진다. 공급이 한정된 부동산, 금융상품의 가치가 급등하게 된다. 소위 자산 버블이 발생한다.

예를 들어 2020년 이후 코로나 팬데믹으로 인한 경제위기 대응을 위해 초저금리 정책과 양적완화가 시행되었다. 이는 급격한 중앙은행과 상업은행의 화폐창조를 불러왔다. 부동산, 주식, 코인 등 자산가격은 폭등하였다. 하지만 2022년 초 이후 인플레이션이 발생하면서 고금리정책으로 급격하게 전환되었다. 현재의 부동산 폭락 현상 등은 이전에 발생한 자산 버블의 후폭풍이라고 할 수 있다.

이처럼 저금리, 양적완화를 통한 중앙은행과 상업은행의 화폐창조의 급격한 확대는 적지 않은 부작용을 남긴다. 상업은행 대출은 예금에 제약되지 않는다. 대출 신청인의 담보나 신용도만 인정되면 심지어 그렇지 않아도 얼마든지 대출이 가능하다. 현 화폐·통화시스템은 상업은행의 절제되지 않은 화폐창조와 이에 따른 폐해와 부작용에 상시 노출되는 구조이다.

2008년 글로벌 금융위기 직후 등장한 비트코인은 이와 무관치 않다. 글로벌 금융위기는 현 화폐·통화시스템의 모순이 폭발한 사건이다. 비트코인은 중앙은행과 상업은행이 독점하고 있는 현 화폐·통화시스템에 반기를 들고 그 대안으로 개발된 것이다. 다시 말해 비트코인은 현 이중은행제도의 부당함을 주장하며 그 대안화폐가 될 수 있음을 주장한다. 비트코인은 블록체인이라는 혁신적인 디지털 위조방지 기술을 활용하여 화폐의 탈중앙화를 주장한다.

현재 대부분 법정화폐를 사용하고 있지만 예외는 있다. 특히 살인적인 인플레이션과 경제위기를 겪고 있는 엘살바도르 등 일부 국가는 비트코인을 공식적인 화폐로 인정하고 있다. 비트코인이 과연 기존의 화폐를 대체하고 새로운 화폐·통화시스템의 비밀

가상자산 비트코인, 이더리움 상징물

병기가 될 수 있는지에 대한 논의가 분분하다. 하지만 현재로서는 비트코인이 앞에서 이야기한 화폐의 기능을 하기에는 충분치 않다.

특히 비트코인은 그 가치(가격)가 매우 불안정하다. 지급결제, 가치저장, 회계단위 세 가지 기능을 안정적으로 수행하기 어렵다. 무엇보다 지급결제 기능을 위해서는 화폐의 가치가 안정적이어야 한다. 하지만 비트코인은 그렇지 않다. 이는 비트코인이 실생활에서 화폐의 역할을 하는 데 분명한 한계가 있음을 보여준다.

다만 비트코인은 가상공간에 존재하는 소위 가상자산(암호자산)으로 투자자산의 일종으로 인정되고 있을 뿐이다. 비트코인의 개발 목적과는 다르게 현재 비트코인을 투자하는 이유는 비트코인을 화폐로 사용하기 위해서가 아니다. 가장 큰 이유와 목적은 비트코인 투자를 통한 매매차익 또는 시세차익이다. 비트코인의 소유 목적은 비트코인 자체가 아니라 현금수익 실현이다. 이런 측면에서 비트코인은 주식, 채권 등 다른 금융상품, 자산과 크게 다르지 않다.

비트코인까지 등장하면서 현 신용화폐와 화폐·통화시스템을 대체하고자 하는 노력이 진행되고 있다. 하지만 아직 세상은 현금, 즉 중앙

은행이 창조한 본위화폐와 상업은행이 창조한 상업은행화폐를 중심으로 돌아가고 있다. 국내경제의 절대반지는 중앙은행화폐인 현금이다. 세계경제의 절대반지는 연준이 발행하는 화폐인 달러이다. 이것은 미국이 패권을 상실하지 않는 한 앞으로도 변하지 않을 것이다.

앞의 논의를 태양계에 비유하면 달러는 태양, 나머지 화폐는 태양을 공전하는 행성이다. 부동산 그리고 주식, 채권, 비트코인 등 기타 자산 또는 금융상품은 행성의 주위를 도는 위성이다. 개별 국가의 법정화폐와 부동산, 주식, 채권 등 자산가치의 운명은 전적으로 달러의 뜨거워짐과 차가워짐, 팽창과 수축에 달려있다고 할 수 있다.

앞의 내용을 요약하면 다음과 같다.

① 화폐의 기원은 기존 이론이나 통념처럼 단순히 물물교환의 어려움을 해결하기 위한 것이 아니다. 인류가 공동체 생활을 하면서 발생하게 되는 채권·채무 관계의 생성, 유지, 청산을 위한 수단으로 시작되었다.

② 채권·채무 관계의 청산을 위해서 실질가치가 있는 상품화폐가 사용되었다. 이와 함께 사회적 신뢰(약속) 또는 왕(국가)의 권위에 기초한 신용화폐도 사용되었다. 역사적으로는 신용화폐가 보편성을 갖는다.

③ 신용화폐는 금과 은에 연동된 태환화폐였지만 자본주의의 발전과 함께 불태환화폐가 사용되기 시작하였다.

④ 불태환화폐는 자본주의의 생산력 급증과 총공급(총생산)의 증가에 부합하는 화폐공급(창조)을 위한 시대적 필요에 따라 도입되었다.

⑤ 불태환화폐의 공급은 주로 상업은행 화폐창조에 의존하게 되었

다. 이와 동시에 상업은행을 뒷받침하기 위해 중앙은행제도가 성립되었다.

⑥ 중앙은행은 상업은행의 무분별한 대출의 부작용을 막고 금융안정을 도모하기 위해 최종대부자 역할을 한다. 이러한 중앙은행과 상업은행의 관계를 중심으로 이루어진 은행제도를 이중은행제도라고 한다.

⑦ 경제위기 발생 시 중앙은행이 발행한 중앙은행화폐 또는 본위화폐가 최종적인 화폐의 역할을 하게 된다. 현재 미국 달러가 세계경제와 금융의 본위화폐 역할을 하고 있다. 이에 따라 연준의 통화정책이 세계경제와 금융에 미치는 영향은 막대하다.

⑧ 비트코인은 화폐의 탈중앙화와 현재의 신용화폐와 이중은행제도의 부당함을 주장하며 등장하였다. 하지만 비트코인은 화폐가 아니라 자산이라고 보아야 한다.

⑨ 국내경제의 절대반지는 중앙은행화폐인 현금이고 세계경제의 절대반지는 달러이다. 개별 국가 화폐와 자산가치는 달러의 팽창과 수축에 달려있다.

3. 금본위제

금을 본위화폐로 삼았던 금본위제(gold standard system)는 19세기에서 20세기 초까지 한 세기 넘게 영국을 비롯한 세계 대부분 국가가 채택한 화폐·통화시스템이었다. 금본위제는 중앙은행이 보유한 금의 양에 화폐공급이 연동된다. 화폐는 정해진 비율로 금과의 태환이 보장된다. 금본위제는 화폐가치가 금과의 교환 비율로 고정되기 때문에 실물경제와는 상관없는 화폐·통화제도로 여겨지기 쉽다.

하지만 금본위제는 당시 정치경제적 상황과 긴밀하게 연결되어 있다. 우선 금본위제는 자유무역과 불가분의 관계가 있다. 금본위제는 국가 간 무역 불균형을 자동으로 교정케 하는 시스템으로 이해되었고 자연스럽게 자유무역의 문제점과 모순은 가려졌다. 또한 금본위제는 영국뿐만 아니라 대부분 국가가 필요했던 대규모 자금의 공급처였던 채권보유자를 보호하는 조치였다. 금본위제는 화폐가치를 안정적으로 유지할 수 있는 제도였기 때문에 채권보유자의 자산가치를 보장할 수 있었다.

먼저 금본위제와 자유무역의 관계에 대해 살펴보자. 금본위제와 자유무역의 관계는 바늘과 실처럼 떼려야 뗄 수 없는 관계였다. 당시 국제경제 메커니즘을 이해하기 위해서는 금본위제와 자유무역을 연결해서 이해할 필요가 있다. 금본위제를 지탱할 수 있는 토대가 자유무역이고 자유무역은 금본위제를 통해 안정적으로 유지되고 발전하였다.

그 이유를 알기 위해서는 자유무역의 이론부터 알아보아야 한다. 자유무역의 이론적 토대는 리카도가 제기한 비교우위론에 있다. 비교우위를 활용하여 각 국가가 무역을 하게 되면 무역에 참여하는 국가 모두 무역의 이익(gains of trade)을 누릴 수 있다. 비교우위론은 많은 비판과 한계에도 불구하고 자유무역을 옹호하는 강력한 이론으로 활용되었다.

자유무역은 19세기 영국의 주도로, 20세기는 미국의 주도로 세계적으로 확대, 발전되었다. 영국은 산업혁명 이후 제조업을 적극적으로 육성하면서 강력한 산업경쟁력을 갖추기 시작하였다. 이에 더해 강력한 해군력을 바탕으로 해상 무역까지 제패할 수 있었다. 당시 영국은 세계 최대의 공장 역할을 하는 동시에 해상 무역을 통한 유통과 판매 네트워

크까지 완전히 장악한 일종의 거대 독점기업과 같은 존재였다.

　이렇게 규모의 경제와 시장 독점력을 완벽하게 완성한 영국은 자연스럽게 자유무역과 시장개방을 주장했다. 영국은 자유무역의 기치를 들고 유럽 대륙은 물론이고, 아메리카와 아프리카를 넘어 아시아 시장까지 찾아 나서게 되었다. 이런 영국의 행동에는 고전적 의미의 자유방임주의 경제학이라는 이론적 배경이 있었다. 그리고 유럽의 다른 주요 국들과 미국, 일본 등도 자유무역을 받아들이게 되면서 영국은 시장을 세계로 넓힐 수 있게 되었다.

　여기서 기억해야 하는 것은 영국이 주장한 자유무역의 토대에는 역시 영국의 주도로 구축된 금본위제가 있었다는 점이다. 영국의 금본위제와 자유무역은 동전의 앞뒷면과 같이 맞물려져 작동하였다. 금본위제와 자유무역은 서로를 강화하는 상호 기제였다. 우선 금본위제가 작동하기 위해서는 기본적으로 자유무역이 뒷받침 돼야 했다.

　예를 들어 영국과 프랑스가 무역을 개시한다고 하자. 영국과 프랑스 모두 금본위제를 유지하고 있다. 금본위제인 두 국가가 무역을 하게 되면 무역 적자 혹은 흑자가 발생하기 마련이다. 무역 적자국은 수출보다 수입을 많이 한 것이고 이는 유입되는 금보다 유출되는 금이 많다는 것을 의미한다. 금본위제에서 금과 화폐는 연동되기 때문에 화폐가치 안정을 위해서는 국내 금이 줄어드는 만큼 통화량(화폐공급)을 줄여야 한다.

　수출보다 수입이 많은 국가는 무역 적자가 발생하고 금의 유출로 인해 국내 금 보유량은 감소한다. 금본위제이므로 국내 통화량은 감소한다. 무역 적자국의 국내 통화량이 감소하면 이는 물가 하락으로 이어진다. 물가 하락으로 무역 적자국이 생산한 상품의 수출가격 경쟁력은 향상된다. 다시 수출이 증가한다. 이후 앞에서 설명한 내용의 반대 상황이 전개되고 다시 금 보유량은 증가한다. 따라서 국내 화폐량도 늘어난다. 국내 화폐량 증가에 따라 물가가 상승하면서 다시 반대 메커니즘이 작동하게 된다.

이러한 과정을 통해 금이 국가 간에 유출, 유입되면서 자연스럽게 균형이 맞춰진다. 앞에서 제기한 자유무역의 문제나 부작용은 금본위제 하에서는 자동으로 해결된다. 국가가 개입할 여지가 없다. 자유무역이 국가 간 무역수지 불균형을 가져온다는 비판도 무력화된다. 결국 금본위제는 무역수지 균형이 자동으로 달성되고 자유무역이 안정적으로 유지되는 데 중요한 역할을 한다. 금본위제를 따르는 두 국가가 자유무역을 하면 무역수지는 단기적으로 불균형이 발생하더라도 금의 이동으로 시간이 지나면서 자연스럽게 균형이 회복된다.

금본위제와 자유무역은 이렇게 서로를 보장하고 강화하였다. 특히 19세기 영국은 자유무역이라는 무역시스템과 금본위제라는 화폐·통화 시스템을 이용해서 세계시장을 석권, 대영제국을 이룩할 수 있었다. 영국은 화폐가치 안정과 무역의 이익 극대화를 통해 국가의 부를 축적하였다. 영국이 해가 지지 않는 나라로 불리게 된 원동력이다. 19세기 당시 금본위제는 일종의 국제질서, 국제규범과 같은 개념으로 자국 화폐가치를 인위적으로 평가절하하지 않겠다는 약속이었다. 금본위제 국가는 이 약속을 충실히 이행하면서 국제무역과 국제금융을 발전시켰다. 이는 영국을 넘어 프랑스, 네덜란드, 독일, 스페인, 스웨덴, 미국, 일본, 그리고 식민지 제국 등 전 세계로 확산하였다.

다음으로 금본위제는 자금 차입을 위해 채권자의 자산가치 보호를 위한 불가피한 제도였다. 금본위제는 단순하게 말하면 화폐가치를 금의 양 또는 가치에 고정하는 것을 의미한다. 예를 들어 영국 화폐 1파운드는 금 1그램의 가치와 같고 언제든 금과의 교환이 가능하다. 금을 기준으로 화폐가치가 고정된다. 금본위제가 제대로 작동하기 위해서는 금의 양과 화폐의 양이 항상 같이 움직여야 한다. 금본위제에서 기존보다 많은 화폐를 발행하기 위해서는 화폐 증가분만큼 금 보유량도 늘어나야 한다.

왜냐하면 금본위제는 화폐와 금의 가치가 고정되어 금과 화폐가치가 일정하게 유지되어야 하기 때문이다. 따라서 화폐량이 증가하면 금의 양도 그만큼 늘어나야 하고, 반대로 화폐량이 줄어들면 금의 양도 그만큼 줄어들어야 한다. 금보다 화폐가 많아지거나 적어지면 화폐가치도 달라지기 때문에 금과의 교환가치가 고정되기 위해서는 금의 양과 화폐 발행은 연동되어야 한다.

이러한 측면에서 금본위제는 일종의 채권자를 보호하기 위한 제도이다. 한마디로 금본위제는 그 어떤 화폐·통화제도보다 채권자 보호에 적합한 제도이다. 금본위제는 화폐가치가 금의 가치에 고정되므로, 예를 들어 국채를 매입한 자산가, 부유층에게 유리하다. 왜냐하면 금본위제에서는 화폐발행에 따른 화폐가치의 하락이 허용되지 않기 때문이다. 즉, 인플레이션으로 인한 자산가치의 손실을 방지할 수 있다.

이는 당시 국제정치 상황을 보면 잘 이해할 수 있다. 영국을 비롯한 유럽 대다수 국가는 유럽 대륙에서뿐만 아니라 아메리카, 아시아, 아프리카 등 전 세계에서 식민지 쟁탈전을 벌이고 있었다. 국가가 전쟁을 수행하고 식민지 등 새로운 시장을 개척하기 위해서는 이에 필요한 재원(화폐)이 필요했다. 만성적인 재정 부족을 겪고 있었던 정부(국가)는 국채를 발행해서 그 재원을 빌릴 수밖에 없었다. 발행된 국채는 대부분

유명 금융가문이나 귀족 등 부유층이나 자산가가 매입하였다. 예를 들어 로스차일드 가문은 나폴레옹 전쟁에서 영국의 승리에 베팅, 영국 국채를 대량 매입하였다. 이후 영국이 최종 승리하면서 로스차일드 가문은 막대한 수익을 얻었다는 것은 잘 알려진 사실이다.

이렇게 대부분 정부가 발행한 채권(국채)을 부유층이 매입하게 되면서 채권자를 보호해야 할 필요가 생기게 되었다. 자산가치가 보장이 안 된다면 국채를 살 유인이 없어지기 때문이다. 금본위제는 화폐가치 안정에 유리한, 다시 말해 채권자 보호에 유리한 제도였다. 채권은 기본적으로 발행될 때 표시된 그 금액이 만기에 상환되는 구조이기 때문에 만기까지 화폐가치가 안정적으로 유지되는 것이 무엇보다 중요하다. 당시에는 전쟁도 많았고 사회가 불안정했기 때문에 화폐가치를 유지하는 것은 채권자에게는 더욱 중요했다. 혹시라도 채권이 발행된 이후에 화폐가치가 떨어져서 채권자가 손해를 보게 되면 채권발행을 통한 자금 마련은 어렵게 될 수밖에 없다.

다시 말해 당시 부유층과 금융가문이 화폐가치 하락으로 손해를 보게 된다면, 국가는 이들로부터 자금을 차입할 수 없고 차입하더라도 훨씬 많은 이자를 지급해야 한다. 이러한 이유로 당시 영국을 비롯한 유럽 대부분 국가는 금본위제를 지지함으로써 부유층과 금융가문을 안심시켰다. 국가는 금본위제 유지를 통해 비교적 저리의 안정적인 금리로 채권을 발행, 자금을 조달할 수 있었다.

당시 금본위제는 현재 개념으로 보자면 일종의 보험과도 같은 것이다. 화폐가치를 금의 가치에 일치시켜 국채를 매입한 채권자의 이익도 보장하면서 동시에 정부의 자금 조달 비용도 낮출 수 있는 일종의 보험제도인 것이다. 이처럼 19세기 당시는 국채를 현재와 같이 중앙은행에서 매입해 주는 것이 아니라 부유층이나 로스차일드 같은 거대 금융가문이 국채를 매입하고 자금을 융통하는 구조였다. 따라서 화폐가치를 안정적으로 유지하는 금본위제는 채권자를 보호하면서 부족한 재정문제를 해결하기 위한 필수조건이었다.

이렇게 금본위제는 시대적 필요에 부응하면서 한 세기 이상 지속될 수 있었다. 대영제국이라는 견고한 보루 앞에서 유지되던 금본위제는 20세기에 접어들면서 세계대전과 대공황, 러시아 혁명 등 세계사적 전환과 경제위기를 맞이하게 되었고 그 뿌리부터 흔들리게 되었다. 금본위제가 유지되기 위해서는 국가 간 신뢰가 필수적이다. 특히 금본위제는 금 보유량과 화폐량의 증가 속도가 동조되어야 유지될 수 있다.

전쟁 수행을 위해 국채를 발행하는 것은 가능하다. 하지만 이것으로 부족해서 화폐를 금 보유량의 수준보다 많이 발행하면 금본위제에 대한 신뢰는 금이 가기 시작한다. 더 악화하면 신뢰가 무너지고 금본위제는 붕괴할 수밖에 없다. 금본위제 유지를 위해 전쟁 당사국은 화폐를 발행하는 속도만큼 금광을 개발하거나 식민지에서 금을 수탈해올 수도 있다. 하지만 아무리 금광을 개발하고 식민지를 착취해도 금의 양이 화폐를 찍어내는 속도를 따라잡을 수 없다면 금본위제는 유지될 수 없다.

결론적으로 금본위제가 유지되기 위해서는 천문학적인 재정이 소요되는 전쟁이나 경제위기가 일어나지 않아야 한다. 1914년 시작된 제1차 세계대전은 국가의 모든 가용 자원을 총동원하여 진행된 전쟁이었다. 결국 무분별한 화폐발행으로 금본위제와 자유무역의 붕괴와 파괴를 불러왔다. 경제사에서 많이 회자되는 독일 바이마르공화국의 초인플레이션(hyper-inflation) 사례는 제1차 세계대전과 패전에 따른 배상금 마련을 위한 과도한 화폐발행, 이에 따른 금본위제 붕괴 등에 기인한다고 알려져 있다.

정리하면 자유무역은 화폐가치를 안정시킬 수 있는 금본위제가 뒷받침됐을 때 유지될 수 있었다. 금본위제도 자유무역이 전제되었을 때 강화될 수 있었다. 그리고 이런 금본위제를 무너뜨리지 않기 위해서는 전쟁이나 경제위기와 같이 국가의 균형재정을 무너뜨리는 일이 없어야 한다. 하지만 역사는 전혀 다르게 흘러갔다.

금본위제에서는 지금과 같은 정부의 확장 재정정책과 중앙은행의 최종대부자 역할을 기대할 수 없었다. 대신 부유층과 거대 금융가문에 의지할 수밖에 없었다. 그리고 자금이 필요한 정부와 자금을 빌려주는 부유층과 금융가문의 이해관계가 맞아서 금본위제가 유지, 강화될 수 있었다. 채권자를 보호하기 위해서 금본위제가 필요했다. 금본위제가 흔들리는 상황에서 독점적 발권력을 가진 중앙은행제도가 성립된 것은, 상업은행의 무분별한 화폐발행과 화폐가치 하락을 방지하여 이들 채권자를 보호하려는 의도가 있었다고 볼 수 있다.

결국 20세기 초를 지나면서 금본위제는 폐지되었지만 대신 달러, 유로 같은 주요국 화폐가 세계 본위화폐의 역할을 하게 되었다. 특히 달러는 금본위제의 금의 역할을 대신하고 있다. 화폐발행이 엄격하게 관리되었던 금본위제에서도 화폐가치 유지는 쉽지 않은 일이었다. 현 불태환법정화폐 중심의 화폐·통화시스템에서 화폐가치가 상시 불안정한 것은 어쩌면 당연한 일이다.

이러한 화폐가치의 불안정성은 상시적인 경제위기를 불러오고 일단 경제위기가 발생하면 그 위기의 진폭은 더욱 확대된다. 경제에 전면적인 영향을 미치는 요인으로 작동하고 있다. 이렇듯 금본위제와 자유무역, 금본위제와 채권자 보호 등의 역학관계와 변화 과정, 특히 상호

간 작동 메커니즘을 이해하는 것은 과거와 현재의 화폐·통화시스템 그리고 화폐의 흐름을 이해하는 데 중요한 기초가 된다.

앞의 내용을 요약하면 다음과 같다.

① 금본위제는 금 보유량과 화폐발행이 연동되고 화폐가치가 일정하게 유지된다. 이는 19세기의 시대적 필요와 상황에 부합하는 제도였다.

② 금본위제와 자유무역은 상호 의존적이다. 또한 금본위제는 화폐가치를 안정적으로 유지함으로써 채권자를 보호하는 제도였다. 영국은 이러한 관계를 활용하여 패권 국가가 될 수 있었다.

③ 영국 중심의 금본위제와 자유무역은 전 세계적으로 확산하였지만 전쟁으로 인한 화폐 남발은 금본위제의 붕괴를 가져왔다.

④ 금본위제 붕괴 이후 미국 달러 중심의 화폐·통화시스템이 도입되었고 현재까지 이어지고 있다.

4. 달러본위제

현재 우리나라뿐만 아니라 대부분 국가가 사용하고 있는 화폐는 금과의 태환이 보장되지 않는 불태환화폐이다. 금은 더 이상 화폐가 아니라 다른 상품과 마찬가지로 시장에서 매매되는 상품의 하나일 뿐이다. 화폐의 금태환이 보장되었던 금본위제는 폐지되었으니 당연한 일이다. 지금은 달러가 금을 대체한 달러본위제로 변화되었다. 따라서 현 화폐·통화시스템의 본질을 파악하기 위해서는 달러본위제에 대한 이해가 필요하다.

금본위제가 폐지된 이후 중앙은행과 상업은행을 통한 화폐창조는

100달러 금태환 지폐

금에서 해방되어 그 제약이 없어지게 되었다. 금 보유량이라는 물리적 제약 하에 화폐공급이 제한되는 문제는 완전히 사라졌다. 이는 화폐·통화시스템이 자본의 확대 재생산에 최적화된 금융제도로 진화한 것이라고 볼 수 있다. 현 화폐·통화시스템의 화폐창조는 자본의 이익에는 충실하지만 사회의 공익적 목적을 위해서 온전히 사용되지 못하는 한계가 있다. 상업은행 화폐창조의 공공성 제고는 앞으로 해결해야 할 과제이다.

금본위제에서 사용된 지폐는 금과의 교환이 보장된 태환화폐로 금본위제가 폐지되는 20세기 초까지 대부분 국가에서 사용되었다. 태환지폐에는 명목 가액에 해당하는 금이나 은으로 교환을 보장한다는 문구가 인쇄되어 있다. 예를 들어 미국에서 발행된 태환달러에는 "IN GOLD COIN PAYABLE TO THE BEARER ON DEMAND"라는 문구가 인쇄되어 있다. 이는 지폐의 소유자는 언제든지 은행에서 동일 가액의 금(화)으로 태환(교환)이 가능하다는 의미이다.

이처럼 태환화폐는 금, 은으로 대표되는 금속화폐로의 교환을 보장하는 동시에 화폐 자체의 내재가치는 전혀 없는 신용화폐이기도 하다. 이렇게 태환화폐는 상품화폐와 신용화폐의 성격을 모두 가지고 있다. 화폐는 고대 초보적 형태의 신용화폐 또는 상품화폐에서 중세의 금속화폐로, 그리고 근대의 태환화폐를 거쳐 최종적으로는 현재의 불태환화폐, 신용화폐로 변화하였다. 태환화폐는 이러한 화폐 진화의 중간단계, 연결고리 역할을 하였다고 볼 수 있다.

상품화폐나 금속화폐는 그 자체로서 가치를 가지기 때문에 국가가 강제적으로 가치를 부여할 필요가 없다. 같은 지폐라 하더라도 태환화폐는 금, 은으로의 교환을 국가가 법적으로 보장한다는 측면에서 현재 사용되고 있는 불태환화폐와 그 성격이 다르다. 금본위제와 태환화폐의 시대는 제1차 세계대전과 1929년 시작된 대공황의 혼란기를 지나면서 종말을 고하게 되었다. 전쟁과 대공황의 격변 속에 전쟁 재원을 위한 화폐 남발, 독일의 초인플레이션 그리고 대공황으로 인한 유동성 고갈과 같은 극과 극의 상황이 발생하였다.

주식, 채권 등 자산가치 급락, 뱅크런과 상업은행의 연쇄 파산, 대규모 기업 부도와 대량 실업 등 역사상 최대, 최악의 경제위기 속에서 금과 태환화폐의 교환 비율을 유지하는 것은 사실상 불가능하게 되었다. 대중의 태환화폐에 대한 신뢰는 붕괴하였다. 한 세기 이상 유지되었던 금본위제와 태환화폐 중심의 화폐·통화시스템은 그 시효를 다하고 역사 속으로 사라졌다. 이제 세계경제는 금본위제와 태환화폐를 뒤로하고 새로운 화폐·통화시스템을 모색할 수밖에 없게 되었다.

영국은 1931년 공식적으로 금본위제를 폐지하였다. 영국에 이어 미국도 1933년 금본위제를 폐지하였다. 그래도 미국은 미련이 남아서인지 금과 달러의 교환 비율은 1온스(1oz, 28.35g)당 35달러로 정하는 대신, 금 1온스를 35달러로 교환하는 것은 가능하지만 그 반대인 35달러를 금 1온스로 교환해 주는 것은 보장하지 않았다. 이렇게 대영제국의 패권하에 한 세기 이상 지배적 화폐·통화시스템으로 유지되었던 금본위제는 사라지고 바야흐로 달러를 대표로 하는 불태환법정화폐 시대가 열리게 되었다.

여기서 한 가지 알아야 할 것이 있다. 미국 국내 차원의 금본위제

브레턴우즈회의에 모인 각국 대표들	케인스(우)와 화이트(좌)의 조우

는 1933년 폐지되었지만 국제적 차원의 금본위제는 그로부터 약 40년 가까이 지난 1971년이 되어서야 폐지되었다는 점이다. 국내적으로 금본위제가 폐지되었더라도 국가 간 결제수단은 여전히 금 또는 금과의 가치가 고정된 달러가 사용되었다. 국가 간 거래에는 달러의 금 교환이 보장된다는 조건을 달아야 했다. 세계정부가 존재하지 않는 상황에서 국가 간 거래에 사용될 수 있는 결제수단으로 금 이외의 다른 결제수단을 생각하기는 어려웠기 때문이다.

영국을 시작으로 금본위제가 폐지되기 시작하면서 국제통화체제의 혼란과 불확실성은 커져만 갔다. 제2차 세계대전이 연합국의 승리로 기울어가던 해인 1944년 7월, 미국 햄프셔주 휴양지인 브레턴우즈(Bretton Woods)에 미국, 영국 등 44개 연합국 대표가 모였다. 브레턴우즈회의에서 연합국은 전후 새로운 세계질서의 수립을 위한 국제무역규범과 국제통화시스템에 대해 논의하였다. 핵심 의제 중 하나는 새로운 국제통화시스템 구축 문제였다. 이는 자연스럽게 기존 영국의 파운드화를 대체할 국제통화 또는 국제결제수단을 무엇으로 할 것인지에 대한 논의로 이어졌다. 국내 차원의 금본위제가 폐지되면서 금이 본위화폐의 역할을 상실하게 되었기 때문이다. 이에 따라 새로운 국제통화, 국가 간 결제수단에 대한 합의가 필요했다.

영국의 대표는 당시 세계적 석학이자 경제학자였던 케인스(John Maynard Keynes)였다. 케인스는 새로운 세계통화인 방코르(bancor)의 창설을 주장했다. 방코르를 국제결제통화 다시 말해 세계 본위화폐로 설정하자고 제안한 것이다. 하지만 제2차 세계대전을 지나면서 새로운 패권 국가로 부상하고 있던 미국의 대표인 화이트(Harry Dexter White)의 주장은 달랐다. 그는 국제결제통화는 새로운 통화를 사용할 필요 없이 미국 달러가 되어야 한다고 주장하였다. 이는 미국의 패권적 영향력을 확장하기 위한 당연한 주장이었다.

약 3주간의 논의 끝에 케인스의 제안은 기각되고 화이트의 주장이 받아들여졌다. 이제 국제결제통화는 미국 달러화로 정해졌다. 달러가 세계의 본위화폐 역할을 하게 된 것이다. 국제무역과 투자에서 달러가 금의 역할과 위상을 대신하게 되었다. 다만 금과 달러의 교환 비율은 1933년 미국의 금본위제 폐지 당시 결정된 1온스당 35달러가 그대로 적용되었다. 달러와 다른 국가의 화폐 간 교환 비율, 즉 환율은 정부 간 합의로 결정되었다.

이제 달러만이 유일하게 국제적 차원에서 금과의 교환이 보장되는 국제 태환화폐로 인정되었다. 이는 국내적으로는 35달러의 금 1온스 교환을 보장하지 않았지만 국제적으로는 그 교환을 보장하는 것이었다. 국내적으로는 금본위제가 폐지되었지만 국제적 차원에서는 금이 최종 본위화폐 역할을 하는 국제 금본위제는 유지되었다. 국제적 차원에서는 달러 가치가 금에 고정되고 이에 연동하여 환율이 결정되는 조건으로 금본위제는 그 명맥을 유지할 수 있었다. 이를 금달러본위제, 금환본위제라고도 한다.

　이렇게 1944년 이후 금과 달러의 태환을 기초로 하는 국제통화시스템을 브레턴우즈체제(Bretton Woods System)라고 부른다. 브레턴우즈체제는 제2차 세계대전 이후 명실상부한 초강대국으로 떠오른 미국의 법정화폐인 달러에 대한 국제적 신뢰를 기초로 성립되었다. 미국이 실질적으로 세계정부의 역할을 하고 달러가 세계의 법정화폐, 본위화폐의 역할을 하게 되었다고 할 수 있다.

　하지만 이것은 어디까지나 미국 패권에 대한 신뢰를 기초로 한다. 브레턴우즈체제는 금과 달러의 교환 비율이 지켜지고, 달러의 금태환이 언제든 가능하다는 이 두 가지 믿음이 있어야 유지될 수 있는 시스템이다. 만약 이 믿음에 문제가 생긴다면 브레턴우즈체제는 지속될 수 없다. 아니나 다를까 우려는 현실이 되었다. 미국은 패권을 유지하기 위해서라도 달러를 쓸 일이 너무 많았다.

　미국은 제2차 세계대전 이후 미소 냉전이 시작되면서 소련의 팽창을 막기 위해 유럽에 막대한 재정을 지원하였다. 당시 미국 국무장관이었던 마샬의 이름을 딴 마샬 플랜(Marshall Plan)이 대표적인 사례이다. 마샬 플랜은 유럽재건계획으로 이를 통해 독일(서독) 등에 천문학적인 재정이 투입되었다. 이뿐만이 아니라 미국은 1950~1953년 한국전쟁, 1964~1973년 베트남전쟁 등에 직접 개입하면서 원조와 전쟁 수행을 위한 막대한 전비를 지출하였다. 이에 더해 미국은 지속적인 무역수지 적자를 기록하였다. 달러는 계속 유출되었다. 이는 달러 공급 또는 달러 유동성의 증가를 의미한다. 반대로 금태환 요구의 증가에 따라 미국의 금 보유량은 줄어들었다.

　시간이 지날수록 미국이 보유하고 있는 금 보유량에 비해 달러 발행량이 너무 크다는 의심이 커지게 되었다. 보유한 금에 비해 과도하게 많은 달러를 발행하게 되면 당연히 달러의 실질가치는 하락한다. 금과 달러의 교환 비율에 대한 신뢰에 금이 가게 된다. 이러한 의심이 커지면서 스위스, 스페인, 프랑스 등이 발 빠르게 달러의 금태환을 요구하였다. 대규모의 금이 인출되기 시작하였고 1960년대 후반부터 미국의 금 보유량은 급격히 줄어들게 되었다.

미국은 금의 유출을 더 이상 방치할 수 없었고 결국 달러의 금태환 약속도 지켜질 수 없었다. 1971년 8월 15일 일요일 오전 미국 닉슨 대통령은 방송을 통해 금태환을 정지한다고 발표하였다. 갑작스러운 금태환 정지선언으로 30년 가까이 유지되어온 브레턴우즈체

금태환 정지를 선언하고 있는 닉슨 대통령

제는 붕괴의 길로 들어서게 되었다. 달러에 대한 신뢰를 토대로 명맥을 유지되고 있던 국제 금본위제는 이제 시효를 다하고 역사 속으로 사라지게 되었다.

닉슨 선언 이후 브레턴우즈체제는 붕괴하였지만 아이러니하게도 금이 내어준 국제결제통화, 세계 본위화폐의 자리를 달러가 온전히 차지하게 되었다. 내재가치가 없는 국가의 불태환법정화폐가 실질적인 국제결제수단으로 사용되는 시대가 되었다. 이에 대한 비판과 우려가 제기되었지만 현실적으로 달러 외에 다른 대안이 없었기 때문이다. 이제 이전처럼 금과 달러의 고정된 교환 비율을 기초로 안정적으로 유지되던 개별 화폐 간 교환 비율, 즉 환율도 더 이상 고정될 수 없게 되었다.

금의 굴레에서 해방된 달러는 이제 그 가치가 자유롭게 되었다. 아

니 불안정하게 되었다고 하는 것이 더 정확할 것이다. 달러 가치가 불안정하니 환율이 불안정한 것은 당연지사가 되었다. 고정환율제도가 변동환율제도로 변화하였고 시간이 걸렸을 뿐 대부분 주요 국가는 변동환율제도로 전환하였다. 환율의 변동은 상품과 서비스 국제가격의 상시적 불안정성을 가져왔다. 이제 국제무역, 국제금융, 국제통화시스템 모두는 불안정성이 지배하는 세계가 되었다. 우리나라뿐만 아니라 세계가 겪고 있는 불안정의 문제는 여기서 기인하는 바가 크다. 물질적으로는 풍요로워졌지만 불안이 사라지지 않는 사회경제적 환경은 이것과 무관치 않다.

이제 금본위제, 금달러본위제, 금환본위제가 아닌 '달러본위제'라 해도 틀린 말은 아니다. 미국 중앙은행인 연준이 발행하는 달러가 세계 본위화폐의 역할을 하게 되었다. 1971년 8월 15일 닉슨 선언으로 마지막으로 남아있던 국제 금본위제, 태환화폐 시대는 종식되었다. 달러본위제, 불태환법정화폐 시대로 진입하게 되었다. 이 달러본위제, 불태환법정화폐 시대가 현재까지 이어지고 있다. 이렇게 화폐·통화시스템의 역사적 변천과 그 변화의 메커니즘을 이해하는 것은 아래의 현 화폐·통화시스템에 대한 논의를 위해 중요하다.

이는 현 상업은행 중심의 화폐창조와 여기서 발생하는 현대판 시뇨리지의 문제점, 그리고 그 해결책에 대한 논의를 위해서 우선 살펴보아야 할 주제이기도 하다.

앞의 내용을 요약하면 다음과 같다.

① 20세기 초반 영국을 시작으로 국내적 차원의 금본위제는 폐지되었다. 하지만 국제적 차원의 금본위제(금달러본위제)는 1971년 8월 15일 닉슨 선언 이전까지 지속되었다.

② 제2차 세계대전이 끝나가던 1944년 7월 열린 브레턴우즈회의
　　에서 달러 가치가 금과 고정되는 금달러본위제가 결정되었다.
　　국제적으로 달러만 금태환이 허용되었다. 이를 브레턴우즈체제
　　라고 한다.

③ 브레턴우즈체제는 달러에 대한 신뢰를 토대로 유지될 수 있었
　　다. 미국의 달러 발행이 과다해지면서 달러 가치에 대한 신뢰
　　가 하락하고 금태환 요구와 금 유출이 급증하였다. 결국 닉슨
　　선언으로 달러의 금태환이 정지되었다.

④ 이후 브레턴우즈체제는 붕괴하였다. 하지만 달러는 이후에도
　　금을 대체하는 명실상부한 국제결제수단, 세계 본위화폐의 역
　　할을 하게 되었다.

⑤ 달러와 금의 교환 비율이 더 이상 고정되지 않게 되면서 고정
　　환율제도에서 변동환율제도로 변화하였다.

⑥ 이후 국제무역, 국제금융, 국제통화시스템은 상시적인 불안정
　　속에 놓이게 되었다. 이는 현재까지도 지속되고 있다.

5. 중앙은행화폐와 상업은행화폐

앞에서 화폐를 물물교환의 수단으로 보는 일반적인 인식과, 이를
넘어서는 채권·채무 관계의 청산수단이라고 보는 보편적 개념에 대해
살펴보았다. 이를 통해 보편적 의미의 화폐가 무엇인지, 그리고 화폐라
고 해도 다 같은 화폐가 아니라는 것을 이해할 수 있었다.

이 절에서는 현 화폐·통화시스템의 불태환법정화폐에는 이질적인
성격의 두 개의 화폐가 공존하고 있다는 것과 그 의미가 무엇인지에 대

해 살펴보고자 한다. 이는 앞에서 언급한 이중은행제도를 이해하는 데 필수적이다. 현금이나 예금은 언제든 쓸 수 있는 돈이기 때문에 다 같은 화폐처럼 생각하기 쉽다. 하지만 엄밀히 따지면 같은 화폐처럼 보여도 다 같은 화폐가 아님을 알 수 있다. 이는 현 화폐·통화시스템이 중앙은행과 상업은행의 이중은행제도 형태로 구축되어 있기 때문이다.

　　결론부터 이야기하면 화폐는 중앙은행이 발행(창조)하는 중앙은행화폐와 상업은행이 발행(창조)하는 상업은행화폐로 구분된다. 중앙은행화폐의 대표적인 예가 현금이고 상업은행화폐의 대표적인 예가 예금이다. 중앙은행화폐는 부도가 나지 않지만 상업은행화폐는 부도가 날 수 있다. 예를 들어 상업은행이 파산하면 예금은 원리금 합계 5천만 원까지만 지급이 보장된다. 그 이상의 예금(상업은행화폐)은 증발한다. 진짜화폐는 그 어떠한 상황에서도 가치가 보장되어야 하고 최종적이고 불가역적인 채권·채무 관계의 청산수단이다. 이러한 측면에서 상업은행화폐는 진짜화폐, 100%화폐라고 보기에는 부족하다. 예를 들어 1억 원의 예금이 있더라도 은행이 파산하면 그중 5천만 원은 화폐로 인정되지만 나머지 5천만 원은 허공으로 없어진다. 상업은행화폐는 진짜화폐라고 장담할 수 없는 것이다.

미국 연방준비제도 전경

이렇게 볼 때 화폐는 진정화폐(authentic money), 즉 국가가 망하지 않는 한 없어지지 않는 진짜화폐와 준화폐(quasi money), 즉 상업은행이 망하면 없어질 수 있는 가짜화폐로 구분할 수 있다. 진정화폐는 중앙은행이 발행한 현금(지폐와 동전), 상업은행의 시재금 그리고 지급준비금의 총합이다. 여기서 시재금(時在金, vault cash)은 상업은행 금고 안에 있는 현금이다. 하지만 지급준비금 (reserves)은 상업은행이 중앙은행 당좌계좌에 예치한 예금의 일종으로 실물이 아닌 디지털화된 숫자로 존재한다.

예를 들어 지갑 안에 들어있는 5만 원권 지폐는 중앙은행이 발행한 진정화폐이다. 지급준비금은 상업은행의 지급 요구가 있으면 언제든지 중앙은행이 현금으로 지급하기 때문에 현금과 다름없다. 이렇게 현금, 지급준비금, 시재금은 진정화폐이다. 이를 다른 용어로 본위(本位)화폐(standard money), 통화량 개념으로는 본원(本源)통화(base money, high-powered money)라고 한다. 뜻 그대로 기준, 근본, 뿌리, 원천이 되는 화폐, 통화라는 의미이다. 화폐·통화시스템의 기초, 토대가 되는 고성능의 막강한 화폐, 통화라는 의미이다.

본원통화는 중앙은행이 발행한 현금의 형태로 시중 또는 상업은행 금고에 실물로 존재한다. 그리고 지급준비금의 경우 중앙은행의 당좌계좌에 디지털 파일로 저장된 숫자이지만 상업은행이 중앙은행에 지급을 요구하면 현금 지급이 보장된다. 이를 중앙은행화폐라고 한다. 중앙은행화폐는 국가의 공권력에 의해 100% 지급이 보증된 화폐이다. 어떤 경우에도 가치가 없어지지 않고 채권·채무 관계의 최종적인 청산수단으로 사용될 수 있다.

현 화폐·통화시스템에서는 국가가 망하지 않는 한 중앙은행이 발행한(창조한) 중앙은행화폐는 절대 없어지지 않는다. 이는 중앙은행화폐가 금본위제의 금의 역할을 하는 것과 같다. 금본위제로 치면 현금은 순도 99.999%인 금화와도 같은 것이다. 이런 의미에서 중앙은행화폐를 진정화폐, 진짜화폐, 100%화폐라고 해도 무방하다.

그러면 상업은행이 발행(창조)하는 준화폐, 가짜화폐, 상업은행화폐는 무엇일까? 가짜화폐라고 하면 위·변조된 화폐를 가리키는 것 같아 혼선이 생길 수 있다. 되도록 가짜화폐보다는 상업은행화폐라는 용어를 사용하도록 한다. 상업은행은 최종대부자인 중앙은행의 발권 기능을 대신한다. 대출이라는 형식으로 상업은행화폐를 창조한다. 상업은행의 대출은 상업은행화폐를 창조하는 것이다. 시중 통화량(유동성)은 예금통화의 총합이라고 할 수 있는데 사실 예금통화의 원천이 바로 대출, 즉 상업은행 화폐창조이기 때문이다.

여기서 기억해야 하는 것은 상업은행화폐도 중앙은행화폐와 같이 무에서 창조된다는 것이다. 중앙은행의 화폐창조 목적은 화폐·통화시스템의 안정과 유지, 다시 말해 최종대부자 기능과 관련되어 있다. 한편 상업은행 화폐창조 목적은 현대판 시뇨리지의 일부를 예대마진으로 획득하는 데에 있다. 중앙은행은 공적 이익(benefit)을, 상업은행은 사적 이윤(profit)을 추구한다.

그렇더라도 중앙은행의 화폐창조는 상업은행 화폐창조가 원활히 이루어질 수 있도록 하는 데 그 주요한 목적이 있다. 금융안정을 위한 최종대부자 역할은 결국 상업은행제도의 안정적 유지를 목적으로 하는 것이다. 중앙은행이 (상업)은행의 은행이라고 이야기되지만 더 정확하게는 (상업)은행을 위한 은행이라고 해야 맞을 것이다. 주와 종이 바뀌는 것이다.

이는 상업은행화폐가 시중 통화량의 절대 비중(95% 내외)을 차지하고 있는 점을 보면 알 수 있다. 상업은행이 화폐창조의 주된 역할을 하고 중앙은행은 이를 보조하는 것이라고 해야 더 적합하다. 상업은행은 대출을 통해 상업은행화폐를 창조하지만 한 가지 예외가 있다. 달러의 원화 환전의 경우는 대출 없이도 상업은행화폐가 창조된다. 예를 들어 우리나라 A기업이 수출대금으로 달러를 받고 이를 거래은행에서 원화로 환전하면 환전 즉시 A기업의 계좌에 환전금액에 해당되는 원화가 입금된다. 대출 없이 예금이 증가하는 것이다. 대출 없이 상업은행화폐가 창조된다.

대출을 통한 화폐창조는 부채를 동반한다. 하지만 앞의 경우는 부채 없이 창조된 화폐이다. 부채로부터 자유로운 화폐(debt-free money)이다. 이 책에서는 이를 '자유화폐'라고 명명한다. 기존의 자유화폐 개념은 1890년대 벨기에 경제학자인 질비오 게젤(Silvio Gesell, 1862~1930)의 『자유토지와 자유화폐에 의한 자유로운 경제 질서』(the Nature of Economic Order through Free Land and Free Money, 1916)에서 제시되었다.

여기의 자유화폐는 표면에 인지를 붙이거나 유통기한을 적어 그 기간만 기능을 발휘하는 화폐를 의미한다. 자유화폐는 시간이 지날수록 화폐가치가 감소하기 때문에 화폐사용과 소비활동을 장려하는 데 목적이 있다. 게젤의 자유화폐는 당시 계속되는 유럽 내 경제위기와 경기침체를 극복하기 위한 대안으로 제시되었다. 게젤의 자유화폐는 화폐의 가치축장으로부터 자유로운 화폐를, 이 책의 자유화폐는 부채로부터 자유로운 화폐를 의미한다. 하나는 가치축장에서, 다른 하나는 부채에서 벗어나 경제활동에 긍정적인 역할을 한다는 공통점이 있다.

부채로부터 자유로운 화폐인 자유화폐의 증가는 그만큼 부채 없는 경제활동 다시 말해 빚 부담 없이 화폐를 활용한 다양한 경제활동이 가능하다는 것을 의미한다. 국민의 경제활동과 삶이 빚 부담에서 벗어날 수 있다. 수출과 외국인직접투자가 국가 경제에 중요한 이유가 여기에 있다. 수출과 외국인직접투자는 달러를 획득해서 자유화폐를 창조할 수 있는 통로가 되기 때문이다.

이러한 자유화폐를 빼면 나머지 화폐(통화량)는 대출의 형식으로 창조된다. 나의 예금계좌에 들어있는 화폐는 누군가의 대출이 돌고 돌아 들어온 것이다. 예를 들어 A가 1억 원의 대출을 받으면 그 즉시 A의 예금계좌에 100,000,000이라는 숫자가 찍힌다(입금된다). 대출과 동시에 A는 1억 원의 예금을 갖게 된다. 이처럼 대출의 증가는 예금의 증가로 이어지고 이는 다시 통화량의 증가를 가져온다. 이것이 화폐창조의 과정이다.

만약 이 돈으로 아무것도 안 하고 계좌에 남겨둔다면 1억이라는 숫자는 그대로 남아있게 된다. 아무 이유 없이 1억 원을 대출받아 이자만 갚으면서 예금계좌에 두는 사람은 없다. A는 어떤 이유든 대출금을 쓰기 위해 1억 원을 대출받았을 것이다. 예를 들어 대출금 1억 원은 A의 사업 운영자금으로, 자녀 교육이나 주택 매입에, 또는 주식, 펀드 등 금융자산에 투자될 수 있다. 아니면 창업을 위해 사용될 수도 있다.

대출을 통해 창조된 화폐(예금)는 다양한 경제활동의 과정에서 지출되기 마련이다. 그리고 이는 다시 다른 사람(기업) B, C, D, … 의 수입이 되고 그의 예금계좌에 입금된다. 이처럼 경제의 순환 과정을 거치면서 누군가의 대출은 다른 누군가의 예금이 된다. 이렇듯 대출은 결국 예금으로 종착된다. 이는 상업은행 화폐창조는 대출 없이는 발생하지 않음을 의미한다.

여기까지의 논의를 정리하면 예금은 대출에 기인한다. 상업은행화폐는 일반적으로 은행화폐, 예금화폐, 신용화폐로 불리기도 한다. 상업은행화폐는 대출을 통해 창조되고 대출은 다시 예금으로 전환된다. 현재와 같이 현금을 거의 쓰지 않는 상황에서 개인이 소유한 상업은행화폐는 대부분 상업은행 예금계좌의 숫자이다. 이것은 상업은행 중앙서버에 전자적 방식으로 저장된 기록이다. 지폐나 동전과 같은 실물화폐가 아니다.

상업은행화폐는 중앙은행이 발행한 실물화폐도 아니고 중앙은행이 완전 지급을 보장하는 지급준비금도 아닌, 대출을 통해 창조된 신용화폐이다. 다시 말해 상업은행화폐는 디지털화되어 가상공간에 존재하는 화폐이다. 상업은행화폐를 중앙은행이 창조하는 진정화폐와 비교하여 준화폐(가짜화폐)라고 하는 이유가 여기에 있다.

만일 상업은행이 파산하면 가상공간에 저장되어 있던 상업은행화폐는 5천만 원까지만 남겨지고 나머지는 공중으로 없어진다. 상업은행 계좌에 예치된 예금화폐는 100% 지급보장이 되는 진짜화폐가 아니라는 이야기이다. 그 일부분만 보장된다. 이렇게 상업은행화폐는 평상시에는 진짜화폐 같아 보이지만 이례적이고 위기의 상황에서는 언제든 그 가치가 변동될 수도 있고 심지어 소멸될 수도 있는 가짜화폐이다.

일반적인 상황에서는 예금주는 상업은행에서 예금계좌에 있는 금액과 동일한 현금으로 교환할 수 있다. 하지만 거액의 예금을 현금으로 교환하는 경우는 별로 많지 않다. 언제든 예금을 현금으로 바꿀 수 있다는 믿음이 있기 때문이다. 또한 대부분 거래가 신용카드나 온라인 결제(이체)로 이루어지는 상황에서 현금을 사용하는 것은 불편하기 때문이기도 하다.

이렇듯 대부분 예금주는 언제든 예금을 실물화폐(현금)로 교환할 수 있다고 믿기 때문에 예금을 굳이 현금으로 인출하지 않고 예금계좌에 남겨두게 된다. 예금계좌의 숫자가 곧 현금이라고 생각하는 것이다. 이러한 믿음의 기초에는 중앙은행이, 아니 더 정확하게는 중앙은행화폐가 있다. 중앙은행은 필요하면 언제든 지급준비금에 해당하는 현금을 발행할 수 있다. 또한 상업은행은 시중의 현금 수요에 대응하기 위해 일정액의 현금인 시재금을 금고에 보관하고 있다. 이처럼 중앙은행화폐는 상업은행화폐(예금화폐)가 진짜화폐처럼 보이게 해서 현 이중은행제도와 화폐·통화시스템이 원활히 작동하도록 하는 역할을 하는 것이다.

이는 다음과 같은 사례를 통해 좀 더 명확해진다. 만약 상업은행에 문제가 생긴다면 어떻게 될까? 예를 들어 경제위기로 많은 기업과 개인이 부도를 내거나 파산하고 은행의 대출금을 갚지 못하는 상황을 생각해 보자. 대출 원리금이 상환되지 못하면 상업은행은 부실화된다. 상업은행도 이윤을 추구하는 기업이기 때문에 부실이 심해지면 자금난에 빠지게 된다. 예금주가 예금을 현금으로 인출하지 못하는 상황이 될 수 있다는 것이다.

이런 상황이 되면 예금주는 자신의 예금을 현금으로 바꿀 수 없을지도 모른다고 생각하게 된다. 이제 예금이 진짜화폐가 아님을 알게 된다. 이러한 불안감이 광범위하게 퍼지게 되면 예금을 현금으로 바꾸고자 하는 예금인출 요구가 쇄도하게 된다. 이것이 뱅크런이다. 뱅크런이 발생하면 상업은행은 어쩔 수 없이 예금인출 요구에 응해야 한다.

상업은행은 지급준비금을 현금으로 바꾸고 자산을 매각해서라도 예금을 현금으로 돌려줘야 한다. 이것조차 어렵게 되면 상업은행은 자금난이 심화되고 결국 파산할 수밖에 없다. 상업은행이 지급불능이 되거나 파산하면 예금계좌에 있는 상업은행화폐는 공중으로 사라지게 된다. 이런 상황에서는 진짜화폐와 가짜화폐의 정체가 극명하게 드러난다. 화폐가 다 같은 화폐가 아님을 깨닫는 순간이다.

이러한 뱅크런과 상업은행의 파산, 그리고 상업은행화폐의 대량

소멸(신용파괴)은 급격한 유동성(통화량) 감소로 이어져 화폐·통화시스템 붕괴, 그리고 금융위기, 경제위기를 초래한다. 현금은 자취를 감추고 채권·채무 관계의 정상적인 생성, 유지, 청산이 불가능해진다. 국가 경제와 국민 다수의 삶은 벼랑 끝에 몰리게 된다.

이제 누군가가 나설 때가 되었다. 그것은 중앙은행이다. 중앙은행이 창조한 진짜화폐인 중앙은행화폐가 경제의 전면에 등장한다. 이는 급한 불을 끄는 것과 같다. 중앙은행을 소방공무원으로, 중앙은행화폐를 소화전의 물로 비유할 수 있다. 가짜화폐가 아닌 진짜화폐가 살포되어야만 무너진 채권·채무 관계가 다시 복원될 수 있다.

이렇게 화폐·통화시스템과 채권·채무 관계가 붕괴하는 최악의 경우 중앙은행은 최종대부자로서 무대 위에 등장한다. 평상시에는 무대 장막 뒤에 숨어서 보이지 않던 진짜화폐의 주인공이 등장하는 것이다. 최근 중앙은행은 뱅크런뿐만 아니라 기업, 금융기관의 유동성 부족 등 위기의 전조가 나타나면 선제적으로 이에 대처하고 있다. 특히 2008년 글로벌 금융위기와 2020년 코로나 팬데믹 위기 대응 과정에서 이러한 중앙은행의 역할과 행보는 더욱 주목받고 있다.

제로금리정책과 양적완화(Quantitative Easing, QE)가 그 대표적인 예이다. 금리인하는 대출을 유도하여 상업은행화폐 증가를 가져온다. 제로 수준의 금리인하에도 불구하고 시중 유동성 문제를 해결하기 어렵다면 중앙은행이 직접 중앙은행화폐를 창조하는 단계로 가게 된다. 이것이 양적완화이다. 양적완화는 중앙은행이 국공채 등 자산을 직접 매입(인수)하여 상업은행의

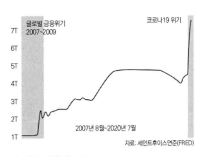

미 연준 대차대조표

지급준비금을 늘려주는 방식이다. 지급준비금의 증가는 상업은행의 대출 유인을 늘려 간접적으로 시중 유동성 증가를 가져온다.

제로금리정책과 양적완화는 2008년 글로벌 금융위기가 발생한 직후 유동성 공급을 위해 전격 시행되었다. 그리고 최근 2020년 코로나 팬데믹 이후 급격한 경제의 붕괴를 막기 위해 미국, EU, 일본 등 대부분의 선진국은 제로금리와 함께 천문학적인 규모의 양적완화를 시행하였다. 2008년의 양적완화는 중앙은행이 유통시장에서 국채를 매입하여 상업은행의 지급준비금을 늘려주는 간접 방식이었다. 반면 2020년의 양적완화는 국채를 발행시장에서 직접 인수하여 정부의 국고계좌의 잔고를 늘려주는 방식으로 2008년 양적완화와 차이가 존재한다. 전자는 민간의 대출을 통해 후자는 정부의 재정지출을 통해 경제위기를 극복하고자 하는 것이었다. 그 효과는 전자에 비해 후자가 현저하게 컸다고 평가된다.

이코노미스트 2016.7.30.일자 표지

여기서 한 가지 짚고 갈 부분은 일본은 이전부터 이미 양적완화를 시행해 오고 있었다는 것이다. 일본은행은 1990년대 중반 자산 버블 붕괴 이후 자산가치 방어와 경기부양을 위해 대량의 국채를 직접 인수하기 시작하였다. 2012년 말 취임한 아베 총리는 '아베노믹스'라고 불리는 확장 재정·통화정책을 시행하였는데 이 과정에서 양적완화는 더욱 확대되었다.

양적완화는 기준금리 조정과 같은 기존의 전통적 통화정책과 대비하여 비전통적(non-conventional) 통화정책이라고 부른다. 기준금리를 제로 수준까지 인하해도 유동성 공급 효과가 나타나지 않을 경우 중앙은행은 자산을 매입하는 방식으로 유동성을 공급하게 된다. 다시 말해 중앙은행이 상업은행의 화폐창조 기능을 대신해서 중앙은행화폐를 창조하여 상업은행 또는 정부에게 유동성을 공급하는 것이다.

양적완화는 복잡하고 어렵게 보이지만 그 내용과 절차는 의외로 단순하다. 중앙은행은 금융위기에 따른 유동성 급감, 즉 상업은행화폐 축소에 대응해서 중앙은행화폐를 창조하여 중앙은행에 개설되어있는 상업은행 당좌계좌 또는 정부 국고계좌에 자금을 입금한다. 상업은행의 화폐창조가 어려운 상황이 되니 중앙은행이 대신 화폐를 창조하는 것이다. 이중은행제도의 무게추가 상업은행에서 중앙은행으로 이동하게 된다.

양적완화의 방식은 국채 매입이나 상업은행이나 정부 대출 등 다양하다. 양적완화의 결과 중앙은행화폐는 상업은행 당좌계좌, 정부 국고계좌의 두 가지 루트를 거쳐 시중으로 공급된다. 일반적으로는 이러한 일련의 과정을 중앙은행이 "화폐를 찍어낸다"라고 표현한다. 이는 마치 중앙은행이 윤전기로 화폐를 프린트하여 만들어내는 것처럼 들리는데 이는 오해의 여지가 있다. "찍어낸다"는 말이 완전히 틀린 말은 아니지만 완전히 맞는 말도 아니다.

왜냐하면 중앙은행은 물리적으로 실존하는 실물화폐(지폐)를 찍어내는 것이 아니라 디지털화된 데이터(숫자)를 중앙서버에 저장하는 것이기 때문이다. 다시 말해 양적완화는 중앙은행이 지폐를 인쇄해서 물리적으로 존재하는 상업은행 금고에 넣어주는 것이 아니다. 상업은행 당좌계좌에 해당하는 금액을 입력하고 저장하면 그 모든 과정이 끝나는 것이다.

화폐는 무에서 창조된다.

단순한 키보드 작업으로 순식간에 상업은행 당좌계좌에는 천문학적인 중앙은행화폐(지급준비금)가 입금(기록)된다. 이는 국고계좌 입금의 경우에도 마찬가지이다. 이것이 양적완화의 실제 방식이다. 대부분 화폐는 지폐와 같은 물리적인 형태로 금고 내에 존재하는 것이 아니라 디지털화된 숫자로 중앙은행과 상업은행의 서버(가상공간)에 저장되어 있다.

양적완화를 통해 지급준비금이 증가하면 상업은행은 대출을 늘릴 여지가 커지게 된다. 이것은 상업은행화폐가 늘어나는 결과를 가져온다. 대출을 통한 상업은행 화폐창조는 시중 유동성의 증가를 가져온다. 유동성 증가는 부동산, 주식, 채권, 코인 등의 자산가치 상승과 다양한 경제적 파급경로를 통해 경기회복과 경제성장에 도움을 주게 된다.

2008년 9월 시작된 글로벌 금융위기로 연준은 금융안정화 조치로 국채와 MBS(부동산담보증권)를 대규모 매입하고, 매입 대금으로 중앙은행화폐를 창조하여 상업은행에 공급하였다. 그리고 다시 10여 년이 지난 2020년 초 시작된 코로나 팬데믹 위기로 인해 중앙은행은 다시 전면에 나서게 되었다. 이 경우에는 2008년 글로벌 금융위기보다 더욱 급격한 경제위기로 치달을 가능성이 컸다.

전염병 확산을 위해 전 세계적으로 이동 제한, 국경 봉쇄와 같은 강력한 방역 조치가 시행되었다. 생산, 유통, 소비의 정상적인 경제활동이 중단되고 금융시스템 자체가 붕괴할 수 있는 위험이 증가하였다. 글로벌 금융위기는 금융 부문에서 시작되어 실물경제로 위기가 확산하였다. 이에 비해 코로나 팬데믹 위기는 실물경제에서 시작하여 금융 부문으로 확산하는 정반대 상황이었다.

자산가치 폭락뿐만 아니라 국가 경제 자체가 붕괴할 수 있는 위기감이 그 어느 때보다도 높아졌다. 전대미문의 위기 앞에 미국을 비롯한 대부분 선진국 정부는 위기 확산을 선제적으로 방어하기 위해 천문학적인 규모의 재정을 투입하였다. 정부의 재정지출 확대 외에는 경제를 지탱할 방법이 마땅히 없었기 때문이다. 이제 재정지출을 위한 재원을 어떻게 마련하느냐가 문제였다.

예상할 수 없었던 비상 상황에서 대규모 재정투입의 재원을 신속하게 마련하기 위해서는 증세와 같은 시간이 걸리는 방법을 쓸 수 없었다. 현실적인 방안은 국채 발행이나 중앙은행 대출로 필요한 재원을 마련하는 것이다. 국가부채 증가라는 부담과 비판에도 불구하고 발등에 떨어진 불을 끄기 위해서는 어쩔 수 없는 상황이었다.

긴급한 상황에서 연준 등 주요국 중앙은행은 정부가 발행한 국채를 직·간접적으로 인수하고 중앙은행화폐를 창조하여 정부 국고계좌와 상업은행 당좌계좌에 공급하였다. 이 과정도 앞의 예와 같이 단순한 키보드 작업으로 완벽하게 처리된다. 국채 매입도 그 매입 대금의 입금도 실물 국채나 실물화폐로 이루어지지 않는다. 키보드 작업을 통해 중앙은행 서버에 거래 정보를 입력, 저장하면 된다. 수조 달러가 넘는 천문학적인 금액에 비해 중앙은행 화폐창조 과정은 허탈할 정도로 단순하고 간단한 과정이다.

2020년 코로나 팬데믹 대응을 위해 연준은 이러한 방식으로 정부 국고계좌에 총 4조 달러의 중앙은행화폐를 입금하였다. 미국 연방정부는 이 재원으로 팬데믹 극복을 위한 다양한 재정지출을 할 수 있었다. 미국 정부는 일명 PPP(Paycheck Protection Program)라고 하는 급여보호

프로그램에 1조 달러, 가구당 600달러 재난지원금 지원을 위해 3조 달러 등 총 4조 달러 규모의 재정을 지출하였다.

연준의 중앙은행화폐 창조와 이를 재원으로 한 적극적인 재정지출은 경제위기에서 국민의 삶과 기초 생산단위가 유지되는 데 큰 힘이 되었다고 평가된다. 이는 미국이 위기를 극복하는 원동력이 되었다. 2008년 글로벌 금융위기 때의 양적완화는 상업은행 지급준비금을 늘려주는 방식이었다. 2020년 코로나 팬데믹 위기 때의 양적완화는 정부 국고계좌에 중앙은행화폐를 직접 입금해 주는 방식이었다.

후자를 소위 '모두를 위한 양적완화'라고 한다. 양적완화도 상업은행의 지급준비금을 늘려주느냐, 아니면 국고계좌의 잔고를 늘려주느냐의 두 가지 방식이 존재한다. 두 가지 방식 중 후자의 '모두를 위한 양적완화' 방식은 국가주도 화폐창조(현대화폐이론)와 직접적으로 연결된다는 점에서 상업은행의 지급준비금을 늘려주는 방식보다 한 단계 더 진전된 정책이라고 평가할 수 있다. 이에 대해서는 아래 제3장과 제4장의 내용을 통해 구체적으로 살펴본다.

이렇게 중앙은행화폐는 평소에는 장막 뒤에 숨어 있다가, 위기가 발생하고 경제가 붕괴할 수 있는 백척간두의 상황에서 백기사가 되어 나타난다. 진짜화폐가 등장한다. 물론 평소에도 중앙은행화폐, 진짜화폐를 볼 수 있다. 바로 현금이다. 현금은 상업은행 예금계좌에 들어있는 상업은행화폐를 진짜화폐로 보이게 해서 현 이중은행제도가 안정적으로 유지될 수 있도록 하는 장치이다.

이는 천상에 영원불멸의 본체인 이데아(진짜)가 있고, 현실은 이데아의 그림자(가짜)라고 주장한 플라톤의 이데아론을 연상시킨다. 이데아론에 비유하면 중앙은행화폐은 이데아이고 상업은행화폐는 현실에서 보이는 이데아(중앙은행화폐)의 그림자이다. 그림자를 보면서 그것이 진짜인 것처럼 생각하고 안심하는 것이 현실의 삶이다.

이처럼 화폐라고 해서 다 같은 화폐가 아님을 이해하는 것은 현 이중은행제도, 화폐·통화시스템을 이해하는 첫걸음이다. 화폐를 중앙은행화폐와 상업은행화폐로 구분하는 이유와 내용을 이해하지 못한다면 현 화폐·통화시스템의 작동 메커니즘을 이해하기도 어려울 것이다.

이 경우 언제 다시 올지 모를 금융위기, 경제위기의 본질과 해결방안을 몰라 그 위기의 수렁에서 헤어 나오기 어려울 것이다. 이는 개인도 기업도 국가도 마찬가지이다. 왜냐하면 화폐의 본질과 화폐·통화시스템의 작동 메커니즘을 이해하고 이를 위기 대응과 해법을 위해 활용할 수 있어야만 위기에서 벗어날 수 있고 더 나아가 지속 가능한 성장이 가능하기 때문이다.

중앙은행화폐와 상업은행화폐를 구분해야 하는 이유와 그 작동원리와 상호 관계를 알아가는 것은 화폐의 본질과 현 화폐·통화시스템의 작동 메커니즘을 이해하는 데 필수적이다. 이 체제 속에서 살아가는 개인, 기업, 국가로서는 현 금융자본주의와 화폐·통화시스템의 모순으로 발생하는 문제와 위기에 적절하게 대응해야만 생존할 수 있기 때문이다.

앞의 내용을 요약하면 다음과 같다.

① 화폐는 중앙은행화폐와 상업은행화폐로 구분된다. 중앙은행화폐는 중앙은행이 창조하는 화폐로 현금, 지급준비금, 시재금 등으로 본원통화를 이룬다.

② 중앙은행화폐는 국가가 망하지 않는 한 없어지지 않기 때문에 진정(진짜)화폐이다.

③ 상업은행화폐는 상업은행의 대출을 통해 창조되는 화폐로 예금

계좌에 디지털 숫자로 기록, 저장된다. 이를 신용화폐 또는 예금화폐라고도 한다. 상업은행화폐는 상업은행이 파산하면 허공으로 사라질 수 있는 준(가짜)화폐이다.

④ 경제위기 등 화폐·통화시스템에 문제가 발생하여 상업은행의 화폐창조가 어려운 경우 중앙은행이 상업은행을 대신하여 중앙은행화폐를 창조하여 위기에 대처한다.

⑤ 2008년 글로벌 금융위기, 2020년 코로나 팬데믹 위기에 대응하기 위해 양적완화를 통한 천문학적인 규모의 중앙은행 화폐창조가 이루어졌다.

⑥ 특히 미국에서는 코로나 팬데믹 대응을 위해 중앙은행의 국채 직접 인수 방식의 양적완화가 이루어졌다. 이는 국가주도 화폐창조(현대화폐이론)와 연결된다는 점에서 의미가 있다.

⑦ 중앙은행화폐와 상업은행화폐를 구분하고 그 작동원리와 상호관계를 이해하는 것은 현 화폐·통화시스템의 모순과 이에 따른 위기 대응을 위해 필수적이다.

CHAPTER

03

화폐이론 고찰

1. 화폐에 대한 두 가지 관점

이 절에서는 인류가 화폐에 대해 어떻게 인식해 왔는가를 두 가지의 화폐에 대한 관점을 중심으로 살펴본다. 이에 대한 논의는 주로 서구를 중심으로 발전되어 온 경제학의 화폐이론을 기초로 한다. 하지만 화폐이론을 제대로 이해하기 위해서는 경제학뿐만 아니라 고고학, 법학, 사회학, 역사학, 인류학 등의 다양한 인문학 분야의 학제적 해석과 활용이 필요하다. 따라서 학제적 차원의 화폐인식에 대한 논의가 선행되어야 한다.

화폐의 인문학적 분석을 위해서는 인류가 유사 이래 화폐를 어떻게 인식하고 어떤 목적으로 사용해 왔는지 살펴보는 것과 연결된다. 고고인류학의 관점에서 화폐는 인류가 공동체를 이루고 타인과의 사회적 관계를 형성하면서 시작되었다. 화폐를 매개로 한 사회적 관계의 집적은 고대 문명의 태동과 발전의 핵심적 기제였다. 이는 화폐가 교환의 매개 수단만이 아니라 채권·채무 관계의 생성과 해소 수단이었다는 것과 연결된다.

화폐는 교환을 위한 수단이지만 인간이 공동체를 이루면서 필연적으로 발생하는 사람 또는 집단 간 권리·의무 관계, 다시 말해 채권·채무 관계를 생성, 유지, 해소하는 최종적이고 불가역적인 수단이다. 금화, 은화와 같은 금속화폐가 쓰이기 전부터 그 형태는 다르지만 채권·채무 관계를 규정하는 사회적 약속이 화폐의 본질이다. 화폐 본질에 대한 이러한 해석과 분석이 시공을 넘어 보편성을 갖는다. 이는 화폐가 단순히 경제학의 측면에서만 해석할 수 없다는 것을 보여준다.

기존의 일반적 통념은 화폐는 경제학적 관점에서 분석하고 연구하는 대상이라는 것이다. 수십 세기 인류 문명과 함께 발명된 화폐에 대한 이해를 300년도 안 된 경제학, 특히 신자유주의 경제이론이 독점하는 것은 학문적 오만이자 편견이 아닐 수 없다. 화폐에 대한 인식은 다양한 학문을 통해 접근할 수 있다. 그래야 화폐에 대한 인식의 지평을 넓힐 수 있다. 이러한 학제적 분석을 바탕으로 인류가 역사 속에서 만들어낸 최고의 발명품인 화폐를 시대적 변화와 상황에 맞추어 분석하고 활용할 수 있다.

이는 화폐를 국가경제의 발전과 국민 복지 증진을 위해 어떻게 활용할 수 있는지에 대한 고민과 연결된다. 물론 기존 화폐에 대한 분석은 주로 경제학에서 다루었다는 측면에서 경제학의 화폐이론을 들여다 볼 수 있다. 이를 토대로 경제학을 넘어서는 화폐인식의 전개가 필요하다. 경제학에서 화폐의 정의와 기능 등을 둘러싼 논쟁과 이론은 복잡하고 어려워 보이지만 큰 틀에서 두 가지 관점으로 귀결된다. 기존 화폐이론은 이 두 가지의 화폐에 대한 인식에서 비롯되었다. 이는 화폐에 대한 긍정적 관점과 부정적 관점이다. 단순해 보이지만 이 두 가지 관점만으로도 복잡해 보이는 화폐이론을 정리할 수 있다.

인류 역사의 긴 시간 동안 화폐에 대한 주류적인 관점은 화폐에 대한 부정적 인식에 뿌리를 두고 있다. 화폐에 대한 긍정적 인식은 근대 이후 짧게는 20세기 이후에나 등장하였다. 화폐에 대한 부정적 인식은 상품화폐이론으로, 긍정적 인식은 신용화폐이론으로 연결된다. 상품화폐이론은 다시 금속주의, 통화주의로 이어진다. 신용화폐이론은 증표주의, 명목주의, 국정화폐이론, 현대화폐이론, 주권화폐이론 등으로 연결된다. 이와 같은 여러 화폐이론에 대한 내용은 아래에서 살펴보도록 한다.

위 화폐이론을 화폐·통화제도와 연결해보면 상품화폐이론은 은본위제, 금은복본위제, 금본위제로, 신용화폐이론은 현재와 같은 불태환화폐본위제로 현실화되었다. 은본위제, 금은복본위제, 금본위제에서 사용되던 금속화폐는 인류가 문명화된 역사를 시작한 이래 수십 세기에 걸쳐 화폐로 활용되었다. 이제 금속화폐는 사실상 소멸하였다. 현재 대부분 인류는 개별 국가의 법정화폐가 본위화폐 역할을 하는 불태환화폐본위제에서 살고 있다. 그리고 세계적 차원에서는 달러본위제에서 살고 있다.

우선 화폐에 대한 부정적인 인식을 살펴보면 그 주된 내용은 중세 기독교 세계의 윤리적, 종교적 결벽증과 연결된다. 고대 그리스·로마 시대부터 중세 기독교 세계를 지나 근현대에 이르기까지 화폐는 늘 비난과 고발의 대상이었다. 화폐는 부의 축적, 먹고사는 문제의 핵심이었지만 의도적으로 외면당하였다. 늘 부정되고 수세에 몰렸다.

화폐는 경제생활에 필수적인 수단이었지만 동시에 인간을 탐욕과 파국으로 몰고 가는 존재였다. 화폐는 악마의 속삭임이었다. 이런 고정관념이 오랫동안 지속되다 보니 화폐는 공개적으로 발설되고 논의되어서는 안 되는 금기어가 되었다. 그러다 보니 화폐는 유대인 같이 차별받고 소외된 사람들이나 다루는 불순한 그 무엇인가가 되었다. 아이러니하게 유대인이 화폐경제와 금융가문의 성장에 핵심적 역할을 했음은 잘 알려진 사실이다.

고대 그리스 철학자인 플라톤(Plato, B.C. 427~348)은 『국가』(The Republic, B.C. 380년경)에서 화폐에 대한 경계를 늦추지 않았다. 그는 철인정치를 주창한 사람답게 과도한 부와 사치 추구가 도덕적 부패로 이어질 수 있고 미덕과 성의 추구를 약화시킨다고 믿었다. 따라서 화폐는 무역 등 시민의 기본적인 필요를 충족시키는 데 도움이 되는 것일 뿐 목적이 아닌 수단이어야 한다고 믿었다. 정리하면 플라톤은 물질적 부보다 지식, 지혜, 덕의 추구가 우선되어야 하고, 화폐는 그 자체가 최종목표가 아닌 국가와 시민의 안녕을 지원하는 도구로 사용되어야 한다고 보았다.

플라톤의 제자인 아리스토텔레스(Aristotle, B.C. 384~322)는 플라톤보다 화폐에 대한 진전된 이해를 보였다. 그는 『정치학』(Politics, B.C. 330년경)에서 무역과 상업을 촉진하는 매개 수단으로서 화폐의 중요성을 인식하였다. 화폐가 상품과 서비스를 교환하는 편리하고 효율적인 방법으로 작용하여 거래를 더 원활하게 만드는 역할을 한다고 이해했다. 이는 플라톤과 크게 다르지 않다. 아리스토텔레스는 여기서 멈추지 않고 화폐의 본질에 대한 사색을 이어 나간다. 그는 화폐가 물리적 가치(내재가치)를 갖는 일반적인 상품과 다르다고 보았다.

그는 재화가 인간의 필요와 욕구를 충족시키기 위해 직접 사용되거나 소비되기 때문에 본질적인 가치를 가지고 있다고 보았다. 하지만 화폐는 이와 같은 본질적인 가치가 없고 사회적 합의와 관습을 통해서만 그 가치를 획득한다고 주장했다. 화폐에 대한 최초의 가치이론이라고 할 수 있다. 아리스토텔레스도 플라톤과 같이 화폐와 윤리를 분리하지 않고 부의 획득과 사용을 포함하여 삶의 모든 측면에서 미덕과 절제의 중요성을 강조하였다. 그는 화폐가 교환을 촉진하는 실용적인 도구이지만 그 가치는 내재가치보다는 관습에 기초한다고 믿었다. 이처럼 화폐가치에 대한 고민은 이미 고대 그리스 철학에서 시작되었다.

플라톤과 아리스토텔레스로 대표되는 고대 그리스 철학의 화폐인식은 로마제국이 313년 기독교를 공인한 이후 약 천 년 이상, 중세 기독교 세계에서 더 이상 발전하지 못하였다고 해도 과언이 아니다. 특히 신약성서 디모데전서 6장 10절에 나오는 "돈을 사랑함이 일만 악의 뿌리가 되나니"라는 성경 구절이 도그마로 자리 잡게 되면서 화폐(부)는 되도록 악마의 도구가 되었다. 기독교 세계에서 화폐는 가능한 멀리 해야 하는 존재가 되었다.

기독교 세계관이 도그마가 되어 대부분의 사회경제적 활동을 지배했던 중세, 화폐에 대한 끊임없는 공격과 부정적 인식은 이상한 일이 아니다. 이는 대중의 사고와 가치관에도 적지 않은 영향을 주었고 이로부터 자유로운 사고와 행동은 배척되었다. 15세기 르네상스, 16세기 종교개혁, 17~18세기 산업혁명 등 새로운 시대가 열리면서 그에 맞는 화폐인식의 전환이 요구되었다. 하지만 이마저도 외면되거나 무시되는 경우가 다반사였다.

특히 이러한 시대적 요구에도 불구하고 18세기 초 프랑스에서 존 로(John Law, 1671~1729)의 화폐실험이 실패로 돌아간 이후 화폐에 대한 긍정적 인식은 철저하게 무너져 내렸다. 이후 1776년 경제학의 아버지라고 불리는 애덤 스미스(Adam Smith, 1723~1790)는 『국부론』(An Inquiry into the Nature and Causes of the Wealth of Nations, 1776)에서 '보이지 않는 손'에 의해 작동되는 이상적인 실물경제를 제시했지만 화폐는 여전히 상품을 교환하기 위한 단순한 수단으로 설정되었다.

국부론에서 제시한 실물경제(시장)가 플라톤의 이데아라고 한다면 화폐는 그 그림자일 뿐이다. 화폐는 실물경제를 움직일 수 있는 주체적 존재가 아니라 그저 실물경제의 실루엣일 뿐이다. 화폐를 실물경제의 그림자 또는 베일로 보는 이러한 인식은 경제학이 태동하기 시작한 18세기를 지나 19세기 주류경제학인 고전학파와 이를 이은 신고전학파 그리고 최근 신자유주의까지 크게 달라지지 않았다.

예를 들어 존 스튜어트 밀, 레온 왈라스와 같은 대표적인 신고전학파 경제학자의 화폐인식도 여기에서 크게 벗어나지 않는다. 고전학파의 이념과 낙관적 세계관을 표현하고 있는 '세이의 법칙'(Say's law)에서부터 레온티에프의 거시경제 산업연관표 그리고 통화주의의 화폐수량방정식에 이르기까지, 화폐는 경제활동에 쓰이는 도구일 뿐 그 이상의 어떠한 역할을 하는 것으로 보지 않는다.

세이의 법칙은 프랑스 경제학자 장 바티스트 세이(Jean−Baptiste Say, 1767~1832)에 의해 제시된 주장으로 공급은 스스로 수요를 창출한다는 말로 요약된다. 경제 내에 공급이 이루어지면 그만큼의 수요가 자연적으로 생겨나므로 유효수요 부족에 따른 공급과잉은 발생하지 않는다. 결과적으로 시장은 언제나 균형상태를 유지한다. 세이의 법칙에 의하면 유효수요 부족은 발생하지 않는다. 이는 고전학파 경제학에서 주장하는 균형의 상존성의 중요한 논거가 되었다. 화폐는 이러한 시장의 균형이 달성되는 데 그 어떠한 역할도 주어지지 않는다.

바실리 레온티에프(1906~1999)는 국가경제의 포괄적인 산업연관표(input−output table)를 구축하여 거시경제학이 본격적으로 발전하는 계기를 제공하였다. 산업연관표를 통해 경제 부문 간 자원의 흐름과 상호의존성에 대해 이해할 수 있게 된 것이다. 이 경우에도 화폐는 중립적인 위치에 머물 뿐 독립변수로 고려되지 않는다. 이들 경제학자는 의식적이든 그렇지 않든 화폐에 대한 분석을 회피하거나 소거하는 방식으로 경제이론을 구상하였다.

20세기 초 신고전학파 자유방임 경제이론의 무용성과 그 대안을 제시하여 경제학계에 소위 케인스 혁명을 일으킨 케인스는 유동성 함정(liquidity trap)이라는 개념을 통해 통화정책의 무용성을 주장하였다.

화폐에 대한 부정적 인식의 일단을 드러낸 것이다. 유동성 함정이란 금리인하를 통한 확장 통화정책이 투자나 소비 등 실물경제에 영향을 주지 못하는 상태를 말한다. 경제가 침체할 것으로 예상되면 중앙은행은 정책금리를 낮추고 유동성을 공급한다.

그러나 가계와 기업 등 경제주체들이 미래의 불확실성 등으로 인해 현재의 소비와 투자를 줄이고 현금 등 유동성 확보를 선호한다면 금리를 계속 낮추더라도 경기가 회복되지 않는다. 특히 명목이자율이 제로 수준까지 낮아져 더 이상 낮출 수 없는 상태에서도 경기가 회복되지 않는 경우 이를 유동성 함정이라고 한다.

이렇게 화폐는 단순히 실물경제의 그림자 내지는 베일로 보는 화폐 인식 또는 화폐이론은 이후 통화주의, 신자유주의로 이어져 주류경제학의 일반적 통념, 도그마가 되었다. 아이러니하게 금융자본주의는 화폐에 대한 무한한 탐욕으로 이글거린다. 화폐에 대한 부정적 인식과 화폐에 대한 끝없는 욕망은 야누스의 두 얼굴처럼 현 금융자본주의와 그 안에서 살고 있는 대중의 의식과 행위 속에 혼재되어 공존하고 있다.

이처럼 주류경제학의 화폐 이해는 상품화폐이론과 크게 다르지 않다. 화폐는 단순히 물물교환의 가장 큰 문제인 욕망의 불일치로 인해 발생하는 경제활동의 제약과 혼란을 줄이기 위해 채택한 수단일 뿐이다. 그 이상의 화폐 역할은 오히려 경제에 해악을 가져온다고 보았다. 그 대표적인 해악이 인플레이션이다. 이는 중세 유럽 영주의 무분별한 주화(화폐) 발행, 이로 인한 화폐가치 하락과 신용위기 그리고 이에 따른 사회경제적 혼란 등 부정적인 기억이 크게 작용했던 것으로 보인다.

근대에 들어서도 은행권 등 화폐의 남발로 인한 버블 붕괴와 금융위기 등 그 규모나 폐해는 더욱 커졌다. 이는 결정적으로 화폐에 대한 부정적 인식을 강화하는 기제였다. 그렇더라도 화폐를 폐기하자는 주장까지는 나아가지 않았다. 자유방임 실물경제를 이상향으로 간주하더라도 자본주의 자체를 부정하지 않는 한 화폐 폐기를 주장하지는 않았다. 화폐는 상품 교환을 위한 수단으로 계속 남아있어야 했기 때문이다. 화폐도 하나의 상품으로 자유경쟁시장에 맡겨야 한다는 주장은 지금도 제기되고 있다.

오히려 노동가치설에 근거하여 실물경제를 절대화하면서도 자본주의를 부정했던 마르크스경제학은 화폐 폐기를 주장하였다. 마르크스, 엥겔스 등은 노동계급이 주도하는 프롤레타리아 혁명으로 생산수단의 사적 소유가 폐지되고 생산의 사회화가 이루어지면 더 이상 화폐는 필요 없다고 생각하였다.

마르크스는 무한한 생산력의 발달로 사회와 대중이 필요로 하는 상품과 서비스를 언제 어디서든 공급할 수 있는 그러한 세상을 역사 발전의 최종 단계인 공산사회로 규정하였다. 현실성이 적어 보이는 이야기이지만 정말 그렇다면 화폐는 필요 없을 것이다. 하지만 현실에서 부딪히는 세상이 어디 그러한가? 세상은 장밋빛 색깔이 아니라 회색빛의 우중충한 색깔이 아닌가?

마르크스경제학은 화폐가 가지는 긍정성을 어떻게 활용할지에 대한 고민이 부족했다. 마르크스경제학에서 화폐는 부르주아(자본계급)가 프롤레타리아(노동계급)를 착취하기 위한 수단일 뿐이다. 이렇게 마르크스경제학은 자본주의를 이해하는 관점과 이념적인 지평이 달랐을 뿐 화폐에 대한 부정적 인식은 주류경제학과 크게 다르지 않다. 자유경쟁시장을 절대시하는 주류경제학뿐만 아니라 그 대척점에 있었던 마르크스경제학에서도 그 강도와 수위만 다를 뿐 화폐는 환영받지 못하는 존재였다.

　이러한 화폐에 대한 부정적 인식은 화폐를 물체(물리)적인 것, 교환과 거래를 위해 기능적으로 편리한 것, 화폐 소재 자체가 상품가치를 갖는 것이어야 한다는 논리로 연결된다. 이는 화폐 자체가 교환의 수단이지만 동시에 내재가치를 갖는 상품이라는 상품화폐이론으로 이어진다.

　앞에서 살펴보았듯이 상품화폐이론은 역사적으로 뿌리 깊은 견해이면서 현대 주류경제학 화폐이론의 기초가 된다. 근대의 중금주의, 중상주의, 고전학파, 신고전학파, 현대의 통화주의, 신자유주의 등에서 주장하는 화폐이론의 큰 줄기는 상품화폐이론에 그 뿌리를 두고 있다고 해도 과언이 아니다.

　상품화폐이론에 따르면 화폐의 본질은 화폐 소재 자체가 가지는 가치와 교환의 수단이라는 기능이 결부된다. 화폐가 교환의 수단으로서 인정받을 수 있는 것은 화폐 소재가 그만큼의 가치를 갖기 때문이다. 예를 들어 애덤 스미스, 데이비드 리카도, 카를 마르크스 등이 주창한 노동가치설에 따르면 화폐는 노동이 물화(物化)된 상품이다. 같은 논리로 노동가치설과 대비되는 효용가치설에서 화폐는 효용이 물화된 상품이 된다.

　상품화폐이론은 20세기 초 금본위제가 폐지되고 법정화폐가 통용되는 시대가 되면서 통화주의, 신자유주의로 변신하게 된다. 이는 금본위제가 폐지되면서 금이 본위화폐의 자리를 불태환법정화폐가 대신 차지하는 시대가 되었기 때문이다. 현대에서는 불태환법정화폐가 공식적이고 일반적인 화폐의 역할을 하게 되었다. 기존 상품화폐이론이 주장하듯이 화폐가 지니는 소재의 가치가 화폐의 본질이라고 주장할 수 없게 되었다.

상품화폐이론은 통화주의, 신자유주의에서 제시한 화폐중립성, 화폐베일론을 통해 그 출구를 찾게 되었다. 위기를 벗어난 것이다. 화폐베일론은 화폐가 실물경제의 수단, 도구, 그림자, 베일이라는 기존 화폐에 대한 부정적(중립적) 인식을 그대로 유지하기 때문이다. 이는 화폐는 실물경제에 어떤 영향을 미치는 존재가 아니고, 오직 실물경제를 위한 보조 역할에 그쳐야 한다는 인식과 연결된다. 화폐는 얌전히 있어야지 나대면 안 된다. 이처럼 상품화폐이론은 다른 모습으로 주류경제학의 성곽 안에 강고하게 남아있다.

이러한 화폐에 대한 부정적 관점에 비해 화폐에 대한 긍정적 관점은 소수의 주장에 그쳐왔다. 하지만 역사에 남긴 흔적은 작다고 할 수 없다. 특히 현 금융자본주의의 모순이 커질수록 화폐의 긍정성에 주목하는 목소리가 커지고 있다. 화폐의 긍정성을 꿰뚫어 보고 화폐를 적극적으로 활용하고자 했던 대표적 인물로 스코틀랜드 출신으로 18세기 초 프랑스에서 활약했던 존 로를 빼놓을 수 없다.

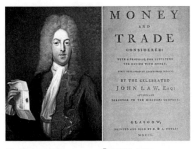

존 로의 초상화   『화폐와 무역』

그는 『화폐와 무역』(Money and Trade Considered, 1705)에서 국가의 토지를 담보로 생산이 자유롭지 않은 금화, 은화 등의 주화를 대신해서 지폐를 발행할 것을 주장했다. 이를 통해 신용(대출)을 창출할 수 있다. 국가는 더욱 큰 부를 창출하고 상업의 번영을 가져온다고 주장했다. 그의 화폐에 대한 관점과 정책은 지금도 시대를 앞서가는 혁신적인 것으로 평가되고 있다. 지폐가 금화, 은화를 대신할 수 있다는 그의 주장은 당시로서는 과격하고 실험적이었기에 그의 고향인 스코틀랜드에서는 거부되었다.

정작 그의 이러한 화폐이론과 정책을 받아들인 것은 재정난으로 어려움을 겪고 있던 프랑스 루이 15세와 그의 섭정이었던 필리프 2세였다. 프랑스는 1716년 존 로의 주장대로 금속화폐 대신 은행권(livre, 리브르)을 발행하여 대량의 신용(대출)을 제공하였다. 이후 프랑스 경제는 존 로의 예견대로 빠르게 성장하였다. 정부의 재정 문제도 해결될 수 있었다. 이 공로를 인정받아 존 로는 프랑스 왕실의 재정 대신으로 임명되었다.

하지만 그의 성공은 오래가지 못하였다. 은행권의 남발로 인한 리브르의 가치 하락, 존 로가 설립한 미시시피 주식회사의 경영 실패와 흑색선전으로 인한 주가 폭락은 중앙은행의 역할을 했던 프랑스 왕립은행인 방크 제네랄(당시는 방크 로얄)의 뱅크런을 불러왔다. 은행권 중심의 신용화폐 시스템에 대한 신뢰가 무너지자 리브르의 급격한 평가절하를 막을 수 없었다. 1720년 6월 프랑스 신용화폐 시스템은 붕괴하였다. 존 로는 분노한 프랑스인들을 피해 도피 길에 오를 수밖에 없는 처지가 되었다. 그는 이후 재기를 꿈꿨지만 1729년 이탈리아 베네치아에서 폐렴으로 쓸쓸한 죽음을 맞이하였다.

존 로가 야심차게 시도했던 화폐·통화시스템의 혁신은 짧은 성공 후에 실패로 돌아가고 말았다. 프랑스를 포함한 유럽 대중의 금화나 은화와 같은 정화(正貨)가 아닌 은행권 같은 신용화폐에 대한 부정적 인식은 극에 달하였다. 그 후유증은 현재까지 흔적이 남아있다. 특히 프랑스는 현재까지도 은행을 의미하는 방크(banque)라는 단어를 사용하는 곳이 거의 없고 소시에테(société)나 크레디(crédit)가 대신 쓰이고 있다.

'방크'라고 불리는 곳은 위에 나온 '방크 제네랄', '방크 로얄'의 후신인 '방크 드 프랑스'와 외국계 은행을 제외하면 없다. 존 로의 실패 이후 300여 년이 지났지만 과거의 쓰라린 기억이 은행 자체에 대한 불신으로 이어져 '방크'라는 단어 자체가 프랑스인의 삶과 뇌리에서 지워졌다. 이렇게 화폐의 긍정성은 쇠퇴하게 되었다. 존 로는 프랑스 역사상 최고의 사기꾼으로 매도되었다. 만약 존 로의 시도가 성공했다면 프랑스 역사, 더 나아가 세계 역사 그리고 화폐에 대한 인식체계는 상당히 바뀌었을 것이다. 역사에 가정이란 없지만 존 로의 화폐정책이 성공했다면 대영제국이 아니라 대불제국이 세계를 제패했을 수도 있다.

존 로의 실패에도 불구하고 이러한 존 로의 화폐의 긍정성에 대한 인식과 이를 적극적으로 활용한 것은 이후 화폐를 단순히 상품이나 베일로 인식하는 기존 통념을 벗어날 수 있는 계기가 되었다. 존 로의 실험은 화폐의 본질, 기능, 역할 등과 관련하여 화폐의 긍정성을 새롭게 인식하게 되는 단초가 되었음은 부정할 수 없다. 이러한 존 로의 실험은 이후 적지 않은 경제학자에게 화폐에 대한 새로운 상상력과 영감을 불어넣어 주었다. 더 나아가 새로운 화폐이론이 정립되는 토대가 되었다.

국가가 주도적으로 신용화폐를 창조하여 국가경제를 부흥시킬 수 있다는 존 로의 화폐인식은 이후 영국의 경제학자 헨리 손턴(Henry Thornton, 1760~1815)의 신용화폐이론, 게오르그 프리드리히 크나프(Georg Friedrich Knapp, 1842~1926)의 국정화폐이론, 알프레드 미첼 이네스(Alfred Mitchell-Innes, 1864~1950)의 신용화폐이론으로 이어지게 된다. 그리고 화폐에 대한 긍정적 인식체계는 여기서 멈추지 않고 일부 포스트 케인지언을 중심으로 현재까지 이어지고 있다. 최근 주목받고 있는 현대화폐이론과 주권화폐이론이 그것이다.

헨리 손턴   『신용화폐론』   게오르그 크나프   『국정화폐이론』

프레드 미첼 이네스   『돈이란 무엇인가』

　　이들 화폐이론은 상품화폐론에서 주장하듯이 화폐가 그 자체로
내재가치를 갖는다는 견해를 부정한다. 예를 들어 크나프가 주장한 국
정화폐이론은 화폐의 본질은 국가의 강제력에서 비롯된다고 보았다. 그
는 『국정화폐이론』(The State Theory of Money, 1905)의 첫 문장에서 "화
폐는 법의 창조물이다. 그러므로 화폐이론은 법의 역사와 함께 다루어
져야 한다"(Money is a creature of law. A theory of money must therefore
deal with legal history)라고 규정했다.

　　이네스의 신용화폐이론은 화폐의 본질은 신용, 즉 채권·채무 관계
에서 비롯된다고 주장했다. 이렇게 화폐는 그 내재가치와는 아무 상관
이 없고 국가와 사회가 부여한 강제력, 경제적 채권·채무 관계, 또는
사회적 신뢰를 바탕으로 그 존재와 가치가 결정된다. 이는 화폐가 국

가, 사회의 합의와 약속에 따라 얼마든지 만들어지고 폐기되고 활용될 수 있음을 의미한다. 이에 더해 화폐가 경제주체의 경제활동과 국가경제 발전에 어떤 유의미한 역할을 할 수 있다는 인식에까지 나아가게 되었다.

이처럼 신용화폐이론은 화폐의 긍정적 기능과 역할을 고려한다는 점에서 화폐에 대한 긍정적 인식에 뿌리를 두고 있다. 이러한 화폐의 긍정성에 대해 열려있는 시각을 가질 수 있는 것은 무엇보다도 법정화폐 사용이 가능해졌기 때문이다. 다시 말해 국가가 사회경제적 필요에 따라 국가주도 화폐창조를 통해 화폐를 적극 활용할 수 있는 물리적, 제도적, 기술적 기반이 만들어졌기 때문이다.

인류는 이제 화폐에 대한 무한한 욕망을 앞세우면서도 그에 어울리지 않는 화폐에 대한 부정적 인식이라는 헌옷을 벗어 던질 필요가 있다. 화폐에 대한 긍정적 인식이라는 새 옷을 입을 때가 되었다. 화폐의 긍정적 역할을 수용하고 이를 사적 이윤을 넘어 국민 다수를 위한 공존과 상생이라는 가치를 위해 활용해야 할 지점에 이르게 되었다. 화폐의 긍정성이 발휘되어 화폐에 대한 무한한 욕망이 공공의 이익으로 환원될 때 인류는 비로소 모순된 화폐인식에서 벗어날 수 있다.

화폐를 단순한 상품이나 실물경제의 그림자나 베일로 보는 관점과 이론, 정책에서 벗어나 화폐가 인간 존재(being), 그리고 그것이 확장된 사회적 관계를 위해 활용될 수 있도록 해야 한다. 인류가 발명한 최고의 발명품이자 공공재인 화폐를 확장된 시각에서 인식해야 할 시점이다. 특히 아래에서 논의할 현대화폐이론이나 주권화폐이론은 이러한 화폐의 긍정성을 주장하며 등장한 이론이다. 현대화폐이론이나 주권화폐이론은 이미 이론적인 모색뿐만 아니라 실제 정책으로 이어지고 있다는 점에서 고무적이지 않을 수 없다.

다음 절부터는 부정적 관점을 대표하는 신자유주의 화폐이론과 마르크스경제학 화폐이론, 그리고 긍정적 관점을 대표하는 현대화폐이론과 주권화폐이론에 대해 살펴보고자 한다. 그리고 앞에서 언급한 상품화폐이론과 신용화폐이론에 대해 살펴본다. 이 장의 마지막 부분에서는 화폐의 긍정적 역할 모색이라는 차원에서 화폐를 실물경제의 베일, 경제활동의 결과가 아니라 경제활동을 추동할 수 있는 특수한 경제적 자원으로서의 활용 가능성에 대해서 논의한다.

앞의 내용을 요약하면 다음과 같다.

① 화폐에 대한 관점은 크게 부정적 인식과 긍정적 인식으로 나눌 수 있다.

② 고대 그리스·로마 시대부터 중세에 이르기까지 윤리적, 종교적 이유로 화폐에 대한 부정적 인식이 주를 이루었다.

③ 근대에 이르러 르네상스, 산업혁명, 자본주의 발전과 함께 화폐에 대한 부정적 인식은 화폐의 무한한 추구라는 자본주의적 본성과 충돌한다. 이러한 모순을 해결하기 위해 화폐의 긍정성을 살펴볼 필요가 있다.

④ 화폐에 대한 부정적 인식은 상품화폐이론으로 이어지고, 화폐에 대한 긍정적 인식은 신용화폐이론으로 이어진다.

⑤ 18세기 초 존 로가 주도한 프랑스에서의 화폐실험은 신용화폐의 긍정성을 입증할 수 있는 절호의 기회였다. 하지만 시대적 한계를 극복하지 못하고 실패하였다. 이는 이후 화폐에 대한 부정적 인식이 강화되는 계기가 되었다.

⑥ 신용화폐이론은 이후 국정화폐이론, 현대화폐이론, 주권화폐이

론 등으로 발전하였다.

⑦ 최근 화폐의 긍정성을 활용한 현대화폐이론, 주권화폐이론이
제시하는 화폐·통화정책(시스템)이 주목받고 있다.

2. 신자유주의 화폐이론

신자유주의(neoliberalism)는 시장 중심의 경쟁과 자유를 최고의 가
치로 여기는 고전학파(신고전학파)의 전통을 잇고 있다. 신자유주의는
합리적인 인간을 전제로 자유경쟁시장, 정부 개입 최소화, 사유재산권
보호, 경제적 의사결정의 자유 등을 강조하는 이념이다. 특히 재정정책
과 관련하여 신자유주의는 증세 등으로 인한 개인이나 기업의 부담이
될 수 있는 확장 재정정책을 지양하고 세입에 세출을 맞추는 균형예산,
건전재정을 주장한다. 같은 논리로 신자유주의는 재정적자 감축을 위한
정부지출 삭감을 환영한다.

신자유주의는 기업의 투자와 개인의 소비가 경제성장의 핵심 동인
이기 때문에 감세와 규제철폐를 옹호한다. 이는 기업 활동의 무한한 자
유를 위해 정부 규제를 줄여야 한다고 주장하는 것과 일맥상통한다. 여
기에는 제조업 분야뿐만 아니라 교육, 교통, 금융, 보건, 의료, 에너지,
통신 등 공공성이 강한 서비스산업의 규제를 줄이는 것도 포함한다.

신자유주의는 공공분야에서도 완전한 사유화(민영화)를 목표로 하
고 있다. 신자유주의는 시장 실패(market failure)의 가능성이 큰 공공재
와 사회서비스까지도 정부 또는 공공기관(공기업)이 아닌 민간 부문(사
기업)이 제공해야 한다고 주장한다. 현재 법적으로 비영리기관으로 남
아있는 의료, 교육 분야와 공기업이 운영하는 전기, 수도, 가스 등 공공

성이 강한 산업도 포함된다.

이렇듯 신자유주의는 고전학파의 경제이념을 따르는 것을 넘어 기업의 자유를 더욱 강화할 것을 주장한다. 화폐에 대한 인식도 기존 고전학파 화폐인식과 이론에서 크게 벗어나지 않음은 자연스러운 귀결이다. 예상대로 화폐는 단순히 실물경제의 베일이라는 화폐베일론을 그대로 받아들이고 있다. 신자유주의는 통화주의에서 주장하는 통화정책의 중립성도 그대로 수용하고 있다. 통화정책의 중립성은 중앙은행의 통화정책 등으로 통화량에 변화가 생기더라도 중장기적으로는 실물경제에 유의미한 영향을 미치지 않는다는 것이다. 화폐에 대한 부정적 인식을 바탕으로 상품화폐이론과 연결되는 부분이다.

물론 현재 쓰이고 있는 법정화폐는 소재가치가 인정되지 않기 때문에 상품화폐이론을 그대로 적용할 수는 없다. 그렇더라도 신자유주의에서 인식하는 화폐는 내재가치만 부재할 뿐 다른 일반적인 상품과 본질적으로 다르지 않다는 전제가 작동한다. 화폐량이 너무 많으면 화폐가치가 떨어지고 인플레이션이 발생한다. 반대로 화폐량이 너무 적으면 화폐가치가 올라 디플레이션이 발생한다. 이것도 문제 저것도 문제니 화폐는 그저 적당히만 있으면 된다. 평지풍파를 일으킬 필요가 없다.

이는 다른 상품과 마찬가지이다. 수요와 일치하는 공급은 최적의 결과(효율적 자원 배분)를 가져온다. 모든 것을 수치화, 계량화하고 상품으로 환원하는 신자유주의의 논리적 귀결이다. 그러므로 당연히 화폐는 실물경제가 이루어낸 결과일 뿐이지 경제에 긍정적 영향을 주거나 작동시키는 외부적, 독립적 동인으로서의 긍정성은 부정된다.

신자유주의에 따르면 화폐는 상품과 서비스의 생산, 교환, 포트폴리오 투자와 같은 경제활동을 통해서만 획득할 수 있는 희소한 자원이다. 화폐는 특별한 그 무엇이 아니라 시장에서 거래되는 상품의 하나이고 희소한 자원이다. 따라서 화폐가치도 화폐의 수요와 공급이라는 시장 메커니즘에 의해 결정된다. 시장 기능을 극대화하기 위해서 정부의 역할은 화폐가치 보장, 즉 인플레이션을 방지하는 것으로 제한되어야 한다.

신자유주의는 정부가 중앙은행의 통화정책에 간섭하지 말고 중앙은행의 독립성을 보장해야 한다고 주장한다. 중앙은행은 시장의 기대와 예상에 맞게 설정된 준칙에 맞추어 통화정책을 시행해야 한다. 신자유주의가 주장하는 중앙은행의 독립성은 통화정책 준칙주의와 다르지 않다. 신자유주의 입장에서는 준칙을 벗어나는 통화정책은 불가하다.

따라서 정부는 감세와 규제 완화를 통해 희소한 자원인 화폐가 개인과 기업에 최대한 흘러갈 수 있도록 한다. 중앙은행은 물가가 급등하거나 급락하지 않도록 준칙을 따라 통화량을 조절한다. 이 두 가지가 충족되면 기업의 투자와 혁신이 일어나고 경제성장을 높일 수 있다. 이 이상 정부나 중앙은행이 화폐에 개입하면 오히려 부작용만 발생한다. 화폐는 시장에서 만들어지고 유통되고 소비되는 상품 그 이상 그 이하도 아니다.

프리드리히 하이에크　　　『화폐의 탈국가화』

예를 들어 신자유주의의 아버지로 불리는 프리드리히 하이에크(Friedrich Hayek, 1899~1992)는 화폐의 탈중앙화, 탈국가화를 주장하였다. 그는 중앙은행의 역할을 부정하고 화폐는 다른 상품과 마찬가지로 시장에서 자유롭게 발행되어야 한다고 주장했다. 화폐는 상품 그 이상 그 이하도 아니다. 이는 자유주의 경제철학이 가장 잘 반영된 화폐이론이다. 하이에크는 1974년 화폐와 경제 변동에 관한 연구의 공로를 인정받아 노벨경제학상을 수상했다.

더 나아가 그는 자유은행론을 주장하는 『화폐의 탈국가화』(The Denationalization of Money, 1976)를 출간했다. 이 책에서 하이에크는 시장의 자유를 철저히 보장하고 정부는 일절 개입해선 안 된다고 주장했다. 그는 대중은 중앙은행의 화폐발행권 독점을 당연한 것으로 생각하지만 이 제도가 재정팽창을 유발하고 경기변동을 일으킨다고 지적했다. 하이에크는 중앙은행은 정치적 제약으로 인해 높은 인플레이션 문제를 해결할 수 없으므로 시장에서 경쟁을 통해 민간 주체 누구나 화폐를 자유롭게 발행할 수 있어야 한다고 역설했다. 자유은행제도가 시행되면 민간 주체들이 자발적으로 발행량을 조절하며 경쟁을 통해 결국 우수한 화폐가 살아남는다.

국가의 화폐발행권 독점 때문에 오히려 경제가 불안정해진다는 것이 하이에크의 생각이다. 그래서 국가가 화폐를 통제하고 관리하는 것을 반대한다. 중앙은행이 통화량을 조절하지 않으면 큰 혼란이 일어날 것으로 생각하겠지만 하이에크는 중앙은행이 없는 세상이야말로 바람직한 세상이라고 주장했다. 하이에크의 이러한 주장은 신자유주의 화폐이론을 정확하게 표현하고 있다.

신자유주의는 화폐가 경제활동을 추동하고 사회를 조직하는 데 중요한 역할을 한다는 것은 부정하지 않는다. 그렇더라도 화폐는 다른 상품과는 다르게 최종적인 교환 수단, 가치저장 수단으로 사용되는 특수한 상품일 뿐이다. 화폐가치는 다른 상품과 같이 수요와 공급의 시장 메커니즘에 의해 결정된다. 화폐수요를 넘어서는 화폐공급은 화폐가치를 떨어뜨리고 인플레이션을 가져온다. 그 반대는 디플레이션임은 당연하다.

이는 인플레이션은 그 어떠한 형태이든 화폐적 현상일 뿐이라는 통화주의와 그 맥을 같이 한다. 밀턴 프리드먼(Milton Friedman, 1912~2006)을 태두로 하는 통화주의는 안정적인 화폐가치의 유지는 시장의 효율적인 작동과 자본주의 발전에 필수라고 보았다. 따라서 정부의 개입으로부터 자유로운 중앙은행의 독점적 발권력과 통화정책의 독립성이 필요하다고 주장하였다.

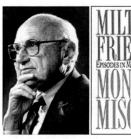

밀턴 프리드먼   『화폐경제학』

프리드먼은 하이에크와 함께 화폐를 이야기할 때 빼놓을 수 없는 인물이다. 그는 1974년 화폐이론으로 노벨경제학상을 수상함으로써 일약 경제학계의 거두로 등장하였다. 그는 경제학에서 통화를 경제의 가장 중요한 변수로 강조하는 통화주의 창시자이며 신자유주의의 모태가 되는 시카고학파의 태두이다.

그는 극심한 인플레이션이나 대공황과 같은 심각한 경제교란은 대부분 급격한 통화팽창이나 수축 때문에 발생한다고 주장했다. 프리드먼이 주장한 통화정책의 핵심은 정부가 인위적으로 화폐 발행량을 결정하지 말고 일정한 통화 증가율을 사전에 공시, 준수하는 것이다. 이를 'k% 준칙'이라 불렀다. 중앙은행은 이 준칙에 부합하도록 통화량을 조절하면 된다.

프리드먼은 "모든 인플레이션은 언제, 어떠한 경우라도 화폐적 현상이다"라고 말하며 'k% 준칙'을 위배하는 통화 교란이 경기 불안의 원천임을 밝히고자 하였다. 그에 따르면 중앙은행은 경제성장률을 조금 상회하는 수준에서 화폐 발행량을 늘려야 한다. 중앙은행은 이 준칙만 지키고 나머지는 민간에 맡기면 통화량의 급격한 변동으로 인한 경제 혼란을 예방할 수 있다. 미래의 불확실성을 제거하여 경제주체가 합리적인 경제활동을 할 수 있다.

프리드먼은 하이에크가 주장하는 시장화폐와 중앙은행 무용론과는 다른 입장이었지만 정부의 재정정책과 중앙은행의 임의적인 통화정책에 대해서는 부정적이었다. 이러한 측면에서 프리드먼도 본질적으로는 화폐에 대한 부정적 인식에서 크게 벗어나지 않고 있다.

하이에크와 프리드먼으로 대표되는 이러한 신자유주의 화폐이론은 화폐 사용에 대한 개인의 자유와 선택이라는 개념과 밀접하게 연결되어 있다. 개인이 국가나 다른 외부 세력의 간섭 없이 자신의 합리적 판단에 따라 화폐 사용의 자유를 가져야 한다는 것이다. 화폐 사용에는 투자, 저축, 소비 등 제한이 없다. 이렇게 화폐는 개인의 경제적 자유를 촉진하는 수단으로 신자유주의에서 핵심적인 역할을 한다. 화폐가치와 이에 따른 경제적 자원의 할당은 오직 시장에 의해 결정된다.

앞에서도 보았듯이 통화정책과 관련하여 신자유주의는 인플레이션 통제를 위해 정부의 영향력에서 벗어난 중앙은행의 독립적인 통화정책을 지지한다. 신자유주의의 맥락에서 중앙은행의 역할은 통화정책을 통해 인플레이션을 통제하고 경제와 금융의 안정을 도모하는 데 집중되어 있다. 당연히 신자유주의 화폐이론과 대척점에 있는 현대화폐이론이 제시하는 부채의 화폐화는 재고의 가치도 없는 말도 안 되는 이야기로 매도되고 있다.

이는 현재 연준을 비롯한 대부분 중앙은행의 목표와 일치한다. 신자유주의는 중앙은행의 독립성을 금과옥조처럼 옹호한다. 이는 중앙은행이 정치적 간섭에서 벗어나 현 금융자본주의의 이익에 기초하여 결정할 수 있도록 하는 의도가 반영된 것이다. 중앙은행의 통화정책에는 인플레이션 관리와 함께 경제성장, 고용안정, 금융안정 등을 위한 금리 결정과 이에 따르는 화폐공급의 조절이 포함된다. 1971년 닉슨 선언 이후 달러의 금에 대한 태환이 정지되면서 더 이상 달러 발행은 금 보유량에 연동되지 않게 되었다.

이제 경제의 균형을 달성하기 위해 천문학적인 규모에 이르는 통화량 자체를 조절하는 것은 현실적으로 어려워졌다. 그 대안으로 금리의 인상, 인하를 통해 간접적으로 통화량을 조절하는 방식이 도입되었다. 현재의 대표적인 통화정책 도구는 금리가 된 것이다. 아니나 다를까 신자유주의는 이번에도 정부의 영향력을 배제한 중앙은행 금리 결정의 독립성을 주장하였다.

경제가 잠재성장률에 비해 빨리 성장하거나 급격한 인플레이션이 우려되는 경우 중앙은행은 금리인상을 통해 과열된 경기나 인플레이션을 완화한다. 반대로 경제가 침체하거나 디플레이션에 빠지면 금리인하를 통해 경기를 부양하고 고용을 확대하기 위한 통화정책으로 전환한다. 하지만 신자유주의는 경제가 균형에서 이탈하더라도 정부가 균형을 회복하기 위해 직접 개입하는 것을 부정한다.

신자유주의는 정부의 재정정책은 부작용이 크고 비효율적이라고 주장한다. 통화정책의 경우 중앙은행이 독립적으로 하면 될 일이다. 중앙은행이 금리를 통해 시장에 간접적인 신호를 줌으로써 시장이 자체적으로 균형으로 회복하도록 유도한다. 이러한 통화정책을 사용하는 것이 시장 왜곡과 비효율성을 방지할 수 있다고 강조한다. 중앙은행은 금리 외에도 공개시장조작(국채 등 자산의 매입 또는 매각)을 통한 화폐공급량 조절, 지급준비금 관련 사항 설정, 정부 대출 등을 통해 직간접적으로 유동성을 공급할 수 있다. 하지만 그 어떤 것보다도 일반적이면서도 중요한 통화정책 수단은 금리조정이라는 것을 부정할 수 없다.

이처럼 신자유주의는 화폐를 상품의 하나로 인식하고 다른 상품과 마찬가지로 화폐에 대한 정부 개입은 불가하고 시장에 맡겨야 한다고 주장한다. 현실로 이미 존재하는 중앙은행제도를 부인할 수 없다면 중앙은행의 역할 또는 통화정책만큼은 정부의 영향력에서 벗어나도록 해야 한다. 중앙은행은 정부로부터 독립적이어야 하고 필요한 정책수단을 사용하여 물가안정과 금융안정을 이루어야 한다. 이처럼 신자유주의 화폐이론에서는 화폐에 대한 부정적 인식이 정부 개입 불가, 중앙은행의 독립성 보장이라는 두 가지 특징으로 나타난다.

신자유주의 화폐이론의 맹점은 현 금융자본주의의 근본적 모순인 중앙은행과 상업은행의 이중은행제도의 화폐창조 메커니즘의 문제점을 드러내지 않는다는 데 있다. 다시 말해 신자유주의 화폐이론은 현 화폐·통화시스템의 화폐창조 결과 발생하는 현대판 시뇨리지의 불균형적, 비대칭적 배분, 그리고 이에 따른 자산(부)의 불평등을 무시한다. 아니 오히려 정당하다고 강변하는 듯하다. 이는 현 화폐·통화시스템의 화폐창조의 문제와 부작용을 해결하는 데 전혀 관심을 두지 않는 결과로 이어진다.

최근 신자유주의는 정부의 역할을 과도하게 제약하고 중앙은행의 통화정책에 대한 과도한 의존과 금융자본주의 문제점을 방관하고 있다는 비판을 받고 있다. 신자유주의 화폐이론은 현 금융자본주의와 화폐·

통화시스템의 본질을 이해하는 데 한계가 있다. 그 모순과 문제점을 해결하기 위한 대안이 될 수 없다. 오히려 신자유주의 화폐이론은 2008년 글로벌 금융위기와 같은 최악의 경제위기를 불러온 원인이라는 비판을 받고 있다.

앞의 내용을 요약하면 다음과 같다.

① 신자유주의 화폐이론은 경쟁과 효율을 앞세우지만 그 본질은 자본의 이윤 창출에 있다.

② 하이에크와 프리드먼은 신자유주의 화폐이론의 대표적인 주창자로 이들의 화폐이론은 현 금융자본주의와 화폐·통화시스템의 이론적 기초를 이루고 있다.

③ 특히 프리드먼을 태두로 하는 통화주의는 정부의 개입 최소화, 중앙은행 통화정책의 준칙주의 등 화폐의 중립성을 주장한다.

④ 이러한 신자유주의 화폐이론의 근간에는 화폐를 실물경제의 베일로 보는 화폐에 대한 부정적 인식이 존재한다.

⑤ 신자유주의 화폐이론은 현 금융자본주의가 가지고 있는 모순과 한계에 대한 대안을 제시하지 못하고 있다. 2008년 글로벌 금융위기가 그 대표적인 예이다.

⑥ 이에 따라 새로운 대안적 화폐이론과 화폐·통화시스템에 대한 요구가 높아지고 있다.

3. 마르크스경제학 화폐이론

자본주의를 바라보는 관점에서 신자유주의와 대척점에 있는 것이 마르크스경제학이다. 마르크스경제학은 자본주의를 철폐의 대상으로 보는 데서 자본주의의 핵심인 자유시장 경제를 가장 이상적인 것으로 보는 신자유주의와는 정반대의 지점에 있다. 하지만 마르크스경제학에서도 화폐에 대한 인식은 신자유주의의 부정적 인식, 즉 화폐를 상품 중 하나로 보는 것과 크게 다르지 않다. 이는 마르크스경제학이 가치의 원천은 노동이라는 노동가치설에 뿌리를 두고 있기 때문이다.

마르크스경제학에서 화폐는 상품의 가치를 표준화된 형태로 표현함으로써 상품 교환을 쉽게 할 수 있게 하는 보편적 등가물 역할을 한다. 이는 신자유주의 화폐인식과 크게 다르지 않다. 마르크스경제학의 화폐이론이 신자유주의 화폐이론과 다른 점이 있다면 화폐의 본원적 가치가 노동에서 비롯된다고 보았다는 것이다.

이는 효용을 가치의 중심에 두고 있는 현 주류경제학과 구별되는 지점이다. 화폐가치는 희소성에 의해 결정되는 것이 아니라 화폐와 교환되는 상품 생산에 필요한 노동의 가치에 의해 결정된다. 화폐는 노동의 가치를 정확히 나타내는 것이며 그 가치는 화폐로 교환되는 상품을 생산하는 데 필요한 사회적 노동시간에 의해 결정된다.

한편 마르크스경제학에서 화폐는 상품의 교환을 매개로 하는 개인 사이의 사회적 관계로 정의된다. 화폐는 자본주의적 생산을 위한 사회적 관계의 산물이다. 이는 화폐를 사회적 약속으로 보는 신용화폐이론과 크게 다르지 않아 보인다. 마르크스경제학은 사회적 관계인 화폐를 자본계급이 노동계급이 생산한 잉여가치를 착취하기 위한 도구로 보았다는 데 차이점이 있다.

이러한 관점에서 보면 화폐는 중립적인 교환 수단이 아니라 자본계급을 위한 권력과 지배의 도구이다. 마르크스경제학은 화폐의 존재가 금융자본주의 발전과 함께 투기와 지대추구를 통한 부의 축적을 위한

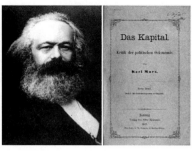

칼 마르크스   『자본론』

조건을 창출한다고 주장한다. 이는 금융 투기를 통한 이윤추구가 자원의 비효율적 배분과 자산 거품의 생성으로 이어질 수 있고 금융위기와 경제 불안으로 이어진다는 것과 연결된다.

이처럼 마르크스경제학은 화폐를 실물경제의 베일로만 국한하는 신자유주의 화폐이론과 다르게 경제사적 차원에서 분석하고 있다. 화폐는 자본주의의 자본계급과 노동계급 간 권력관계를 유지하기 위한 도구이다. 화폐를 사회적 관계로 보는 것에서는 신자유주의 화폐이론과 차이가 있지만 화폐에 대한 부정적 인식, 역할이라는 부분에서는 크게 다르지 않다.

마르크스경제학에서 화폐의 본질은 노동가치론에 뿌리를 두고 있다. 상품의 가치는 그것을 생산하는 데 투입된 노동의 양에 의해 결정된다. 화폐는 투여된 노동의 양의 차이, 즉 가치가 다른 여러 상품을 교환할 수 있는 교환의 매개 역할을 한다. 화폐가 자본의 노동착취를 가능하게 하여 자본주의 발생과 발전에 핵심적인 역할을 한다고 보는 것이다.

자본계급은 화폐를 사용하여 노동자를 고용하고 원자재를 구매하고 상품을 생산하고 판매함으로써 궁극적으로 화폐의 형태로 이윤을 남긴다. 상품의 가치는 상품 생산에 투여되는 노동의 양에 의해 결정되기 때문에 이윤을 남기기 위해서는 노동자에게 노동의 가치보다 적은 금액을 지급해야 한다. 결국 화폐의 형태로 나타나는 이윤은 노동자를 착취한 결과물이다.

이렇듯 마르크스경제학은 화폐를 자본계급이 노동계급을 통제하고 착취하는 자본주의 권력의 도구이자 이윤 창출의 수단으로 보았다. 자본주의에서 화폐를 사용하면 노동자는 노동의 가치를 제대로 보상받지 못하기 때문에 불평등과 착취가 계속된다. 마르크스경제학은 이러한 모순을 해결하기 위해 우선 노동계급에 의한 자본주의 전복이 필요하다고 주장한다. 이를 위한 과정으로 생산수단과 부의 분배가 자본계급이 아닌 노동계급에 의해 소유되고 통제되는 프롤레타리아 혁명(독재)을 통한 사회주의 건설을 주장한다.

마르크스경제학에 따르면 화폐는 자본계급이 획득한 이윤을 새로운 생산수단과 노동력에 재투자함으로써 자본의 확대 재생산을 가능케한다. 화폐는 자본의 순환과 축적에 결정적인 역할을 한다. 이런 의미에서 화폐는 자본축적 수단이자 자본계급에 부를 집중시키는 수단이다. 일련의 자본축적 과정에서 노동은 소외되고 모든 사회적 관계는 상품화된다. 화폐는 인간의 노동을 단순한 상품으로 변형시켜 노동자를 정작 자신들이 만들어낸 생산물로부터 소외되게 만든다.

마르크스경제학에서 화폐는 자본의 축적과 확대 재생산을 위해 핵심적인 역할을 한다. 동시에 자본주의 내에서 노동착취와 소외의 원천이 된다. 사회주의 혁명을 통해 자본주의 착취구조가 종식되면 착취의 도구인 화폐도 소멸한다. 마르크스경제학에서 화폐는 자본주의가 작동하기 위해 필수 불가결한 수단이지만 종국적으로는 소멸해야 할 대상이다.

이렇게 마르크스경제학에서 화폐의 역할은 자본주의의 노동착취와 연결되어 있다. 마르크스경제학은 화폐를 자본주의가 영속적으로 유지되고 확대 재생산 되는 핵심적인 요인으로 본다. 동시에 화폐를 자본계급이 불평등을 영속화하고 지배계급의 지위를 유지하기 위해 사용하는 권력의 도구로 본다. 이러한 측면에서 마르크스경제학의 화폐인식은 앞에서 본 상품화폐이론, 신자유주의 화폐이론과 같이 화폐에 대한 부정적 인식과 같은 지점에 있다.

앞의 내용을 요약하면 다음과 같다.

① 마르크스경제학은 자본주의를 부정한다는 측면에서 자본주의를 옹호하는 신자유주의와 대척점에 있다.

② 두 경제이론은 화폐에 대한 부정적 인식에서는 같은 입장이다.

③ 마르크스경제학은 화폐를 계급구조의 영속과 노동착취를 위한 수단으로 본다. 이런 측면에서 화폐를 단순히 실물경제의 베일로 보는 신자유주의 화폐이론과는 다르다.

④ 마르크스경제학은 화폐를 종국적으로 소멸해야 하는 대상으로 보기 때문에 화폐의 긍정성을 부정한다.

4. 현대화폐이론

앞에서 화폐에 대한 관점과 관련하여 신자유주의와 마르크스경제학의 화폐이론을 살펴보았다. 두 경제이념은 자본주의에 대한 평가에서는 양극단에 있지만 화폐에 대한 부정적인 인식에 있어서는 공통된 입장이라는 것을 이야기했다. 자본주의에 대한 의견에서는 첨예하게 대립하고 있는 신자유주의와 마르크스경제학은 아이러니하게도 그 이유는 다르지만 화폐에 대해서 부정적인 관점을 공유하고 있다.

신자유주의는 정부의 인위적 간섭이나 개입은 부작용만 일으킬 것이라고 주장한다. 화폐는 실물경제를 뒷받침하는 역할로 족하다. 마르크스경제학은 화폐는 자본계급이 노동계급을 착취하는 수단이므로 자본주의와 함께 철폐되어야 하는 타도의 대상이다. 경제학계를 주도했던 이 두 가지 경제이념이 화폐를 부정적으로 인식하고 있다는 점에서 화폐의 긍정성에 대한 논의의 진전은 어려웠다.

앞에서 논의했지만 이러한 화폐에 대한 부정적 관점과는 반대로 화폐의 긍정적 역할을 주장하는 일군의 화폐이론이 존재한다. 오랫동안 변방의 북소리처럼 그 소리는 작지만 위기의 징조를 알리고 이에 대한 해법을 제시하기 위해 노력해 왔다는 점에서 검토할만한 가치가 있다. 기존 통념으로 자리 잡고 있었던 상품화폐이론에 근거한 화폐인식과 다르기 때문에 쉽게 수용하기 어려웠던 것일 뿐이다.

그 대표적 화폐이론이 현대화폐이론과 주권화폐이론이다. 두 이론은 국가가 주도적으로 화폐를 창조하여 사회경제정책의 재원으로 활용하면 국가경제와 국민의 삶에 긍정적인 영향을 줄 수 있음을 주장한다. 이러한 점에서 이 두 화폐이론을 '국가주도 화폐이론'(state-led money theory)으로 범주화할 수 있다. 우선 이 절에서는 이 중 하나인 현대화폐이론에 대해 논의하고자 한다.

현대화폐이론의 대표적인 인물로는 스테파니 켈튼(Stephanie Kelton, 1969~), 랜달 레이(Randall Wray, 1953~), 프레드 리(Fred Lee, 1949~2014) 등이 있다. 전통 케인스학파는 유효수요 부족으로 인한 경기침체에 대응하기 위해 적자 재정을 통한 총수요 관리의 필요성을 주장한다. 현대화폐이론은 이를 넘어 상시적인 적자 재정이 가능하다는 입장이다. 적자 재정에 필요한 재원은 국가 스스로 창조할 수 있다고 주장한다. 이는 케인스학파를 포함한 기존 주류경제학에서는 논의의 대상이 되지 않을 정도로 급진적인 내용이다.

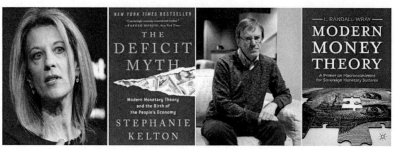

스테파니 켈튼   『적자의 본질』   렌덜 레이   『현대화폐이론』

　　이러한 차원에서 현대화폐이론은 케인스의 이론을 추종하지만 그
보다 더 높은 수준의 재정정책 필요성을 주장한다는 측면에서 포스트
케인스학파의 대표적인 화폐이론이라고 할 수 있다. 현대화폐이론은 정
부 재정적자 또는 국가부채에 대한 전통적인 통념이나 믿음에 의문을
던지고 새로운 해석에 도전한다. 다시 말해 주권국가는 주권적 권한을
이용하여 재정정책에 필요한 화폐를 창조(발행)할 수 있다. 국가는 가계
(개인)나 기업처럼 예산의 제약을 받지 않기 때문이다.

　　현대화폐이론은 이론에만 머무는 것이 아니라 정책 조언자로서 역
할도 하고 있다. 예를 들어 스테파니 켈튼은 그 대표적인 인물이다. 켈
튼 교수는 2016년과 2020년 대선 캠페인 기간 급진적인 진보적 정책을
내세웠던 민주당 후보 버니 샌더스(Bernie Sanders)를 포함한 여러 정치
인에게 조언을 해왔다. 특히 최근 민주당 바이든 정부의 사회간접자본
재건, 반도체, 이차전지 등 첨단산업 지원 등 대규모의 적극적인 재정
정책의 이론적 토대를 제공하고 있다.

　　현대화폐이론은 재정적자와 국가부채에 대한 우려가 의료, 교육,
인프라, 기후변화 대응 등과 같은 공공성이 강한 분야에 대한 국가의
투자를 방해해서는 안 된다고 주장한다. 특히 완전고용을 달성하기 위
해서 정부는 적극적으로 재정을 집행해야 한다. 이렇듯 정부의 재정정

책을 통해 현재의 사회경제적 문제를 해결할 수 있으며 이는 정부 능력의 문제가 아니라 의지의 문제일 뿐이라는 것이다.

현대화폐이론은 기존 주류경제학에 도전하고 있다는 측면에서 경제학 분야뿐만 아니라 공공정책 분야에서 상당한 논쟁과 논의를 불러일으켰다. 현대화폐이론은 화폐와 화폐·통화시스템의 대안적 접근에 있어서도 인식의 지평을 넓히는 데 중요한 역할을 하고 있다. 주류경제학은 현대화폐이론을 이단아적인 이론으로 폄훼되고 있는 것도 사실이다.

현대화폐이론이 제시하는 재정정책의 목표는 완전고용이다. 이는 현대화폐이론이 유효수요를 강조하는 케인스학파를 잇고 있기 때문이다. 중앙은행이 최종대부자(lender of last resort)가 되듯이 정부는 최종고용자(employer of last resort)가 되어야 한다. 정부는 일자리보장 프로그램(job guarantee program)을 통해 완전고용을 달성해야 한다. 그리고 이에 필요한 재원을 위해 정부는 재정적자를 감수할 수 있어야 한다.

또한 정부의 증세나 국채 발행에 더해 중앙은행은 정부가 발행한 국채를 조건 없이 인수(매입)할 수 있다. 이는 중앙은행의 발권력을 동원하여 국가부채만큼의 화폐를 창조하는 것과 같다. 그래서 이를 부채의 화폐화(monetization of debt)라고 한다. 현대화폐이론에서 정부는 발권력이 없지만 사실상 화폐창조의 주체가 된다. 이러한 방식은 상업은행 대출을 통해 절대 비중의 화폐창조가 이루어지는 현 화폐·통화시스템과 배치된다. 이는 현대화폐이론이 주류경제학의 화폐이론과 상업은행 중심의 화폐·통화시스템의 대안이 될 수 있음도 보여준다.

현대화폐이론에서 화폐는 단순한 상품이나 실물경제의 베일이 아니라 국가의 창조물로 정의된다. 화폐는 희소한 자원이나 실물경제의 베일이 아니라 정부가 국가적 목표와 공공의 이익을 위해 창조하고 통제할 수 있는 일종의 공공재이다. 정부가 활용할 수 있는 정책 수단이자 자원이다. 이는 정부가 완전고용 등 공공의 목적을 위해 화폐를 창조하고 통제함으로써 경제에 긍정적 영향을 줄 수 있음을 전제로 한다. 정부는 증세의 부담 없이 사회간접자본과 같은 공공재, 교육, 돌봄, 의료, 주거와 같은 사회서비스 제공을 위해 직간접적으로 중앙은행의 발권력을 동원할 수 있다.

현대화폐이론은 아래에서 논의할 신용화폐이론(the credit theory of money)으로 분류되는 증표화폐이론에 그 사상적 기반을 두고 있다. 앞에서도 보았지만 증표화폐이론은 크나프의 저서 『국정화폐이론』에서 제시된 용어이다. 증표라는 용어는 증표 또는 전표를 뜻하는 라틴어 카르타(charta)에서 온 것이다. 크나프는 『국정화폐이론』에서 다음과 같이 설명한다.

"우리는 편지를 보낼 때, 우표나 티켓을 붙인다. 이것으로 우편 요금을 지불하고 편지를 운송할 권리를 얻었음을 증명한다. '티켓'은 오래전부터 자연스럽게 사용되어 온 용어로, 형태가 있는 표식으로 법적 규정에 따라 그 재질과 독립적으로 사용될 수 있다. 따라서 지불수단이 동전이든 영수증이든 상관없이 앞에서 언급한 특성을 갖고 있다. 이것들은 지불토큰 또는 지불수단으로 사용된다. 티켓 또는 토큰의 개념은 그것의 재질과는 관련이 없다. 이것은 귀금속, 저급한 금속, 종이 등으로 만들어진다. 이 티켓 또는 토큰은 이전의 자동적인 지불수단과 비교하여 가치 없는 재질로 만들어진 물건을 의미하는 것은 아니다. 현재로서는 이 재질의 가치는 고려하지 않아도 된다. 중요한 것은 이 표지를 법적인 지불수단으로 인식하는 것이다. 아마도 라틴어 단어 'Charta'가 티켓이나 토큰의 의미를 가질 수 있고, 새로운 형용사 'Chartal'을 만들 수도 있다. 우리의 지불수단은 이러한 토큰 또는 Chartal 형태를 가지고 있다. 현대 문명사 회에서는 지불은 티켓이나 Chartal 조각만으로도 이루어질 수 있다."

『국정화폐이론』, pp.31-32, 저자 번역

이처럼 증표화폐이론에 따르면 화폐는 기존 상품화폐이론에서 주장하듯이 물물교환의 문제점을 해소하는 수단으로서 자연발생적으로 등장한 것이 아니다. 화폐는 국가가 국민에게 납세 의무를 부과해 화폐를 강제함으로써 사용되게 되었다. 화폐는 일반적인 상품 교환의 필요성 이전에 신용 또는 부채의 발생과 소멸을 위한 계산(회계)의 단위 내지는 수단으로 등장했다. 이를 계산 화폐(money of account)라고 한다. 우리가 외환거래에서 자주 사용하는 원(₩), 엔(¥), 달러($), 유로(€), 파운드(£) 등이 계산 화폐의 예이다.

크나프의 국정화폐이론은 화폐의 본질이 단순히 교환의 수단이 아닌 인류가 공동체를 이루면서 시작된 타인과의 사회경제적 관계, 즉 채권·채무 관계를 규정하는 표식, 증표에 있다고 주장한다. 그는 명시적으로 이야기하고 있지는 않지만 경제사적 보편성 차원에서 신용화폐이론의 우월성을 인정한다. 현대적 의미의 화폐는 보편성의 측면에서는 신용화폐이면서 동시에 시대적 특수성의 측면에서는 국가의 법적 강제력에 의해 만들어지고 통용되는 법정화폐임을 제시하고 있다.

크나프의 국정화폐이론의 논지를 잇는 현대화폐이론은 화폐가치는 희소성에 의해 결정되는 것이 아닌 정부가 법화로 사용하도록 강제하는 능력과 부여된 명목 금액에 따라 결정된다고 본다. 따라서 정부가 중앙은행의 발권력을 생산적인 경제활동을 지원하는 데 적절히 사용하는 한 과도한 인플레이션 없이 화폐를 창조(발행)할 수 있다. 현대화폐이론은 인플레이션의 임계점을 잠재생산력 수준으로 설정하고 있다. 왜냐하면 잠재생산력 수준을 넘어서는 화폐창조는 과도한 인플레이션을 초래할 수 있기 때문이다.

이는 실제생산력이 잠재생산력 수준을 넘어서면 인플레이션이 발생해 화폐가치가 불안정해질 수 있음을 인정하는 것이다. 국가의 화폐창조 또는 부채의 화폐화가 경제문제 해결을 위한 만병통치약이 아니라 적절하게 통제되고 관리되어야 함을 인정하는 것이다. 신자유주의는 정부의 화폐창조 관리 능력을 불신한다. 특히 인플레이션 통제에 대한 명확한 기준이나 방안이 제시되지 않은 것도 현대화폐이론이 비판받는 주요 이유이기도 하다.

이렇듯 현대화폐이론에서 화폐의 긍정성과 역할은 신자유주의나 마르크스경제학과 견해와 완전히 상반된다. 통화주의, 신자유주의에서 화폐는 실물경제의 베일일 뿐이고 경제활동의 종속변수에 지나지 않는다. 마르크스경제학은 자본주의에서 자본투자와 잉여가치 획득을 위해 화폐(자본)의 역할과 중요성을 인정하지만 화폐는 자본의 노동착취를 위해 사용되는 도구로 격하된다. 이렇게 두 경제이론에서 화폐는 그 어떠한 긍정적 역할을 기대하기 어렵다.

현대화폐이론에 따르면 화폐는 경제활동을 추동하는 긍정성의 대상으로 제시된다. 화폐는 정부가 세입이나 차입 등을 통해 획득해야만 하는 유한하고 희소한 자원이 아니다. 정부(국가)가 원하면 얼마든지 창조할 수 있는 공공재이다. 화폐는 정부가 정책목표를 달성하기 위해 창조할 수 있는 무한하면서 비용도 거의 들지 않는 자원이다. 기존 현대화폐이론은 주된 정책목표를 완전고용으로 설정하고 있지만 빈부격차 해소, 복지 지원, 사회간접자본 투자 등 공익을 위한 여타의 정책목표도 가능하다고 본다.

다행스럽게도 현대 문명의 기술적, 물리적, 제도적 발전에 따라 정부는 필요한 만큼 신속하면서도 거의 비용 없이 재원(화폐)을 창조할 수 있다. 현재의 불태환화폐제도에서는 화폐창조가 금 보유량이 부족하다거나 부채가 많다는 이유로 제약받지 않는다. 현대화폐이론에 따르면 정부는 세수 또는 민간의 저축 수준과 관계없이 항상 자체적으로 재정지출에 필요한 자금을 조달할 수 있다.

정부는 부채(적자)에 상응하는 화폐창조를 통해 경제 내 필요한 부분에 재정을 투입할 수 있다. 이는 정부가 사회간접자본이나 사회서비스 제공과 같은 공공의 목적에 필요한 재정을 제한 없이 투입할 수 있음을 의미한다. 앞에서도 언급했지만 화폐창조가 무조건 가능한 것은 아니다. 화폐창조로 인한 유동성 증가는 잠재생산력 내에서 이루어져야 한다.

이는 인플레이션을 일으키지 않기 위함이다. 통화의 팽창은 수요견인 인플레이션을 불러올 가능성이 있다. 물론 인플레이션이 수요 요인으로만 발생하는 것은 아니다. 원자재, 에너지 가격 인상은 비용을 증가시켜 공급 인플레이션을 초래한다. 부채의 화폐화가 인플레이션을 일으킨다고 단정할 수 없다는 것이다. 이런 의미에서 인플레이션의 원인에 대한 정확한 분석과 데이터가 축적될 필요가 있다.

앞의 내용을 종합하면 현대화폐이론에서 화폐는 조세나 차입을 통해서만 획득할 수 있는 것이 아니다. 정부가 필요한 만큼 만들어낼 수 있는 자원이다. 그 한계치는 국가의 잠재생산력이다. 정부는 화폐창조를 통해 완전고용을 비롯한 사회간접인프라 투자, 사회서비스 확대, 산업경쟁력 향상 등 다양한 정책목표 달성에 필요한 재원을 조달할 수 있다. 화폐에 대한 부정적 인식을 벗어나 그 긍정성이 발현되는 지점이다. 국가가 국가 자신을 담보삼아 화폐창조를 통해 사회간접인프라, 사회서비스 등 국민 다수가 필요로 하는 재화와 서비스를 공급할 수 있다.

신자유주의의 정부정책 무용론과 마르크스경제학의 자본주의 부정은 산적한 사회경제 현안에도 불구하고 정부는 개입하지 않는 것이 도와주는 것이라는 21세기 판 무정부주의를 양산할 위험이 있다. 현대화폐이론은 기존 화폐에 대한 부정적 인식과 정부정책 무용론을 거부하고 새로운 방식의 화폐·통화정책을 제시한다. 이는 기존 케인스학파가 제기하는 정부정책의 방식과 범위를 넘어선다. 이러한 이유로 현대화폐이론을 포스트 케인스학파라고도 부른다.

현대화폐이론은 전통적인 재정정책과 관련하여 예산확보와 재정정책에 대해 기존과 다른 접근 방식을 제시한다. 현대화폐이론은 정부가 원하는 만큼 부채를 일으켜 이를 재원으로 지출할 수 있다고 주장한다. 정부지출은 가계나 기업의 경우처럼 들어오는 돈(세입)에 의해 제약받지 않아야 한다. 정부는 정책적 필요에 맞추어 예산을 짜고 세수로 부족하다면 국채 발행을 통해 재원을 마련할 수 있다. 정부 재정은 선지출, 후세입 방식으로 이해해야 한다.

이는 앞에서 언급한 것과 같이 과도한 인플레이션을 일으키지 않아야 한다는 것을 전제하지만 기존 주류경제학의 견해와 충돌한다. 정부지출은 단순히 국방, 치안과 같은 자유방임의 야경국가 차원을 넘어서 지속 가능한 경제와 산업경쟁력 강화를 위한 투자와 양극화, 불평등 문제를 해소하기 위한 재분배 정책에 사용될 수 있다. 이는 복지의 수준과 영역을 제고하고 확대하며 기업의 투자에만 의존하던 산업경쟁력 강화를 위해 국가의 역할을 요구하는 것이다.

이는 재정투입이 양극화, 불평등을 완화하고, 미래 산업경쟁력을 강화하기 위해 국가의 전략적 측면에서 집중적, 선별적으로 이루어질 수 있음을 의미한다. 미국에서 추진하고 있는 반도체, 이차전지, 친환경에너지 등 미래 고부가가치 성장산업에 대한 천문학적

격화되고 있는 반도체 등 첨단산업 패권경쟁

인 보조금 지급 등의 재정지원이 그 사례이다.

미국은 지금까지 산업정책이 부재한 나라로 여겨져 왔다. 특정 산업을 육성하기 위한 정책적 노력이나 계획이 존재하지 않는다. 투자와 생산은 시장 메커니즘에 의해 결정된다. 국가는 시장 질서를 유지하는 심판, 조정자의 역할만 하면 족하다. 미국에 대한 이러한 관점은 최근 잇따른 산업정책(그것도 매우 강력한)의 등장으로 완전히 바뀌게 되었다. 미국은 21세기 산업정책을 선도하는 나라로 등장하였다.

예를 들어 미국은 반도체 산업 육성을 위해 소위 반도체법(Chips and Science Act)을 제정하고 390억 달러(약 50조 원) 상당의 보조금을 미국 내 반도체 기업에 직접 지원하고 있다. 이는 특정 산업을 육성하고 핵심기술의 해외 유출을 엄격하게 제한해 중국 등 경쟁국을 노골적으로 견제하는 것과도 연결된다. 첨단제조업 육성을 위한 미국의 산업정책은 하나로 연결돼 있던 글로벌 공급망에 적지 않은 변화를 초래하고 있다.

미국은 더 이상 '보이지 않는 손'이 아니라 '보이는 손'이 되어가고 있다. 전략적 판단에 따라 특정 산업의 육성을 위해 당근과 채찍을 사

용하는 것을 꺼리지 않는 국가로 변화하고 있다. 미국의 전면적인 산업 정책 전환에 따라 EU, 일본, 중국, 한국 등 주요 경쟁국도 국가적인 재정투입과 지원에 나서고 있다.

현대화폐이론에 따르면 정부는 완전고용을 달성하기 위해 부채의 화폐화 방식으로 재정지출을 시행할 수 있다. 정부가 일자리를 창출하고 공공성이 강한 사회서비스, 사회간접인프라, 기타 공공재에 투자함으로써 시장 실패가 일어나는 분야에서 긍정적 역할을 할 수 있다. 그런데 부채의 화폐화를 위해서는 중앙은행 독립성은 인정되기 어렵다. 따라서 현대화폐이론은 발권력을 가지고 있는 중앙은행이 정부정책에 조응하여야 하며 통화정책은 재정정책의 목표를 달성하고 지원하는 데 사용되어야 한다고 주장한다.

현대화폐이론은 신자유주의가 주장하는 '작은 정부론'과는 대척점에 있는 케인스학파의 '큰 정부론'보다 더 확대된 정부 역할을 강조한다. 케인스학파가 '큰 정부론'이라면 현대화폐이론은 '더 큰 정부론'이라고 할 수 있다. 지속 가능한 경제성장과 부의 재분배를 위한 정부의 주도적인 역할의 필요성을 옹호한다.

현대화폐이론은 완전고용과 복지 확대를 위해 재정정책을 사용하는 데 중점을 두고 있고 이를 위해 중앙은행 발권력을 정부가 통제할 수 있어야 한다고 본다. 이러한 접근법은 인플레이션과 자국 통화의 평가절하로 이어진다는 비판을 받지만 현대화폐이론은 이러한 위험은 통화량에 대한 신중하고 탄력적인 관리를 통해 충분히 통제될 수 있다고 주장한다.

현대화폐이론에 따르면 중앙은행의 역할은 물가안정에 초점을 맞추는 것이 아니라 재정정책 목표를 달성하기 위해 발권력을 지원하는 것이다. 현대화폐이론은 중앙은행 독립성을 부인하고 대신 정부와 중앙은행 간 협력을 주장한다. 현대화폐이론에서 중앙은행은 전통적인 물가안정 목표를 넘어 완전고용, 사회서비스 확대 등 재정정책의 목표를 달성하기 위해 정부정책에 조응하는 통화정책을 이행해야 한다. 중앙은행이 가진 발권력은 정부의 재정정책과 조화를 이루어야 한다.

정부와 중앙은행 간의 관계는 일본 아베 신조 전 일본 총리가 '일본은행은 정부의 자회사'라고 말한 것에서 유추해 볼 수 있다. 이는 중앙은행의 독립성을 무시하는 발언이라는 비판을 받았지만 현대화폐이론에 따르면 당연한 말이다. 2022년 5월 9일 아베 전 총리는 오이타시에서 가진 모임에서 일본은행이 채권시장에서 일본 정부 국채를 매입하는 것을 언급하며 이같이 말하였다(한국일보 2022.5.10. 국제면 "아베, 일본은행은 정부 자회사 … 1,000조 엔 나라 빚, 안 갚아도 돼" 기사 인용). 그는 "일본의 국가부채 1,000조 엔의 절반은 일본은행이 사 주고 있다. 일본은행은 정부의 자회사이므로 (부채)만기가 오더라도 상환하지 않고 차환하면 된다"라고 말했다. 그러면서 "걱정할 필요가 없다"라고 덧붙였다. 아베 전 총리가 중앙은행의 독립성을 부정하는 발언을 한 것은 이것이 처음이 아니다.

지난해 재무성의 야노 고지 사무차관이 사상 최대 규모의 경제 부양 정책을 선심성 정책이라며 비판하는 글을 분게이슌주(文藝春秋)에 기고했을 때도 비슷한 상황이 벌어졌다. 당시 야노 사무차관은 국가부채 비율이 매우 높다라면서 일본을 '채무의 산'이란 빙산에 부딪히기 직전의 타이타닉호에 빗댔다. 그러자 당시 아베 전 총리는 "일본은 타이타닉호가 아니다. 타이타닉호가 파는 채권은 살 사람이 없지만, (일본 국채는) 제대로 팔리고 있다"라며 야노 사무차관의 주장을 반박했다. 그는

"적자 국채의 대부분은 시장을 통해 일본은행이 사들였다. 결코 후손에게 (빚을) 떠넘기는 게 아니다"라고 말했다. 아베 전 총리는 "일본은행은 나라의 자회사다. 주식의 절반은 정부가 갖고 있어 연결 회계로 보면 채무가 아니라는 견해도 성립한다"라면서 적자 국채를 얼마든지 발행해도 문제가 없다는 인식을 드러냈다.

재정정책 목표를 지원하기 위해 중앙은행은 부채의 화폐화를 위해 단순히 국채 매입만 하는 것이 아니라 정부 대출, 금리, 공개시장조작 등과 같은 다양한 정책 수단을 활용할 수 있다. 현대화폐이론은 정부의 예산이 세입이나 차입금에 의해 제약받지 않고 중앙은행은 화폐창조를 통해 정부의 재정지출에 필요한 자금을 제공할 수 있다고 주장한다.

현대화폐이론에서는 정부와 중앙은행이 상호 협력함으로써 완전고용, 사회서비스 제공 등 복지 확대에 중점을 두게 된다. 이처럼 현대화폐이론은 정부가 재정적 필요에 따라 부채라는 형식을 빌려서 화폐를 제한 없이 창조할 수 있음을 주장한다. 이는 화폐에 대한 긍정적 인식을 과감하게 보여주고 있는 것이다.

앞의 내용을 요약하면 다음과 같다.

① 현대화폐이론은 화폐의 역할에 대한 긍정적 인식을 기초로 하는 대표적인 화폐이론이다.

② 현대화폐이론의 주창자로 스테파니 켈튼, 랜달 레이 등을 들 수 있는데 이들은 이론에만 머무는 것이 아니라 실제 정책 조언과 실행에 간여하고 있다.

③ 현대화폐이론은 완전고용 등 정부의 정책목표의 달성을 위해서 상시적인 적자 재정과 화폐창조가 가능하다고 주장한다.

④ 현대화폐이론은 부채의 화폐화를 주장하는데 이는 정부의 국채

발행과 중앙은행의 국채 인수를 통한 화폐창조를 의미한다.

⑤ 현대화폐이론은 '큰 정부론'과 연결되는데 이는 미국 바이드노 믹스, 일본 아베노믹스의 이론적 기초가 되었다.

⑥ 현대화폐이론에서 중앙은행의 역할은 단순히 물가안정이 아니 라 정부의 재정정책 목표 달성을 위한 지원에 있다.

5. 주권화폐이론

주권화폐이론은 현대화폐이론과 함께 국가주도 화폐이론의 하나이 면서 현대화폐이론보다 화폐의 긍정성을 더욱 확장한다. 주권화폐 (sovereign money)라는 용어는 주권을 갖는 국가(정부)가 스스로 부채를 동반하지 않는 화폐(debt-free money)를 창조할 수 있다는 것을 의미한 다. 현대적 의미의 국가(정부)는 국민주권과 민주주의를 표방하므로 국 민이 주권을 행사하는 방식의 하나로서 주권화폐 도입이 가능하다. 실 제 그러한 목소리가 커지고 있다.

제프 크로커   『기본소득과 주권화폐』 조셉 후버   『주권화폐』

주권화폐론은 미국 경제학자 제프 크로커(Geoff Crocker)의 『기본소 득과 주권화폐』(Basic Income and Sovereign Money, 2020), 독일 사회학자

조셉 후버(Joseph Huber)의 『주권
화폐, 준비금 은행제도를 넘어』
(Sovereign Money, Beyond Reserve
Banking, 2017), 프랑스 작가이자
사회운동가인 제라르 푸셰
(Gérard Foucher)의 『화폐의 비
밀: 화폐를 바꾸면 세상이 바뀐
다』(Les Secrets de la Monnaie,

제라르 푸셰   『화폐의 비밀』

2013) 등을 중심으로 제기되었다. 주권화폐론은 다른 화폐이론과는 달
리 주권화폐 도입과 관련 정책의 시행을 주장하는 다양한 전문가 그룹,
시민운동 등과 연대, 결합한 형태로 전개되고 있는 특징이 있다.

예를 들어 스위스에서는 2018년 주권화
폐 도입에 대해 국민투표가 부쳐졌다. 이 안
건은 투표자의 4명 중 1명 정도인 24%의 찬
성으로 부결되었다. 이러한 스위스 사례는 주
권화폐가 실제로 도입될 수 있는 가능성을 보
여주었다. 주권화폐 도입의 부결로 주권화폐

주권화폐 도입을 주장하는 집회

체제로의 이행 논쟁에서 급진적 이행이 아닌 점진적 이행으로의 주장
이 힘을 얻고 있는 것으로 보인다.

주권화폐이론은 이론적, 학문적 측면에서 뿐만 아니라 화폐개혁과
통화정책의 공공성 강화를 주장하는 다양한 시민운동의 형태로도 발전
하고 있다. 국제적으로는 미국과 유럽을 중심으로 주권화폐이론을 주장
하는 국제화폐 개혁운동(International Movement for Monetary Reform,
IMMR), 정의로운 화폐연대(Alliance for Just Money), 긍정 화폐(Positive

Money) 등의 다양한 국제적 네트워크가 활발히 활동하고 있다. 우리나라에서도 '화폐민주주의연대'라는 민간단체가 주권화폐이론을 주장하며 활동하고 있다.

현대화폐이론이 부채를 유지하는 방식으로 국가 주도의 화폐창조를 주장하는 반면, 주권화폐이론은 문제가 되는 경제위기와 불안정의 근본적 원인은 상환능력을 초과하는 부채의 지속적인 증가에 있다고 본다. 따라서 이러한 문제를 심화시키고 있는 현 상업은행 중심의 화폐창조 메커니즘을 부정한다. 그 대신 화폐창조 권한을 국가(정부)에 귀속시킬 것을 주장한다. 국가(정부)는 화폐를 부채가 아닌 지분(equity)의 형태로 발행한다. 현대화폐이론은 현 화폐·통화시스템을 수용하는 데 비해 주권화폐이론은 현 화폐·통화시스템의 전면적인 개혁과 변화를 요구한다.

주권화폐이론도 현대화폐이론과 마찬가지로 화폐는 국가에 의해 만들어지고 통제되는 공공재로 정의된다. 화폐는 공공의 이익을 위해 창조되고 관리되어야 한다. 정부는 공공재인 화폐의 공급 주체로서 화폐를 창조하고 통제할 수 있는 권한이 있다. 정부

극소수의 이익만을 대변하는 금융시스템 비판 집회

는 이 권한을 사용하여 차입이나 세금에 의존하지 않고 스스로 화폐를 창조하여 재정지출을 위한 재원을 마련한다. 주권화폐는 부채가 아니기 때문에 현대화폐이론의 부채의 화폐화도 발생하지 않는다.

또한 주권화폐이론이 현대화폐이론과 다른 점은 현대화폐이론이 현재의 상업은행 대출을 통한 화폐창조 메커니즘을 인정하는 데 반해

주권화폐이론은 상업은행 대출을 통한 화폐공급을 부정하는 데 있다. 상업은행은 무에서 화폐를 창조하지 말고 단순히 예금을 기반으로 자금의 수요와 공급을 연결해 주는 금융 중개 역할만 해야 한다. 이 경우 지금과 같은 상업은행의 신용창조 기능은 중단된다. 대신 정부가 발권력을 동원하여 직접 화폐를 창조한다.

주권화폐이론은 현재 상업은행 화폐창조를 통한 독점적 이익(현대판 시뇨리지)을 부정하고 이를 국민 전체로 환원할 것을 주장한다. 주권화폐이론은 중앙은행과 상업은행이 공적으로 주어진 발권력과 화폐창조를 활용해 현대판 시뇨리지를 획득하게 되고 그 대부분이 사적으로 점유되기 때문에 공정하지 않다고 주장한다. 앞에서 보았듯이 중앙은행과 상업은행의 화폐창조는 궁극적으로 대출수요에 종속된다. 따라서 현대판 시뇨리지는 화폐창조 과정에 참여하는 경제 주체인 대출자, 상업은행, 중앙은행에 분배된다.

현대판 시뇨리지를 둘러싸고 일부 대출자와 상업은행의 투기적이고 무분별한 화폐창조는 여러 부작용을 초래한다. 현대판 시뇨리지의 불균형적, 비대칭적 배분이 해소되지 않는 한 현재와 같은 금융 불안정과 경제적 불평등, 경제위기가 초래될 수밖에 없다. 따라서 주권화폐이론이 제시하는 대안적 화폐·통화시스템에서는 정부가 화폐공급(창조)에 대한 통제권을 갖고 사회 전체의 이익에 부합하도록 활용할 필요가 있다.

이것이 가능하다면 현대판 시뇨리지를 배제하고 화폐창조이익이 공공의 이익에 부합하도록 배분할 수 있다. 무분별한 대출에 따른 자산 가격의 폭등, 폭락과 같은 금융위기의 가능성도 해소할 수 있다. 주권화폐이론에서 화폐가치는 화폐를 법정화폐로 사용하도록 강제하는 정부의 능력과 관련이 있다. 정부가 사회 전체에 이익이 되는 생산적인 경제활동에 자금을 지원하는 한 인플레이션을 일으키지 않고 화폐를 창조할 수 있다고 주장한다.

이처럼 주권화폐이론이 현대화폐이론뿐만 아니라 다른 화폐이론과 가장 큰 차이를 보이는 점은 화폐가 발행되고 제어되는 방식에 있다. 화폐는 상업은행이 아니라 국가가 창조해야 한다. 정부는 화폐를 창조하고 화폐공급을 통제할 배타적 권한을 가져야 한다. 이는 상업은행이 대출을 통해 화폐창조를 하는 현 화폐·통화시스템과 달리, 정부가 부채와 이자에서 자유로운 화폐를 창조할 수 있음을 의미한다. 주권화폐이론은 국가가 화폐를 창조하게 함으로써 금융위기, 불평등 등 현행 금융자본주의에서 발생하는 문제를 해결할 수 있다고 주장한다.

주권화폐이론에 따르면 정부의 화폐창조는 상업은행의 이익에 사용되지 않고 사회간접자본, 사회서비스 등 공공적 성격이 강한 분야에 집중된다. 화폐창조는 국민 다수의 사회적 필요와 공익에 부응하기 위한 것이다. 화폐는 상업은행, 자산가 등 소수가 독점적 자본력을 행사하고 자신의 이익을 위해 사용되는 것이 아니라 사회 전체의 이익을 위해 사용되어야 하는 공공재이다. 국가는 화폐를 창조함으로써 국민 다수의 필요와 공공선을 우선할 수 있다.

이처럼 주권화폐이론은 현 화폐·통화시스템에서 당연히 받아들여지고 있는 상업은행 화폐창조와 이에 따른 현대판 시뇨리지의 독점과 불공정한 배분에 대해 비판적이다. 이의 대안으로 화폐가 창조되고 관리되는 방식에 대해 근본적이고 혁신적인 변화를 제안한다. 주권화폐이론은 현대화폐이론이 제기하는 재정정책을 위한 화폐의 역할을 넘어 현 화폐·통화시스템의 급진적이고 전면적인 구조조정을 주장하는 화폐이론이다.

화폐창조 권한은 상업은행이 아닌 정부의 주권적 통제하에 있어야 한다. 상업은행의 대출은 이전과 반대로 순전히 예금(저축)을 기초로 가능하다. 기존의 중앙은행과 상업은행의 연결고리인 지급준비금제도는 폐지된다. 상업은행의 화폐창조 기능은 소멸하고 상업은행은 자금 수요와 공급을 연결하는 자금 중개 역할만 하게 된다.

재정정책 측면에서 주권화폐이론은 현대화폐이론과 같이 재정지출과 이를 위한 화폐창조에 대한 정부의 통제를 옹호한다. 더 나아가 주권화폐이론은 화폐창조의 권한은 정부에게 있고 직접 화폐를 창조할수 있다고 주장한다. 정부가 재정지출을 위한 재원을 마련하기 위해 조세나 중앙은행으로부터의 차입에만 의존할 필요가 없다. 정부는 부채 상환에 대한 부담 없이 재정지출을 위한 자금 조달을 위해 화폐를 창조할 수 있다.

1조 달러 동전 상징물

다시 말해 국가가 기존 중앙은행이 독점했던 발권력을 일부 또는 전부 갖게 된다. 실제로 미국이나 영국 재무부는 주화의 발행 권한을 갖고 있다. 이는 주권화폐이론이 현실과 완전히 동떨어진 주장이 아니라는 것을 반증한다. 미국 오바마 정부 시기 연방정부의 부채한도 증액 문제 해결을 위해 재무부가 1조 달러짜리 동전을 발행하여 부채를 갚는 방안이 논의되었다는 사실은 주권화폐이론을 이해한다면 그리 놀랄 일은 아니다. 화폐의 발행 권한(발권력)을 중앙은행에 둘지 아니면 새로운 기구에 부여할지 그리고 그 권한을 정부가 독점할지 아니면 중앙은행과 분점할지 등에 대한 논의는 이 책의 범위를 벗어나므로 생략한다.

주권화폐이론에 따르면 주권화폐 발행을 통해 경제적 역동성과 유연성을 제고하는 동시에 상업은행 화폐창조로 인한 현대판 시뇨리지의 독점, 금융 불안정성, 자산 버블을 줄일 수 있다. 정부의 직접적인 화폐창조를 통해 기본소득 지급, 공공투자 강화, 민간 부채 감소 등의 효과를 얻을 수 있다. 이를 통해 국민 다수의 삶이 향상될 것으로 기대된다.

이처럼 주권화폐이론은 중앙은행과 상업은행의 전면적인 역할 변화를 포함하여 현 화폐·통화시스템의 근본적인 변화를 제안한다. 주권화폐이론의 핵심 주장은 화폐창조가 국가의 주권적 권리라는 것이다. 이는 중앙은행의 역할이 단순히 금리 등을 통해 화폐공급을 조절하는 것이 아니라 정부를 대신하여 화폐를 발행해야 하는 당위성이 있음을 의미한다. 주권화폐이론에 따르면 중앙은행은 화폐공급이 정부 재정지출의 우선순위와 일치하도록 정부와 긴밀히 협력해야 한다.

이처럼 주권화폐이론은 현 화폐·통화시스템의 전면적 혁신과 중앙은행 발권력의 국가 환수까지도 주장하고 있다는 측면에서 가장 급진적인 화폐이론이다. 주권화폐이론은 현대화폐이론이 그렇듯이 인플레이션 문제와 중앙은행의 독립성을 훼손한다고 비판받는다. 현 주류경제학에서 금과옥조처럼 여기는 자유경쟁시장 원리를 훼손하는 이단아적 발상으로 치부되는 것은 당연하다.

이러한 현실을 고려할 때 주권화폐이론이 받아들여지거나 시행되기에는 한계가 존재함을 부인할 수 없다. 하지만 화폐의 긍정적 기능에 대한 열린 시각을 제공함으로써 현 화폐·통화시스템의 문제점이 무엇인지를 뚜렷하게 제시하고 있다. 문제를 해결하기 위해서는 문제를 정확히 파악하는 것이 우선 과제이다. 주권화폐이론은 그 어떤 화폐이론보다 화폐의 긍정성을 인식의 끝단까지 확장하고 있다.

앞의 내용을 요약하면 다음과 같다.

① 주권화폐이론은 현대화폐이론과 함께 국가주도 화폐창조를 주장하는 국가주도 화폐이론의 하나이다.

② 주권화폐이론은 국가가 부채를 동반하지 않는 화폐를 창조할 수 있는 주권적 권한이 있음을 주장한다.

③ 주권화폐이론은 이론에 그치는 것이 아니라 스위스 국민투표 안건으로 상정되고 국제단체와 운동이 진행되는 등 주권화폐를 활용한 대안적 화폐·통화시스템 도입 논의가 확산되고 있다.

④ 주권화폐이론은 정부가 공공을 위한 재정정책을 위해 주권화폐를 창조할 수 있다고 주장한다. 이는 기존의 조세나 차입에 의존하지 않고도 재정지출을 위한 재원을 마련할 수 있음을 의미한다.

⑤ 주권화폐이론이 현대화폐이론과 다른 점은 현대화폐이론이 현재의 상업은행 화폐창조 메커니즘을 인정하는 데 반해 주권화폐이론은 상업은행 대출을 통한 화폐공급을 부정한다. 국가가 발권력을 온전히 독점, 통제해야 한다.

⑥ 주권화폐이론은 중앙은행과 상업은행이 발권력과 화폐창조를 활용해 현대판 시뇨리지를 획득하게 되는데 그 대부분이 사적으로 점유되기 때문에 공정하지 않다고 주장한다.

⑦ 주권화폐이론이 제시하는 대안적 화폐·통화시스템에서는 정부가 화폐공급(창조)에 대해 통제권을 갖고 사회 전체의 이익에 부합하도록 활용할 수 있어야 한다.

⑧ 이처럼 주권화폐이론은 중앙은행과 상업은행의 전면적인 역할 변화를 포함하여 현 화폐·통화시스템의 근본적인 변화를 제안한다.

6. 상품화폐이론과 신용화폐이론

앞에서 살펴보았듯이 상품화폐이론(the commodity theory of money)은 화폐를 사회구성원 사이에 널리 받아들여지는 교환의 매개 수단인 동시에 내재가치를 지닌 상품으로 정의한다. 화폐는 모든 상품과 즉각적으로 교환이 가능한 특수한 상품이다. 인류가 유사 이래 오랫동안 사용해 온 상품화폐가 금, 은, 구리 등 금속으로 만든 금속화폐(주화)였기 때문에 상품화폐이론을 금속주의(metalism)라고도 한다.

상품화폐이론의 핵심은 화폐가 사회 내에서 일반적인 지불수단으로 받아들여지기 위해서는 교환의 기능과는 별개로 그 자체로 가치가 있어야 한다는 데 있다. 상품화폐이론에서 화폐는 기본적으로 금, 은 또는 기타 귀금속과 같이 사회에서 지불수단 또는 교환의 매개체로 널리 받아들여지는 물리적 대상으로 인식된다. 상품화폐가치는 화폐의 원재료로 사용되는 소재의 가치에서 파생되며 이러한 소재는 지불수단으로서의 사용을 넘어 실제 용도를 갖는다.

그러므로 화폐가치는 신용화폐와 같이 정부의 법이나 제도 등 공권력에 의해 정해진 명목가치에 근거하는 것이 아니다. 이는 화폐에 내재한 유형적이고 희소한 소재(상품)의 가치에 연동된다. 이러한 의미에서 이를 소재가치 또는 내재가치라고 한다. 상품화폐이론은 화폐가치가 기본적으로 화폐에 포함된 소재가치와 연동되고 화폐·통화시스템의 안정적인 기반을 제공한다고 주장한다.

상품화폐이론은 한 가지 난제가 있다. 금, 은 등 귀금속과 같은 희소한 소재를 기반으로 하는 화폐·통화시스템은 화폐발행이 쉽지 않다. 경제가 원활히 작동하고 성장하기 위해서는 그에 필요한 화폐공급이 중요하지만 상품화폐는 이에 탄력적으로 반응하기 어렵다. 예를 들어 상품화폐로는 화폐퇴장과 경기침체로 이어지는 디플레이션의 문제를 해결하기 어렵다.

상품화폐이론에 따르면 무역도 위기에 처할 수 있다. 예를 들어 금속화폐가 주효했던 중상주의 시대에는 금속화폐 획득을 위해서는 수출을 확대하고 수입을 줄여야 한다. 금, 은의 획득을 위한 식민지 개척과 무역 전쟁은 종국적으로 국가 간 제로섬 게임, 더 나아가 마이너스섬 게임의 상황으로 몰아갔다.

16세기 이후 시작된 대항해 시대 유럽 열강의 아시아, 아메리카, 아프리카 등으로의 진출과 식민지 쟁탈 과정에서 발생한 수많은 폭력과 전쟁, 비극과 상처는 열거할 수 없을 정도로 많다. 식민지뿐만 아니라 유럽 내에서 발생한 전쟁 그리고 20세기 제1차, 제2차 세계대전도 이러한 비극의 연장선에서 발생한 사건이다. 그 뿌리에는 화폐에 대한 탐욕이 있다. 화폐를 둘러싼 제로섬 게임에 빠지게 되면 모두가 패자(loser)가 되는 심각한 부작용을 초래할 수 있다.

상품화폐와 관련되어 잘 알려진 경제학파의 대표적인 예는 오스트리아학파이다. 19세기 오스트리아-헝가리 제국의 카를 멩거(Carl Menger), 오이겐 폰 뵘바베르크(Eugen Ritter von Böhm-Bawerk), 프리드리히 폰 비저(Friedrich von Wieser) 등이 창안하여 오스트리아학파로 불리게 되었다. 오스트리아학파는 구학파와 신학파로 나뉘는데 구학파는 한계효용을 경제학에 처음 도입하였다. 그래서 오스트리아학파를 한계효용학파로 부르기도 한다.

신학파는 루트비히 폰 미제스(Ludwig von Mises)와 그 제자인 프리드리히 하이에크(Friedrich August von Hayek) 등이 포함된다. 이들의 경제철학은 이후 신자유주의의 근간이 되었다. 앞에서 이야기했던 하이에크도 오스트리아학파의 후예이다. 오스트리아학파는 개인의 의사결정과 시장의 자유를 절대시한다. 따라서 화폐를 다른 상품과 마찬가지로 시장에서 개인의 경제적 의사결정과 행위에서 자연스럽게 나오는 상품으로 간주한다.

오스트리아학파에 따르면 화폐는 사람들이 서로 상품과 서비스를 교환하려고 할 때 발생한다. 시간이 지남에 따라 특정 상품이 내구성, 분할 가능성, 휴대 용이성 등 화폐에 적합한 특성으로 인해 일반적으로 사용되는 교환 수단으로 등장한다. 이것이 화폐가 된다. 화폐는 국가가 아니라 시장이 정하는 것이다.

오스트리아학파 관점에서 화폐는 정부나 중앙은행에 의해 만들어지는 것이 아니라, 시장에서 개인의 경제적 의사결정과 활동의 과정에서 자연스럽게 결정된다. 화폐의 가치도 다른 상품과 같이 수요와 공급에 따라 결정된다. 오스트리아학파는 화폐·통화시스템에 대한 정부의 개입을 부정한다. 이러한 관점에서 오스트리아학파의 영향을 받은 통화주의와 신자유주의는 정부 개입을 최소화하는 대신 준칙에 따른 중앙은행의 일관되고 예측 가능한 통화정책을 주장한다. 이는 현 화폐·통화시스템이 장기적이고 안정적으로 지속될 수 있도록 하는 것이다.

특히 통화주의는 중앙은행의 태환화폐 발행액을 정화(금) 준비량과 같게 조절하면 물가가 안정된다는 이론과 연결된다. 현대적 의미로는 적절한 통화량만이 물가를 안정시킬 수 있고 정부의 재정정책 무용론과 준칙에 따른 통화정책의 중요성을 주장한다. 통화주의는 시장 중심 자유경쟁의 우월성을 주장한다.

예를 들어 프리드먼은 정부정책은 시장기구의 경쟁 시스템을 유지하거나 시장기구가 제공할 수 없는 것을 대신 제공하는 선에서 그쳐야 한다고 주장한다. 여타 문제는 정부가 개입하지 않아도 자유경쟁의 원리에 따라 시장기구가 자체적으로 조절하면 해결될 것이라고 주장하였다.

통화주의는 경제주체들이 예측 가능한 예를 들어 준칙에 의해 통제되는 방식의 통화정책을 선호한다. 대부분 선진국 중앙은행 이 시행하고 있는 인플레이션 타깃팅(inflation targeting, 물가안정목표제), 테일러 준칙(Taylor's rule) 등이 그러한 예이다. 인플레이션 타깃팅은 1990년대 뉴질랜드에서 처음 도입된 것으로 중앙은행이 인플레이션을 특정 목표수준으로 유지하는 정책이다. 이를 위해 중앙은행은 금리조정과 기타 정책 도구를 활용한다. 대부분의 경우 목표 인플레이션 수준은 2%로 설정하고 있다.

테일러 준칙(Taylor's rule)이란 1993년 미국 경제학자인 존 테일러(John Taylor)가 제안한 금리 준칙으로 중앙은행이 거시경제 안정을 달성하기 위해 물가 변동뿐 아니라 산출변동에도 금리가 조정되도록 한 준칙을 말한다. 테일러 준칙에 의하면 중앙은행의 단기목표금리는 인플레이션 갭(실제인플레이션율과 목표인플레이션율 차이)과 산출 갭(실제성장률과 잠재성장률 차이)을 고려하여 각각 0.5의 가중치를 두고 결정된다.

중앙은행은 실제인플레이션율이 목표인플레이션율보다 높은 경우 금리를 올리고 반대의 경우 금리를 내린다. 실제성장률이 잠재성장률보다 높으면 금리를 올리고 반대의 경우 금리를 내리게 된다. 중앙은행은 기본적으로 경제성장보다는 물가안정에 무게를 두고 있다는 점에서 테일러 준칙은 인플레이션 타깃팅에 비해서 많이 활용되지는 않는다.

한편 상품화폐이론과 대척점에 있는 화폐이론은 신용화폐이론으로 범주화할 수 있다. 신용화폐이론에 따르면 화폐는 사회적 약속을 나타내는 증표, 표식이다. 그렇다면 화폐는 내재가치를 가질 필요가 없다. 이러한 의미에서 신용화폐이론을 증표주의 또는 명목주의라고 한다. 예를 들어 크나프의 국정화폐이론도 국가가 사회적 약속인 화폐를 결정한다는 의미에서 일종의 신용화폐이론이다. 신용화폐이론에 따르면 화폐는 상품화폐이론에서 주장하듯이 내재가치를 가지는 특정 상품으로만 한정 지을 필요는 없다. 신용화폐이론은 화폐를 공동체(사회) 내에서 일어나는 경제행위자 간 채권·채무 관계를 생성, 유지, 청산하는 일반화되고 보편적인 수단으로 정의한다.

그 종류는 남태평양 야프섬(Yap island) 원주민들이 사용한 돌 화폐 페이(Fei)로부터 수메르 문명을 비롯한 메소포타미아 지역에서 발견되는 채권·채무 기록을 남긴 점토주머니 또는 점토판, 유럽 중세 이후 오랫동안 세

중세 유럽에서 화폐로 사용된 탤리 막대

금 납부를 위해 사용된 탤리 막대(tally stick), 다양한 종이로 된 은행권, 그리고 현재 대부분 나라에서 통용되는 법정화폐(지폐)에 이르기까지 다양하다. 즉, 화폐의 본질은 그 소재의 가치에 있는 것이 아니라 채권·채무 관계를 나타내고 그 관계의 생성, 해소의 수단으로 인정한다는 사회적 약속에 있다. 상품화폐이론이 주장하듯이 화폐가 반드시 내재가치

를 가질 필요는 없다. 사회적으로 그 채권·채무 관계가 정립되는 수단이면 족한 것이다.

이처럼 신용화폐이론에 따르면 화폐는 가장 강력한 사회적 약속이다. 약속은 신뢰를 바탕으로 한다. 신뢰를 유지하기 위해서는 개인 또는 집단 간의 약속보다는 국가(정부)의 법적 구속력(법률)에 의존하는 경우가 일반적이다. 화폐는 화폐를 발행하는 정부나 중앙은행에 대한 국민 다수의 신뢰에 기반하고 있다. 현재 통용되는 화폐는 어떤 상품이나 자산(예를 들어 금)에 의해 뒷받침되지 않고 오직 정부나 중앙은행과 같은 화폐발행 기관의 권위와 신뢰를 기반으로 한다. 그러므로 지금의 화폐는 신용화폐인 동시에 국가가 법률로 정한다고 해서 법정화폐라고도 한다. 법정화폐의 실제 가치는 금리조절과 같은 중앙은행 통화정책, 경제성장을 위한 정부 재정정책을 통해 유지 또는 조정될 수 있다.

신용화폐이론도 화폐의 기본적인 역할은 교환을 촉진하고 상품과 서비스의 가치를 측정하기 위한 회계단위를 제공하는 것임을 인정한다. 하지만 신용화폐는 화폐의 내재가치와 상관없이 교환의 표준 매체를 제공함으로써 거래가 보다 효율적으로 이루어지도록 한다. 이는 경제의 역동성과 성장에 기여한다. 물론 신용화폐의 가치는 과도한 화폐 남발 등 화폐 불신이 생기면 인플레이션과 경제 불안정을 초래한다. 신용화폐이론은 이러한 부작용에도 불구하고 화폐의 탄력적인 공급을 통해 통화정책의 유연성을 제공할 수 있음을 강조한다. 또한 통화정책이 효과적으로 사용될 때 지속 가능한 경제성장과 금융의 안정성을 도모할 수 있다고 주장한다.

20세기 이후 신용화폐에 대한 탐구는 영국의 경제학자 알프레드 미첼 이네스(Alfred Mitchell–Innes, 1864~1950)가 제시한 화폐이론에서 시작하였다. 이네스의 화폐와 신용에 관한 두 편의 논문 '화폐란 무엇인가'(What is money, 1913)와 '화폐의 신용이론' 또는 '신용화폐이론'(The Credit Theory of Money, 1914)은 신용화폐이론의 원조로 인정되고 있다. 그는 화폐는 상품이 아니라 신용관계에서 나오는 사회적 관습 또는 제도라고 주장하였다. 이는 전통적인 화폐인식에 대한 도전이다. 신용은 채권·채무의 사회적 관계를 의미한다.

이네스의 신용화폐이론은 화폐의 창출과 유통에서 신용의 중요성을 강조한다. 이 견해에 따르면 화폐는 본질적인 가치를 지닌 물리적 대상이 아니라 개인, 집단 사이에 존재하는 신용관계에서 나오는 사회적 구성물이다. 이네스는 화폐는 채권·채무 관계의 생성, 해소를 위해 생긴 것이라고 주장했다. 화폐는 본질적으로 채무자가 나중에 빚을 갚겠다는 약속을 하고 채권자는 이 약속을 빚을 갚는 수단으로 받아들이는 신용 행위를 통해 만들어진다. 화폐가치는 금, 은 같은 귀금속에 의해 뒷받침되는 것이 아니라 신용관계에 관련된 당사자의 신용도에 의해 결정된다. 이네스의 신용화폐이론은 전통적 관점인 상품화폐이론에서 벗어나 화폐의 본질과 역할에 대한 현대적 이해를 형성하는 데 중대한 영향을 미쳤다고 평가된다.

이네스와 더불어 20세기 초 독일 경제학자인 크나프는 증표주의의 일종인 국정화폐이론(the state theory of money)을 주장했다. 국정화폐이론에 따르면 화폐가치는 화폐의 내재가치나 특정 상품과의 관계가 아니라 화폐를 발행하는 국가의 능력(국가의 신용)에 기초한다. 이는 앞에서 살펴본 신용화폐이론과 맥락을 같이 한다. 국정화폐이론은 화폐의 본질인 신용(신뢰) 부여에 있어 국가가 그 핵심적 역할을 한다고 본다. 이러한 측면에서 크나프의 국정화폐이론은 신용화폐이론으로 분류된다.

크나프는 화폐는 국가(정부)가 거래를 촉진하고 세금 징수를 위해 만든 국가의 창조물이라고 주장한다. 크나프는 『화폐의 국가이론』 또는 『국정화폐이론』(The State Theory of Money, 1905)에서 화폐는 상품이나 내재가치와의 관계가 아니라 화폐를 발행하는 국가의 권위로부터 가치가 부여되는 일종의 사회 제도라고 주장했다. 크나프는 안정적인 화폐·통화시스템을 만들고 유지하는 데 있어 정부 역할의 중요성에 대해 역설한다.

화폐는 국가에 의해 만들어진 사회 제도이며 그 가치는 세금 과 기타 재정적 의무를 부과하는 국가의 권한에서 파생한다고 주장한다. 국가는 국민이 세금을 지불하고 정부에 대한 기타 재정적 의무를 이행하기 위해서 화폐가 필요하다. 따라서 국가는 세금 납부를 위한 법정화폐를 창조한다. 이 법정화폐에 국가의 권위를 토대로 강제적인 가치를 부여한다. 이러한 관점에서 화폐는 본질적으로 그 자체로 가치를 지니는 상품이 아니라 정부의 공권력을 바탕으로 창조된 '증표'(token)이다. 국가는 필요에 따라 화폐를 창출하고 소멸시킬 수 있는 권한이 있으며 이 권한을 사용하여 인플레이션과 다른 경제 변수를 제어할 수 있다.

더 나아가 국정화폐이론은 화폐공급에 대한 국가 통제의 중요성을 강조하고 통화정책의 목표가 단순히 화폐가치를 유지하는 것이 아니라 경제성장, 완전고용 등 광범위한 경제목표 달성을 지향해야 한다고 주장한다. 이 지점에서 국정화폐이론의 주장은 현대화폐이론, 주권화폐이론과 같은 국가주도 화폐이론과 연결된다. 재정적자와 이를 뒷받침하기 위한 국가주도 화폐창조가 복지 확대와 경제성장을 촉진하는 데 사용되는 한 반드시 해로운 것이 아님을 시사한다.

국정화폐이론에 따르면 화폐가치는 화폐를 교환의 매개로 받아들일 수 있는 국가의 권한에서 비롯된다. 화폐는 본질적으로 국가의 권위에 의해 뒷받침되는 신용의 한 형태이며 상품이나 물리적 대상에 묶여 있지 않다. 이러한 측면에서 국정화폐이론은 경제에서 화폐의 본질과 역할에 대한 현대적 이해와 화폐이론 발전에 기여했다고 평가된다. 또한 통화정책에서 정부 역할에 대한 논쟁을 형성하는 데 영향을 미쳤다. 특히 화폐가치를 결정하는 국가 역할에 대한 크나프의 인식은 현대화폐이론과 주권화폐이론 등 국가주도 화폐이론 형성에 이론적 기초를 제공하였다.

케인스학파 화폐이론도 일정부분 신용화폐이론과 연결된다. 케인스학파에 따르면 화폐는 경제활동의 전반적인 수준을 관리하고 경제성장과 안정을 촉진하는 데 중요한 도구이다. 케인스학파는 경제성장과 안정을 위해 화폐공급과 금리를 관리하는 정부 역할을 강조한다. 이러한 관점은 경제를 관리하는 데 있어 재정정책(정부지출과 과세)과 통화정책(이자율, 지급준비율 등)의 중요성을 강조한다.

화폐는 중립적인 교환의 매개일 뿐만 아니라 경제를 관리하는 능동적인 도구이다. 화폐가치는 단순히 수요와 공급에 의해 결정되는 것이 아니라 정부정책과 개입에 의해서도 영향을 받는다. 다만 케인스학파는 중앙은행의 통화정책은 유동성 함정 등으로 인해 총수요 확대 효과가 떨어진다고 본다. 따라서 총수요에 직접적으로 영향을 미칠 수 있는 재정정책을 선호한다고 볼 수 있다.

앞에서 살펴본 이네스와 크나프의 화폐이론은 모두 화폐를 상품으로 보는 전통적인 관점에 도전하고 있다. 화폐는 신용관계에서 나오는 사회 제도라고 주장한다. 이네스와 크나프의 화폐이론에 따르면 화폐의 공통적인 중요한 본질은 신용이다. 여기의 신용은 채권·채무 관계에 대한 신뢰를 의미한다. 이네스는 화폐는 개인이 서로 빚을 갚아야 할 필요성에서 발생하므로 상호 신용관계가 화폐의 본질이라고 주장했다.

마찬가지로 크나프는 화폐는 국가가 만든 사회 제도이며 화폐가치가 인정받는 것은 채무를 갚기 위해 화폐를 사용하도록 강제하는 국가에 대한 신뢰 때문이라고 주장했다. 두 이론 모두 화폐가치는 신용에 기초한다. 화폐는 신용관계에 관련된 당사자의 신용도, 또는 화폐 사용을 강제할 수 있는 국가에 대한 신뢰와 확신에 의해 결정된다고 본다. 따라서 신용은 화폐의 생성, 유통, 소멸의 근본이며 화폐의 중요한 본질이다.

이러한 공통점과 함께 차이점도 존재한다. 우선 이네스의 화폐이론은 화폐창조와 유통에 있어 신용의 중요성을 강조한다. 화폐는 사람들이 공동체 생활에서 불가피하게 발생하는 빚(부채)을 갚는 데 필요하다. 화폐가치는 신용관계에 관련된 당사자들의 신용도에 의해 결정된다고 주장한다. 이에 비해 크나프의 화폐이론은 화폐의 창조, 유통, 소멸 과정에 있어서 국가의 역할을 강조한다. 크나프에 따르면 화폐는 국가에 의해 만들어지고 집행되는 법적 제도이다. 화폐가치는 국가에 세금과 기타 부채를 지불하기 위해 사용된다는 사실 그 자체에 의해 보장된다.

두 이론의 차이점은 화폐와 경제의 관계에 대한 견해에서도 나타난다. 이네스는 화폐가 주로 경제활동으로 만들어지는 신용관계를 통해 생성되고 순환된다고 제안한다. 대조적으로 크나프는 국가가 경제를 통제하고 정책목표를 달성하는 수단으로 화폐를 창조하고 유통할 수 있는 권한을 가지고 있다고 본다. 이네스와 크나프의 화폐이론은 상품화폐이론에 대한 전통적인 관점에 도전하고 현실적이면서 대안적인 화폐이론을 제시하였다는 점에서 의미가 있다.

결론적으로 두 이론 모두 경제에서 화폐가 긍정적인 역할을 할 수 있음을 주장한다. 다만 화폐에 대한 신용의 발원이 사회적 관계인지 아니면 국가인지에 따라 서로 다른 강조점을 두고 있을 뿐이다.

앞의 내용을 요약하면 다음과 같다.

① 인류가 오랫동안 사용해 온 대표적인 상품화폐가 금, 은, 구리 등으로 만든 금속화폐(주화)였기 때문에 상품화폐이론을 금속주의라고도 한다.

② 상품화폐이론은 한 가지 난제가 있다. 경제가 원활히 작동하고 성장하기 위해서는 그에 필요한 화폐공급이 중요하지만 상품화폐는 이에 탄력적으로 반응하기 어렵다.

③ 상품화폐이론의 대표적인 학파는 오스트리아학파로 화폐도 시장에서 결정되는 상품의 하나로 간주하는 자유은행론을 주장한 하이에크가 대표적인 학자이다.

④ 현재의 주류경제학 이론인 신자유주의와 통화주의는 상품화폐이론에 그 토대를 두고 있다. 특히 통화주의는 중앙은행의 독립성, 인플레이션 타깃팅, 테일러 준칙 등 이미 정해진 룰(준칙)에 따른 통화정책을 주장한다. 이는 화폐의 중립성과 연결되는데 그 본질은 화폐는 실물경제의 베일일 뿐이라는 화폐에 대한 부정적 인식이다.

⑤ 상품화폐이론의 대척점에 있는 신용화폐이론은 증표주의, 명목주의라고 한다. 화폐는 국가가 법적 강제력을 동원해 창조한 것이라는 국정화폐이론도 신용화폐이론의 범주에 들어간다. 신용화폐이론에서 화폐는 채권·채무 관계의 생성, 유통, 청산을 위해 만들어진 사회적 약속이자 제도이다.

⑥ 신용화폐이론의 대표적인 학자로는 이네스와 크나프를 들 수 있는데 이들 모두 경제에서 화폐가 긍정적인 역할을 할 수 있다고 주장한다. 다만 화폐에 대한 신용의 발원이 사회적 관계인지, 아니면 국가인지에 따라 서로 다른 강조점을 두고 있을 뿐이다.

7. 특별한 자원으로서의 화폐

현 화폐·통화시스템에서 사용되는 화폐는 법정화폐로 대부분 내재가치가 없는 지폐이거나 통장의 디지털화된 숫자이다. 현대의 화폐는 토지, 노동, 자본과 같이 생산 활동에 직접 투입되는 생산요소와 같은 자원이라고 할 수 없다. 하지만 현대 자본주의에서 화폐는 직접적인 경제자원이 아니더라도 이러한 자원에 접근하고 획득하기 위해 없어서는 안 될 필수요소이다.

예를 들어 화폐는 생산 활동을 위한 자본투자, 임금 지급을 위해서 필요하다. 화폐야말로 투자, 생산, 유통, 소비 등 모든 경제활동의 추동력이고 자원을 효율적으로 배분하는 데 없어서는 안 될 도구이다. 이러한 의미에서 화폐를 특별한 자원으로 간주할 필요가 있다. 다시 말해 화폐는 실물경제의 베일과 같이 중립적이거나 종속적인 것이 아니라 실물경제와 상호작용하는 경제적 실체이자 자원이다.

경제활동이 활발히 이루어지기 위해서는 이를 뒷받침할 수 있는 화폐공급이 필요하다. 화폐가 공급되면 경제활동이 활성화되어 경제성장에 기여한다. 화폐수요에 비해 화폐공급이 적다면 경제활동은 위축되고 경제적 잠재력의 발현이 어려워진다. 따라서 화폐는 경제활동의 역동성을 증가시켜 경제성장과 발전을 가능하게 하는 필수적인 자원이다.

앞에서 언급했듯이 화폐는 그 자체로 생산요소, 경제적 자원이라고 할 수는 없지만 그 자원에 접근할 수 있는 유일한 수단이며 경제활동을 추동하는 특별한 자원이다. 통화주의 등 신자유주의가 화폐를 단순한 실물경제의 베일로 평가하는 것은 이러한 화폐의 역할을 과소평가하는 것이고 화폐의 긍정성을 간과하는 것이다. 화폐는 특별한 자원으로 삼고 화폐의 긍정성을 십분 활용하여 국가경제와 국민 다수의 복리를 위해 활용할 필요가 있다.

통화주의는 화폐를 '실물경제의 베일'이라고 간주한다. 화폐는 그저 실물경제의 그림자, 결과물이라는 의미이다. 통화주의는 인플레이션과 경제성장을 결정하는 적정하고 예측 가능한 화폐공급의 역할을 강조한다. 실물경제 변화를 목적으로 하는 화폐공급 변화 등 인위적인 통화정책은 무의미할 뿐이다. 통화정책은 실물경제를 보조하는 역할에 한정되어야 한다. 화폐는 실물경제의 결과물이기 때문이다.

자본주의에서 경제활동의 결과는 궁극적으로 화폐단위로 객관화되고 수치화된다. 이런 점에서 화폐가 실물경제의 베일이라고 주장하는 통화주의 관점이 완전히 틀린 것은 아니다. 하지만 이런 관점만으로는 현재의 화폐 역할을 온전히 이해하는 데는 한계가 있다. 화폐는 자본주의의 존재 이유가 되는 이윤 획득, 자본의 자기 증식(확대 재생산)을 위한 가장 원초적인 원동력이기 때문이다. 이는 화폐가 자본주의를 추동하는 핵심적이고 본질적 요소라는 것을 의미한다.

자본주의는 화폐로 시작해서 화폐로 작동하고 화폐로 끝난다. 왜냐하면 자본주의는 대부분의 경제활동이 화폐로 시작해서 궁극적으로는 더 많은 화폐로 확대 재생산 되어야만 하는 체제이기 때문이다. 경

자본주의는 화폐를 축으로 작동한다.

제활동의 최종 목표는 이윤의 획득이다. 이
윤은 더 많은 화폐를 의미한다. 이렇듯 자
본주의에서 화폐는 경제를 움직이게 하는
추동력이다. 요약하면 자본주의에서 화폐는
경제활동의 원인이면서 결과이고 출발점이
면서 종착지이다. 알파와 오메가이다.

현재와 같은 화폐·통화시스템의 부분
지급준비금제도(fractional reserve system)에서 상업은행은 화폐창조의 중
심적인 역할을 한다. 부분지급준비제도는 상업은행이 예금 인출 수요에
대응하기 위해 전체 예금액 중 일정 비율 이상을 중앙은행에 예치해 두
도록 강제하는 제도를 의미한다. 전체 예금액 대비 지급준비금의 비율
을 지급준비율(reserve ratio)이라고 한다.

우리나라의 경우 요구불예금의 법정지급준비율은 7%이지만 미국,
EU 등 선진국의 경우 법정지급준비율은 사실상 제로이다. 이들 선진국
의 경우 상업은행 간 단기자금 대출, 중앙은행 대출 등 예금 인출 수요
에 즉각 조응할 수 있도록 금융시스템을 발전시켜왔기 때문에 법정지
급준비율이 사실상 불필요하다.

실상 현 화폐·통화시스템에서 상업은행은 대출을 통해 화폐를 창
조하며 이는 다시 예금으로 전환되고 화폐공급(통화량)은 확대된다. 반
대로 대출이 상환되면 화폐는 그만큼의 예금이 소멸하고 통화량은 감
소한다. 중앙은행은 기준금리를 설정하고 상업은행이 보유하는 지급준
비금을 조율함으로써 상업은행 화폐창조에 간접적으로 영향을 미친다.
다시 말해 화폐창조의 주체는 중앙은행이 아니다. 오히려 상업은행이라
고 하는 것이 현실에 부합한다.

중앙은행은 은행의 은행으로서 상업은행의 지급불능, 뱅크런 등의 은행위기가 발생할 때 본원통화(중앙은행화폐)를 창조하여 상업은행에 공급함으로써 최종대부자의 역할을 한다. 물론 중앙은행이 최종대부자로서 화폐창조의 전면에 나서는 것은 2008년 글로벌 금융위기나 2020년 코로나 팬데믹 위기 등과 같은 급박한 경제위기에서나 볼 수 있는 그리 흔한 일은 아니다. 물론 금융 불안정 등 위기가 상시화 되는 최근 상황에서는 중앙은행의 최종대부자 역할이 더욱 요구되고 있는 것도 사실이다.

중앙은행의 화폐창조 역할이 확대되었지만 기본적으로 상업은행 화폐창조의 보조적 역할을 할 뿐이다. 상업은행의 화폐창조는 주주의 이익을 극대화하기 위해 이루어진다. 중앙은행은 상업은행의 화폐창조가 원활히 작동할 수 있도록 다양한 통화정책수단을 통해 직간접적으로 지원한다. 이러한 중앙은행과 상업은행의 이중은행구조는 금융자본의 이익에 부응한다. 동시에 이로 인해 발생할 수 있는 위기나 금융 불안정성을 관리하고 현 화폐·금융시스템이 안정적으로 유지되게 하는 핵심적인 기제의 역할을 하고 있다.

예를 들어 중앙은행은 물가안정, 금융안정, 고용안정 등 다양한 거시경제 목표를 위해 존재한다는 교과서적 내용은 불편할 수 있는 이러한 진실을 잘 드러나지 않게 한다. 상업은행은 화폐창조와 현대판 시뇨리지의 불균형적, 비대칭적 배분에 참여함으로써 주주의 이익을 극대화한다.

중앙은행은 상업은행의 화폐창조가 원활히 작동할 수 있도록 통화정책을 지원한다. 또한 혹시 발생할 수 있는 위기를 관리함으로써 현재의 금융자본주의가 확대 재생산될 수 있도록 하는 데 최선의 조건을 제공한다. 주류경제학은 정부가 중앙은행과 상업은행의 기능과 역할에 개입하는 것을 거부한다. 주류경제학이 정부의 개입을 관치금융이라고 비판(비난)하는 동시에 중앙은행의 독립성을 보장하라고 목소리 높여 주장하는 것은 이상한 것이 아니다.

케인스학파와 같은 다른 경제이론은 화폐가 경제와 상호작용을 통해 중층적, 승수적 영향을 미칠 수 있음을 주장한다. 화폐와 경제활동 사이의 관계가 신자유주의가 주장하듯 항상 일방적이거나 예측 가능한 것만은 아니다. 화폐가 실물경제에 영향을 미칠 수 있는 특별한 자원임을 의미한다. 예를 들어 케인스학파는 경제성장을 결정하는 총수요의 중요성을 강조하면서 화폐를 총수요에 영향을 미치는 즉, 소비와 투자의 주요 동인으로 간주한다. 통화주의는 화폐를 실물경제의 베일로 보지만 케인스학파 등은 화폐와 경제의 관계에 대해 대안적이거나 다른 관점을 제공하고 있다.

특히 현대화폐이론과 주권화폐이론 등 국가주도 화폐이론은 화폐의 긍정성을 부각하고 재정정책을 위한 재원의 한계도 부채의 화폐화, 주권화폐를 통해 해결할 수 있음을 제시하고 있다. 국가주도 화폐이론은 더 나아가 보편적 기본서비스 또는 폭넓은 사회서비스 제공 등 최근 주목받고 있는 대안적 분배정책의 시행을 위해 활용될 수 있다. 실제로 국가주도 화폐창조를 통해 기본소득을 지급할 것이냐, 아니면 사회서비스를 제공할 것이냐에 대한 논쟁이 진행되고 있다. 이는 양자택일의 문제라기보다는 그 사회적 필요와 경제적 효용성에 따라 결정될 일이다. 기본소득과 사회서비스는 상호 대체관계가 아니라 보완관계이다.

두 가지 모두가 제공된다면 복지의 향상뿐만 아니라 경제의 역동성에 기여할 수 있을 것이다. 하지만 사회적 필요와 경제적 효용성에서 사회서비스가 기본소득보다 우위에 있다고 보인다. 따라서 국가주도 화폐창조가 적용될 수 있는 분야와 관련하여 기본소득보다 사회서비스 제공에 그 우선순위를 둘 필요가 있다. 국가주도 화폐이론은 정부가 필요한 정부지출을 위해 새로운 화폐를 창조하여 지출에 필요한 재원을 조달할 수 있음을 강조한다. 이는 국가 능력의 문제가 아니라 의지와 국정 철학의 문제일 뿐이다. 다만 화폐의 활용은 노동생산성, 잠재생산력 등 경제적 자원의 가용 최대치에 의해 제약을 받는다.

국가주도 화폐이론을 적용하면 교육, 교통, 돌봄, 의료, 주거와 같은 사회서비스 제공이 잠재생산력 내에서 실현가능하다. 미래의 이상을 현실로 끌어올 수 있다. 정부는 과세나 차입 없이 사회서비스에 대한 지출에 필요한 화폐창조를 위해 그 권한을 사용할 수 있다. 사회서비스의 확대는 가계의 실질가처분소득을 높이고 전반적인 복지수준을 개선함으로써 양극화 현상을 완화하고 내수를 확충하는 데 도움이 된다.

미·중 패권 경쟁, 러·우 전쟁 등으로 자유무역과 세계화가 후퇴하고 있다. 보호무역과 지역 블록화 강화는 과거 자유무역의 수혜를 누리던 우리나라 경제에 상당히 큰 부담일 수밖에 없다. 이에 대한 대안으로 수출 중심 경제구조를 내수 중심 경제구조로 전환해야 한다는 주장이 힘을 얻고 있다.

내수 확충을 위해서는 무엇보다도 가계의 실질가처분소득 증가가 필요하다. 이러한 측면에서 사회적 공동구매를 통한 사회서비스의 제공은 가계의 실질가처분소득 증가와 그에 따른 내수의 확충에 도움이 된다. 이는 국가주도 화폐창조가 단순히 국내 차원의 사회경제적 문제의 해결을 넘어 대외적인 차원의 문제를 해결하는 데도 도움이 될 수 있음을 의미한다.

국가주도 화폐이론은 국가가 국민 다수에게 사회서비스 제공에 필요한 재원 조달의 논리적 기초로 활용될 수 있다. 그 실현 가능성과 효과는 대중의 지지를 토대로 한 사회적 합의 여부, 정책 설계와 구현 방안, 이를 포함한 다양한 정치적, 경제적 여건에 따라 달라질 수밖에 없다. 또한 국가주도 화폐이론은 국가의 생산력을 초과하는 과도한 재정지출은 인플레이션, 자국 통화의 평가절하 등과 같은 부작용을 초래할 수 있음을 부정하지 않는다.

현대화폐이론과 주권화폐이론은 화폐의 긍정적 기능, 역할과 관련하여 국가의 권위를 전제하고 있다는 점에서 국가주도 화폐이론이다. 우선 두 이론 모두 정부의 재정정책은 세입이 부족하더라도 증세나 차입 없이 새로운 화폐를 창조하여 제한 없이 가능함을 주장한다. 현대화폐이론은 완전고용을 최고의 목적으로 국가는 적자 확대의 제약 없이 국채 발행 등을 통해 재원을 확보할 수 있다고 주장한다. 반면 주권화폐이론은 화폐는 부채가 아니라 자산이고 국가가 소유한 지분으로 본다. 국가는 부채로부터 자유로운 화폐를 창조할 권한이 있다. 다시 말해 국가는 화폐창조의 주체가 된다.

현대화폐이론은 중앙은행의 역할을 주로 정부의 정책목표를 달성하기 위한 통화정책을 구현하는 것으로 본다. 이에 비해 주권화폐이론은 중앙은행이 정부에 종속되어야 하며 중앙은행의 주요 역할은 정부의 통화정책 결정을 이행하는 것이다. 현대화폐이론은 조세, 정부의 지출 프로그램 등 다양한 수단을 통해 인플레이션을 관리할 수 있다고 주장한다. 반면 주권화폐이론은 화폐창조의 고정 비율을 옹호하며 이 비율을 조정하면 인플레이션을 관리할 수 있다고 본다.

현대화폐이론은 정부의 화폐창조 능력이 노동력과 생산력 등 실제 자원의 가용성에 의해 제한된다고 보는 데 비해, 주권화폐이론은 정부의 화폐창조 능력이 민주적 절차와 공익적 고려 사항에 의해서 제약을 받는 데 더 중점을 두어야 한다고 주장한다. 그리고 현대화폐이론에서 중앙은행과 상업은행은 화폐·통화시스템에서 서로 다른 역할을 한다.

일반적으로 상업은행은 정해진 지급준비금 관련 규정(지급준비금비율 등)을 준수하는 수준에서 대출하고 화폐를 창조한다. 상업은행이 대출 시 대출자의 예금계좌에 해당 대출금을 입금하면 새로운 화폐가 창조된다. 이 과정은 실제로는 지급준비금이 아닌 대출자의 대출신청과 신용에 의해 진행되기 때문에 '내생적 화폐공급'(endogenous money supply)이라고 한다.

'내생적 화폐공급이론'(endogenous money supply theory)은 경제에서 화폐공급이 어떻게 결정되는지에 대한 대안적 관점이다. 화폐공급은 중앙은행에 의해 통제되거나 지급준비금 규모에 의해 영향을 받는 것이 아니라, 주로 상업은행의 대출 결정과 대출자의 대출수요에 의해 생성된다. 내생적 화폐공급이론에 따르면 화폐창조 과정은 상업은행이 대출을 승인할 때 시작된다. 대출이 승인되면 상업은행은 대출자의 계좌에 새로운 예금을 생성한다. 이로써 새로운 화폐가 창조된다.

새롭게 생성된 예금은 대출자가 현금을 인출하거나 이체를 위해 사용할 수 있다. 내생적 화폐공급이론에서 상업은행은 지급준비금의 규모에 제약받지 않는다. 대신 상업은행은 대출을 통해 순식간에 무로부터 화폐를 창조한다. 대출이 이루어지면 상업은행은 대출자의 계좌에 대출금을 입금한다. 즉각 통화량은 증가한다. 상업은행은 예금 일부를 지급준비금으로 보유해야 한다. 이 요건은 일반적으로 초과 지급준비금을 가지고 있는 다른 상업은행이나 심지어 중앙은행에서 지급준비금을 차입함으로써 충족될 뿐이다.

내생적 화폐공급이론은 대출자의 대출 신청(수요)이 화폐공급의 주요 동인임을 주장한다. 경제 상황이 호전되고 대출수요가 늘어나면 상업은행은 대출을 통해 더 많은 화폐를 창조한다. 반대로 경기가 나빠지고 대출수요가 준다. 현금 수요가 높아지면서 대출이 상환되고 신규 대출이 감소함에 따라 화폐공급은 줄어든다.

이러한 관점에서 중앙은행은 화폐공급을 결정하는 데 있어 부차적인 역할을 한다. 중앙은행은 금리에 영향을 미치고 상업은행에 유동성을 제공할 수 있지만 화폐창조를 직접 통제할 수는 없다. 그 대신 중앙은행은 전반적인 인플레이션 압력에 영향을 미치는 것을 목표로 금리를 관리하고 화폐·통화시스템을 안정화하기 위해 통화정책 도구를 사용한다.

내생적 화폐공급이론은 중앙은행이 지급준비금 규모를 조정하거나 지급준비금 요구사항을 설정하여 화폐공급을 제어한다는 전통적인 견해에 도전한다. 내생적 화폐공급이론은 상업은행의 대출 결정과 대출수요에 의해 주도되는 화폐창조의 내생적 메커니즘의 특성을 강조한다. 반면에 일반적인 화폐이론에서 주장하는 '외생적 화폐공급이론'에서는 중앙은행은 금리를 설정하고 화폐공급을 통제할 수 있는 것으로 간주한다.

현대화폐이론에서 중앙은행은 여전히 은행의 은행, 정부의 은행이다. 중앙은행은 상업은행과의 연결고리로 지급준비금 예치를 위한 당좌계좌를 제공하고 필요시 최종대부자 역할을 한다. 현대화폐이론에서도 상업은행은 화폐창조의 핵심적 역할을 하고 중앙은행은 상업은행의 원활한 화폐창조를 위한 지원, 관리의 역할을 한다. 현 화폐·통화시스템에 대한 비판이나 문제 제기는 없다. 화폐·통화시스템의 전면적 개혁이나 전환을 주장하지 않는다.

이에 비해 주권화폐이론에서 상업은행의 역할은 예금자와 대출자 사이의 중개자 역할로 제한되며 상업은행의 화폐창조권한은 사실상 박탈된다. 정부 또는 중앙은행이 화폐를 창조한다. 중앙은행은 민주적이면서 전문적인 의사결정에 따라 새로운 화폐를 창조하고 이를 사회간접인프라, 교육, 의료 등 공공재와 사회서비스에 필요한 지출을 위해 정부 또는 기타 공공 기관에 할당한다.

이 장에서는 화폐에 대한 부정적, 긍정적 인식의 차이가 상품화폐이론과 신용화폐이론으로 나타난다는 점을 설명하고 관련된 다양한 화폐이론에 대해 살펴보았다. 또한 현대화폐이론과 주권화폐이론 등 국가주도 화폐이론에 근거하여 화폐가 경제활동의 베일이나 결과가 아니라 원인이자 추동력이 될 수 있음을 살펴보았다. 이는 화폐의 긍정성을 최대한 활용함으로써 현 화폐·통화시스템의 문제점과 모순을 드러내기 위함이다.

이 장의 논의에 이어서 아래 제4장에서는 현 화폐·통화시스템의 역사적 배경과 이를 설명하는 기존 이론에 대해 분석한다. 이와 함께 현대판 시뇨리지와 화폐창조이익의 개념을 소개한다. 이를 통해 국가주도 화폐창조의 의미와 필요성을 설명하고자 한다.

앞의 내용을 요약하면 다음과 같다.

① 자본주의에서 화폐는 투자, 생산, 유통, 소비 등 모든 경제활동의 목표이자 동시에 추동력이다.

② 이러한 의미에서 화폐를 특별한 경제자원으로 간주할 필요가 있다. 화폐는 실물경제의 베일과 같이 중립적이거나 종속적인

것이 아니라 실물경제와 상호작용하는 경제적 실체이자 자원이다.

③ 현 화폐·통화시스템에서 상업은행은 대출을 통해 화폐를 창조한다. 중앙은행은 통화정책수단을 활용하여 상업은행의 화폐창조에 간접적으로 영향을 미친다. 다시 말해 화폐창조의 주체는 중앙은행이 아니라 오히려 상업은행이라고 하는 것이 현실에 부합한다.

④ 상업은행은 공공의 이익보다는 사적 자본의 이윤 극대화를 위해 화폐를 창조한다. 중앙은행은 물가안정, 최종대부자 기능을 하지만 실제로는 상업은행의 화폐창조가 원활히 작동할 수 있도록 지원한다.

⑤ 현대화폐이론과 주권화폐이론 등 국가주도 화폐이론은 화폐의 긍정성을 강조한다. 재정정책을 위한 재원의 한계도 부채의 화폐화, 주권화폐 발행 등을 통해 해결할 수 있음을 제시한다.

⑥ 국가주도 화폐이론은 정부가 필요한 정부지출을 위해 새로운 화폐를 창조하여 지출에 필요한 재원을 조달할 수 있음을 강조한다. 다만 화폐의 활용은 노동생산성, 생산력, 잠재생산력 등 경제적 자원의 가용 최대치에 의해 제약받는다.

⑦ 내생적 화폐공급이론은 중앙은행의 화폐공급과 같은 외생적 요인보다는 주로 상업은행의 대출과 예금의 순환과정 등 내생적 과정을 통해 일어난다는 사실을 밝히고 있다.

CHAPTER

04

화폐·통화시스템 분석과 국가주도 화폐창조

1. 현 화폐·통화시스템의 화폐창조 메커니즘

영국에서 시작된 자본주의는 17~18세기 시민혁명과 산업혁명을 거치면서 유럽과 신대륙을 중심으로 확대되었다. 이후에도 자본주의는 여러 가지 문제와 모순에도 불구하고 시대의 요구와 도전에 조응하며 전 세계적 체제로 변화, 발전되어왔다. 대략 20세기 초까지 자본주의는 대량 생산과 대량 소비를 바탕으로 산업자본에 의해 주도되었다고 할 수 있다. 이러한 의미에서 이때의 자본주의를 산업자본주의(industrial capitalism)라고 일컫는다. 일반적으로 화폐(자본)의 공급은 산업자본의 생산과 투자 등 경영활동에 필요한 규모에서 제한되었다. 생산력의 확대도 이에 조응하는 수준에서 진행되었다. 산업자본주의는 마찬가지로 20세기 초까지 유지된 금본위제와 연동되었다.

금본위제는 각국의 통화 가치를 순금의 일정한 중량으로 고정한다. 그리고 금화의 자유로운 주조와 수출입을 허용하고 이를 지폐나 예금통화와 교환할 수 있도록 하는 제도이다. 금본위제에서 각국 통화는 금의 중량을 기준으로 가치가 정해지므로 통화 간 교환 비율은 고정된다. 따라서 금본위제는 전형적인 고정환율제도이다. 19세기 초 영국의 금본위제 도입을 시작으로 네덜란드, 노르웨이, 미국, 덴마크, 독일, 스웨덴, 일본, 프랑스 등 주요 국가들이 금본위제를 채택하였다. 금본위제는 금의 유·출입과 물가의 자동조절 기능을 통해 국제금융과 세계경제 발전에 공헌하였다.

하지만 제1차 세계대전 이후 유럽 주요국들이 과다한 전비 지출로 인해 인플레이션과 정치적 불안 등의 문제에 직면하면서 금본위제에 대한 신뢰가 무너졌다. 특히 전후 영국은 과대평가된 파운드화의 가치로 인해 심각한 실업난과 수출산업의 침체를 겪었다. 이어서 독일에서 발생한 초인플레이션, 미국에서 시작한 대공황 등의 영향으로 영국은 1931년 마침내 금본위제를 포기하고 파운드화의 평가절하를 단행하였다.

영국을 시작으로 다른 주요국들도 금본위제를 포기하고 변동환율제도로 전환하였다. 대영제국의 패권하에 100여 년 넘게 지속된 금본위제는 붕괴되었다. 금본위제에서는 화폐공급이 국가(중앙은행)의 금 보유량에 종속되기 때문에 화폐수요에 대응하는 화폐공급의 증가는 제약된다. 이는 자본의 무한한 자기 증식 욕구와 화폐공급의 제약이 결국 상호 충돌하고 모순되는 관계가 될 수밖에 없음을 시사한다.

이러한 충돌과 모순에도 불구하고 자본의 확대 재생산이 화폐공급의 한계치에 다다르기 전까지 금본위제는 지속될 수 있다. 과학기술 발전에 따른 생산력, 생산성의 급격한 확대는 더 많은 화폐수요와 이에 조응하는 화폐공급의 증가를 요구하게 되었다. 화폐공급 증가가 금 보유량에 제약되는 금본위제는 결국 산업자본주의의 화폐수요를 충족시키지 못하게 된다. 그 모순은 폭발할 수밖에 없다.

이러한 화폐공급의 제약과 자본의 확대 재생산 욕구 간 충돌과 모순은 1916년 제1차 세계대전과 1929년 대공황으로 극명하게 드러나게 되었다. 영국은 1931년, 미국은 1933년 금본위제를 폐지하였고 다른 주요국들도 이에 동참하였다. 하지만 국가 간 무역에서는 여전히 금이 사용되었다. 이는 국가 간 결제에 있어서는 금을 대신할만한 다른 결제수단이 마땅히 없었기 때문이다. 국가 간 무역결제를 위해 남아있던 금본위제의 흔적은 1971년 8월 15일 미국 닉슨 대통령이 금태환 정지를 선언하면서 사라지게 되었다.

이렇게 국가 간 무역결제를 위해 명맥을 유지하던 국제적 차원의 금본위제도 사실상 소멸하였다. 미국 연준을 비롯한 각국 중앙은행은 통화정책 시행에 있어 1930년대 이후에는 국내적으로, 그리고 1971년 닉슨 선언 이후에는 국제적으로 금으로부터 완전히 해방되었다. 바야흐로 중앙은행과 상업은행이 창조하는 불태환법정화폐(non-convertible fiat money)가 본위화폐가 되는 금융자본주의 시대가 도래하였다. 미국 달러화가 금을 대체함으로써 현재와 같은 달러 중심(본위)의 세계체제가 이루어지게 되었다.

이제 자본주의는 금의 족쇄에서 벗어나 전면적인 변화를 시도하게 되었다. 산업자본주의에서 금융자본주의로 본격적인 변화를 시작하게 된 것이다. 고전적 의미의 자본주의는 제조업 중심의 생산 활동을 통한 이윤을 목적으로 하는 산업자본의 주도로 발전하였다. 이에 비해 금본위제 붕괴 이후의 자본주의는 금융자본이 산업자본을 종속시키고 경제를 좌지우지하는 금융자본주의로 변화되었다. 금융자본은 앞에서 논의한 중앙은행과 상업은행의 중층적이고 무제한적인 화폐창조를 통해 자산가치를 확대하고 이윤을 획득한다.

금융자본은 산업생산을 위해 필요한 자금을 중개하던 역할에서 이제는 화폐창조와 부채의 확대를 통해 자기 증식의 메커니즘을 완성하였다. 생산성과 무관하게 돈이 돈을 낳는 상황이 되었다. 금융자본주의를 카지노자본주의라고 부르는 것은 이런 이유에서이다. 이렇게 금융자본주의는 기존 산업자본을 넘어 금융자산의 확대 재생산이 이루어지는 체제이다. 이러한 금융자본의 특성은 금융위기의 반복에도 불구하고 갈수록 더욱 뚜렷해지고 강화되는 추세이다.

금융자본주의에서는 금융자본의 역할과 영향력이 자본주의 자체를 추동하고 변화시킬 정도로 막대하다. 특히 상업은행은 자금 수요와 공급을 연결하는 대표적인 금융 중개자이다. 상업은행은 대출, 즉 화폐창조를 통해 경제의 호황과 불황의 사이클을 결정짓는 핵심적인 역할을 한다. 따라서 금융자본주의와 화폐·통화시스템의 본질을 이해하기 위해서는 상업은행 화폐창조 메커니즘에 대해 살펴볼 필요가 있다.

현재와 같이 고도화된 금융자본주의에서 자본의 지속적인 확대 재생산을 위해서는 대규모, 대단위의 자본의 집중과 동원이 필요하다. 그렇다면 상업은행은 이러한 대규모, 대단위의 자본 수요를 맞추기 위해 이에 필요한 화폐를 어디서 구하는 것일까? 여기에 현 화폐·통화시스템의 공공연한 비밀 아니 화폐·통화시스템에 대한 잘못된 고정관념이 존재한다.

그것은 상업은행은 예금을 받고 그 일부를 지급준비금으로 남겨놓은 채 나머지를 대출한다는 믿음이다. 상업은행은 예금업무와 대출업무를 하고 대출이자와 예금이자의 차이인 예대마진을 통해 이윤을 얻는 것을 생각해 보면 이는 당연한 것처럼 보인다. 상업은행이 예대마진을 통해 이윤을 얻는 것은 사실이지만 그렇다고 예금이 있어야 대출이 가능한 것은 아니다. 오히려 그 반대이다. 대출이 예금을 만든다고 해야 타당하다. 대출이 있어야 예금이 있는 것이다.

아래에서는 예금이 대출의 전제조건이라는 기존 통념에 근거한 대표적인 통화이론인 대부자금이론, 통화승수이론, 화폐수량이론에 대해 살펴보고 그 문제점에 대해 논의한다. 통화이론은 앞에서 논의한 화폐이론과 다소 차이가 있다. 화폐이론은 화폐를 중심에 두고 화폐의 개념, 기능, 기원, 역할 등에 대해 종합적인 논의가 이루어진다. 통화이론은 화폐의 공급 메커니즘, 통화량과 경제(실물, 금융)의 관계, 그 연결고리인 중앙은행의 통화정책 등을 연구하는 분야이다.

위 세 가지 통화이론 중 우선 상업은행의 금융 중개 역할과 관련하여 잘 알려진 대부자금이론(loanable funds theory)을 살펴보자. 대부자금이론은 모든 경제 현상을 수요와 공급의 원리, 가격의 조절로 설명하려고 했던 고전학파의 대표적인 통화이론이다. 대부자금이론에 따르면 자금시장에는 자금 수요와 공급이 존재한다. 상업은행은 이 둘을 연결하는 중개자이다. 상업은행은 자금 공급자로부터 예금을 받아 이를 자금 수요자에게 공급(대출)해 준다. 이 과정에서 상업은행은 대출이자를 수취하고 예금이자를 지급한다. 그리고 대출이자와 예금이자의 차이인 예대마진을 이윤으로 획득한다.

균형시장 상황에서 어떤 이유로 자금시장에서 자금 수요가 증가하면 균형이자율은 상승한다. 반대로 자금 공급이 증가하면 균형이자율은 하락한다. 자금시장에서 일시적인 불균형이 발생하더라도 이자율 조정을 통해 자금의 수요와 공급은 다시 균형을 이루게 된다. 완전경쟁시장을 가정하면 대출이자율과 예금이자율은 동일 수준으로 수렴하게 된다. 따라서 예대마진은 0으로 수렴한다.

대부자금이론은 가격이 이자율로, 상품 수요와 공급이 자금 수요와 공급으로 바뀌었을 뿐이다. 자금시장에서도 가격(이자율)을 통한 균형의 달성, 자원의 효율적 배분을 통한 효용의 극대화가 가능하다. 상업은행은 자금시장에서 이자율이 탄력적으로 조정되도록 하는 중개자일 뿐이다.

대부자금이론에서는 상업은행의 화폐창조 기능, 예금과 대출의 관계는 주된 관심사가 아니다. 대부자금이론에서는 예금(자금 공급)은 대출(자금 수요)과 상관없이 독립적으로 존재한다. 대부자금이론이 성립하기 위해서는 예금이 전제되어야 한다. 그래야만 대출이 가능하기 때문이다. 대부자금이론은 실제 대출과 예금의 관계, 화폐창조 메커니즘을 설명하지 않는다.

다음으로 상업은행 신용창조(화폐창조)와 관련하여 많이 알려진 이론은 통화승수이론(money multiplier theory)이다. 통화승수이론은 경제학 교과서에서 기본적으로 소개되고 있는 통화량 결정이론이다. 통화승수이론은 중앙은행과 상업은행의 이중 고리를 중심으로 이루어지는 현 화폐·통화시스템의 신용창조 과정을 수학식을 동원하여 설득력 있게 제시하고 있다. 하지만 여전히 대출이 예금에 종속된다는 문제로부터는 자유롭지 않다.

통화승수이론에 따르면 시중 통화량은 예금액에 통화승수를 곱한 만큼 만들어진다. 통화승수이론에서는 중앙은행이 등장하고 상업은행은 신용창조 과정에서 적극적인 역할을 하는 것처럼 보인다. 다른 이론과 달리 대출이 곧 화폐창조임을 이야기하고 있다는 점에서 의미가 있다. 하지만 상업은행의 대출(화폐창조) 가능규모는 여전히 예금과 통화승수에 의존한다는 점에서 대출(화폐창조)이 예금에 종속된다는 기존 통념에서 벗어나지 못한다.

통화승수이론에서 제시하는 신용창조 과정은 다음과 같다. 시중에 A, B, C, D, … 등의 상업은행이 있다. 먼저 A은행이 예금을 받으면 지급준비금만큼 남기고 나머지를 대출한다. 예를 들어 100억 원 예금, 지급준비율 10%이면 10억 원은 남기고 나머지 90억 원을 대출한다. A은행에서 대출받은 대출자는 대출금을 자신의 주거래 은행인 B은행에 예금한다. 예금을 받은 B은행은 마찬가지로 지급준비율만큼 은행에 남기고 나머지 금액을 대출한다. 이러한 과정이 무한히 반복된다.

이렇게 A예금 → A대출 → B예금 → B대출 → … 이라는 반복 과정을 통해 시중에 신용창조(화폐창조)가 이루어지게 된다. 이 과정이 완료되면 대출금액 총합이 전체 통화량이 된다. 앞의 예에서는 최초 100억 원의 예금이 있었지만 신용창조 과정을 거쳐 전체 통화량은 1,000억 원이 된다. 통화량은 최초 예금에 비해 10배가 증가한다. 따라서 통화승수는 10이 된다. 앞의 과정을 무한등비급수 식으로 나타내면 아래와 같다.

$$100억 + 100억\,(1-0.1) + 100억\,(1-0.1)^2 + 100억\,(1-0.1)^3 + \cdots$$

$$= \frac{100억}{1-(1-0.1)}$$

$$= 1,000억$$

이처럼 통화승수이론은 예금과 대출의 연쇄적 창출 과정을 통해 신용창조를 그럴듯하게 설명하고 있다. 대부분 경제학 교과서에서 소개될 만큼 현실을 명확하게 설명하고 있는 이론으로 인식되고 있다. 통화승수이론도 기본적으로 '예금 → 대출'의 인과관계를 설정하고 있다.

하지만 이는 현실에서 일어나고 있는 신용창조(화폐창조) 메커니즘을 정확하게 설명하는 것은 아니다. 왜냐하면 통화승수이론은 대출이 실행되기 위해서는 우선 예금이 있어야 한다는 기본 전제조건을 두고 있기 때문이다. 실제로는 대출이 예금에 의해 제한되지 않는다. 예금이 대출의 전제조건이 되는 것은 아니다. 오히려 그 반대이다. 현 화폐·통화시스템에서 대출은 예금에 선행한다.

대출은 예금을 기초로 한다는 통념은 인류가 역사를 통해 얻은 경험칙(rule of thumb)에 근거한다. 예를 들어 금이 본위화폐의 역할을 하던 금본위제가 폐지된 20세기 초까지 대출은 기본적으로 은행에 보관

(예금)된 금의 양에 의해 제약되었다. 당시 화폐·통화시스템의 화폐창조 메커니즘은 본위화폐였던 금을 뛰어넘을 수 없었다. 왜냐하면 금 보유량을 초과하는 대출이 이루어질 경우 은행의 신뢰에 균열이 생기기 때문이다. 혹시라도 예상치 못한 급격한 금의 인출, 뱅크런이 발생하면 은행은 파산하고 화폐·통화시스템은 붕괴된다.

근대 화폐·통화시스템은 17세기 이후 유럽에서 금세공업, 전당포업, 환전업이 은행업으로 발전하고 중앙은행이 탄생하는 과정에서 점진적으로 형성되었다. 현 화폐·통화시스템도 큰 틀에서는 이에 뿌리를 두고 있다. 이런 점에서 대출은 예금에 기초한다는 주장은 자연스러운 귀결로 받아들여진다. 하지만 근대 화폐·통화시스템의 근간인 금본위제는 20세기 초 이미 폐지되었다.

현 화폐·통화시스템의 가장 큰 특성은 상업은행 대출이 예금을 전제로 이루어지지 않는다는 점이다. 상업은행 대출이 예금을 기초로 한다는 통념은 현재 상업은행에서 대출이 일어나는 과정과 크게 상관이 없다. 예금이 아니라면 대출의 근거는 무엇인가? 대출은 무(無)에서 창조된다. 이것을 이해하는 것이 현 화폐·통화시스템을 이해하기 위한 핵심이다.

결론부터 이야기하면 상업은행은 예금을 근거로 대출을 하는 것이 아니고 대출 신청(수요)만 있으면 대출이 가능하다. 이는 상업은행이 무에서 화폐를 창조하고 대출하는 것과 다름없다. 대출은 통화량 증가로 이어지니 상업은행 대출은 화폐창조 또는 신용창조와 동어반복이다. 물론 상업은행은 형식상 대출 전 신청인의 담보나 신용을 평가하는 절차를 거친다. 그렇더라도 대출을 위해 예금이 전제되지 않는다는 사실은 바뀌지 않는다. 이론적으로 상업은행은 담보 없이도 신용도가 낮아도 얼마든지 대출이 가능하다.

그렇다면 현 화폐·통화시스템에서 대출이 일어나는 과정을 살펴보자. A가 B은행에서 대출을 신청하면 B은행은 A의 신용도와 담보 등을 평가하여 대출 실행 여부를 결정한다. 대출 시 B은행은 대출을 위한 예금이 있는지 없는지 확인하지 않는다. 대출이 결정되기만 하면 B은행은 A에게 예금계좌를 개설해 주고 이 예금계좌에 대출금을 입금한다. B은행의 대출은 예금을 전제로 일어나지 않고 오히려 그 반대이다. 예금은 대출의 전제조건이 아니다. 오히려 대출이 예금이 된다. 이 과정이 반복, 집적되면서 화폐가 창조된다. 실제로 통화량 통계를 보면 통화량은 예금의 합계로 산출된다. 통화량은 대출의 합계임을 기억해야 한다.

대출이 실행되면 A는 채무자, B은행은 채권자라는 권리·의무 관계가 형성된다. 동시에 A는 예금의 주인인 채권자, B은행은 예금을 지급해야 하는 채무자가 된다. 상업은행과 대출자 간 이중적인 채권·채무 관계가 형성된다. 그런데 여기서 한 가지 짚고 가야 할 부분이 있다. 대출금은 현금으로 지급되지 않고 대신 B은행에 개설된 A 예금계좌(장부)에 숫자로 기록된다는 점이다.

다시 말해 대출(화폐창조)을 위해 실물화폐(지폐)가 발행되는 것이 아니라 대출금액이 B은행 서버에 디지털화된 숫자(데이터)로 저장된다. 이 과정을 정리하면 대출은 'A의 대출 신청 → B은행의 대출 심사 → 대출실행 결정 → 예금계좌 개설 → 예금계좌에 대출금 입금 → 예금 증가 → 통화량 증가'의 순서로 진행된다. A의 대출은 그와 동시에 B은행의 예금이 된다. 예금이 대출만큼 무에서 창조된다. 따라서 M1, M2 등 통화량은 증가한다.

참고로 한국은행의 통화량 지표는 M0, M1, M2, Lf, L 등으로 분류

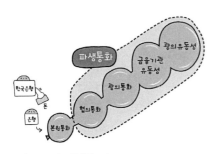

그림으로 보는 통화량 지표

된다. 먼저 M0는 본원통화로 중앙은행이 직접 공급한 화폐의 총합을 의미한다. 본원통화는 시장에서 유통되고 있는 현금, 상업은행의 시재금, 지급준비금으로 구성된다. 본원통화는 현 화폐·통화시스템의 신용창조의 기반이기 때문에 고성능통화로 부르기도 한다. 본원통화는 국가가 소멸하지 않는 한 지급과 가치가 완전히 보장되는 중앙은행화폐이다.

　본원통화에 추가로 어떤 종류의 파생통화를 포함하느냐에 따라 통화량 범위가 달라진다. M1은 협의통화로 본원통화에 언제든지 인출 가능한 예금(요구불 예금)이 더해진 통화량이다. M2는 광의통화로 M1에 유동성이 다소 떨어지는 2년 미만의 예·적금, 금융채 등을 더한 것이다. 보통 M2를 시중에 얼마나 돈이 풀려있는지를 파악하는 유동성 지표로 사용한다. 일반적으로 통화량이라고 하면 M2를 가리킨다.

　Lf는 금융기관 유동성을 의미하는데 이는 말 그대로 금융기관의 유동성을 모두 포함한다. M2에는 포함되지 않았던 2년 이상의 장기금융상품, 증권금융예수금 등이 Lf에 포함된다. 마지막으로 L은 광의유동성을 의미하는데 한 나라의 경제가 보유하고 있는 전체 유동성을 뜻한다. L은 Lf에 정부, 기업 등이 발행한 국공채, 회사채 등 시장금융상품까지 더한 통화량이다.

　이렇듯 실제 대출의 실행은 예금 → 대출의 인과관계가 아니라 오히려 그 반대인 대출 → 예금의 인과관계를 통해 발생한다. 예금이 아무리 많아도 대출수요가 없다면 이러한 과정은 일어나지 않는다. 다시 말해 화폐창조는 일어나지 않는다. 반대로 예금이 없어도 대출수요만 있다면 화폐는 창조된다. 이것이 현실에서 일어나는 화폐창조 과정이다. 이 과정은 정보통신기술 덕분에 신속하고 거의 비용 없이 가능하다. 화폐창조를 위해 필요한 것은 대출 신청, 대출 심사, 예금계좌 개설, 그리고 대출금 입금을 위한 키보드 작업 등 약간의 노동과 시간이다. 이런 신속하고 단순한 작업을 통해 대출, 즉 화폐창조는 얼마든지 가능하다.

대출액은 1백만 원이 될 수도 있고 1천만 원이 될 수도 있고 1억 원이 될 수도 있다. 심지어 1조 원 아니 그 이상의 금액도 가능하다. 은행 직원이 대출액에 해당하는 숫자만 정확하게 입력, 저장하면 그만이다. 단순한 키보드 작업으로 얼마든지 화폐창조가 가능하다. 말 그대로 無(허공)에서 有(화폐)가 창조되는 것이다. 신은 말씀으로 무에서 천지를 창조하였지만 은행은 컴퓨터 키보드로 무에서 화폐를 창조한다.

그렇다면 상업은행은 도대체 무슨 권한으로 이렇게 무에서 유를 창조하듯이 화폐를 창조할 수 있을까? 그것은 다름 아닌 중앙은행의 발권력(화폐창조 권한)이다. 법적으로는 중앙은행만이 발권력을 독점하지만 상업은행이 이를 대행한다고 할 수 있다. 한국은행법 제47조(화폐의 발행)에서 "화폐의 발행권은 한국은행만이 가진다"라고 규정하고 있다.

이에 더해 중앙은행은 은행의 은행으로 상업은행 화폐창조가 제약 없이 가능하도록 최종대부자의 역할을 한다. 동 법 제65.1조(금융기관에 대한 긴급여신)에서 "자금 조달 및 운용의 불균형 등으로 유동성이 악화된 금융기관에 긴급히 여신을 하는 경우 한국은행은 위원 4명 이상의 찬성으로 금융기관에 대한 긴급여신을 할 수 있다"라고 규정하고 있다. 여기서 말하는 금융기관은 제1금융권의 상업은행을 의미한다.

한국은행은 금융안정을 위해 상업은행 외에도 여신업체, 증권사,

보험사 등의 제2금융권 영리기업에도 최종대부자 기능을 확장할 수 있다. 예를 들어 동법 제80.1조(영리기업에 대한 여신)에서 "금융기관의 신용공여(信用供與)가 크게 위축되는 등 금융기관으로부터의 자금 조달에 중대한 애로가 발생하거나 발생할 가능성이 높은 경우 한국은행은 제79조에도 불구하고, 위원 4명 이상의 찬성으로 금융기관이 아닌 자로서 금융업을 하는 자 등 영리기업에 여신할 수 있다"라고 규정하고 있다.

이렇게 현재는 중앙은행의 본위화폐가 금의 역할을 대신한다. 금은 창조할 수 없지만 중앙은행화폐는 필요한 경우 얼마든지 창조할 수 있다. 한국은행법 제48조(한국은행권의 통용)에서 "한국은행이 발행한 한국은행권은 법화(法貨)로서 모든 거래에 무제한 통용된다"라고 규정하고 있다. 중앙은행은 필요에 따라 본위화폐를 제한 없이 발행할 수 있다. 통화량 개념으로는 이를 본원통화라고 한다.

이렇듯 상업은행 화폐창조는 최종대부자인 중앙은행의 존재로 인해 그 어떤 물리적 제약도 없어졌다. 혹시라도 상업은행이 뱅크런과 같은 유동성 위기를 겪게 되면 중앙은행은 화폐·통화시스템의 안정을 위해 발권력을 동원해 유동성을 지원한다. 중앙은행이 위기 상황에 등장하여 구원투수 역할을 하는 것이다. 다른 일반 기업과 달리 상업은행의 부도나 파산이 거의 없는 것은 이러한 이유에서 기인한다. IMF 외환위기 당시 다수의 상업은행, 금융업체가 파산한 사례도 있지만 이는 상당히 이례적이다.

이 지점에서 생기는 의문은 중앙은행은 어떻게 최종대부자 역할을 할 수 있는가이다. 중앙은행도 당연히 화폐를 창조한다. 상업은행이 창조하는 화폐는 예금자보호법의 한도에서 지급이 보장된다. 우리나라는 원리금 합계 5천만 원까지이다. 최근 금융 불안정성이 높아지면서 예금

보호한도를 높이자는 주장이 대두되고 있다. 이에 반해 중앙은행이 창조하는 화폐는 본원통화로서 그 지급이 100% 완전하게 보장된다. 다 같은 화폐처럼 보이지만 상업은행이 창조하는 상업은행화폐와 중앙은행이 창조하는 중앙은행화폐는 본질적으로 다른 성격을 갖고 있다.

중앙은행 화폐창조는 앞에서 설명한 상업은행이 화폐를 창조하는 메커니즘과는 그 성격이 다르다. 중앙은행 화폐창조는 대출이 아닌 통화정책과 관련된 발권력에 기초한다. 발권력은 중앙은행의 독점적 권한이다. 대부분 국가는 법적으로 중앙은행에 발권력을 부여하고 있다. 예를 들어 우리나라 중앙은행인 한국은행은 발권력을 통해 '한국은행권'이라고 명기된 지폐와 동전을 발행한다. 한국은행권이 시중에 유통되면 본원통화(M0)의 일부인 현금통화가 된다.

이처럼 중앙은행은 통화정책에 따라 발권력을 기초로 중앙은행화폐(본원통화)를 창조한다. 그리고 상업은행은 이러한 중앙은행 발권력에 의존하여 대출이라는 과정을 통해 화폐를 창조한다. 이것이 M1, M2, Lf, L 등과 같은 시중 통화량, 유동성의 규모를 결정한다. 이렇게 '중앙은행의 독립적 화폐창조'와 '상업은행의 의존적 화폐창조'라는 이중 구조가 현 화폐·통화시스템의 핵심이다. 이것이 현 화폐·통화시스템에서 화폐가 창조되고 금융자본주의가 작동하는 메커니즘의 본질이다.

마지막으로 화폐수량이론(quantity theory of money)은 인플레이션은 언제 어디서나 화폐적 현상이라는 프리드먼의 주장을 기초로 한 통화주의 이론이다. 화폐수량이론에 따르면 인플레이션은 실물경제와는 상관없는 화폐적 현상일 뿐이다. 다시 말해 물가는 중앙은행이 발행한 화폐량에 따라 결정된다. 화폐수량이론은 통화주의의 원류로 평가받는 어빙 피셔(Irving Fisher, 1867~1947)가 제시한 아래의 화폐수량방정식

(quantity equation of money)으로 설명할 수 있다.

$$M \times V = P \times Q$$

이 식에서 M(Money)은 통화량, V(Velocity)는 화폐유통속도, P(Price)는 물가, Q(Quantity)는 생산량을 의미한다. 화폐수량방정식은 화폐유통속도(V)와 생산량(Q)은 단기적으로 일정하다고 가정한다. 결국 우변의 V와 좌변의 Q가 일정하다면 물가(P)는 통화량(M)과 정비례 관계가 있다. 프리드먼의 인플레이션은 언제 어디서나 화폐적 현상이라는 명제가 성립한다.

이 식에서 주장하는 바는 단순하고 명료해서 반박 불가인 것처럼 보인다. 하지만 이 방정식은 현실을 왜곡할 수 있는 위험성이 있다. 화폐수량방정식은 방정식이라는 말을 쓰지만 정작 방정식이 아니라 항등식이라고 해야 한다. 방정식은 두 식을 같게 하는 특정 값을 찾는 것이 목적이다. 항등식은 두 식이 항상 같다는 것을 전제로 한다. 화폐수량방정식의 양변은 그 어떤 인과관계가 있는 함수관계가 아니라 사후적으로 같은 것일 뿐이다.

방정식의 변수인 M, V, P, Q 중 V는 일정하다고 가정했으니 이를 제외한 M, P, Q는 상호 간 인과관계나 상관관계가 있는 것이 아니다. 각각의 변수는 고유한 여러 요인으로 인해 정해진다. 예를 들어 통화량(M)은 중앙은행이 결정하는 외부 변수가 아니라 경기의 변동에 따른 대출수요에 비례한다. 중앙은행이 상업은행의 당좌계좌에 지급준비금을 아무리 많이 늘려도 그것이 대출수요 증가로 이어지지 않는다면 무의미하다. 앞에서 보았듯이 상업은행은 대출수요가 있어야지 돈을 빌려줄 수 있고 대출이 늘어나야 통화량이 증가하기 때문이다.

2008년 글로벌 금융위기 이후 연준이 양적완화를 통해 천문학적인 유동성을 상업은행에 공급해 주었다. 이는 상업은행의 지급준비금이 그만큼 증가했다는 것을 의미한다. 하지만 이것이 상업은행의 대출로 이어지지는 않았다. 오히려 물가가 지속해서 하락하는 소위 디플레이션 현상이 계속되었다. 다시 말해 통화량은 중앙은행이 결정하는 외생변수가 아니라 경제의 호황과 불황에 따른 대출수요의 증감에 따라 결정되는 내생변수라고 보는 것이 타당하다.

물가(P)를 결정하는 요인도 단순히 통화량만 있는 것이 아니라 다양한 요인이 영향을 미친다. 예를 들어 2022년 이후 나타난 세계적인 인플레이션은 팬데믹 대응을 위한 대규모 유동성 공급, 확장재정이 영향을 미쳤음은 부정할 수 없다. 하지만 인플레이션은 러·우 전쟁 등 예상치 못한 지정학적 리스크 증가, 석유, 천연가스 에너지와 밀, 옥수수 등 주요 곡물의 공급 부족과 가격 폭등에 영향을 받은 요인도 있다. 또한 글로벌 투기자본의 가수요, 중국의 리오프닝에 따른 에너지 수요 증가, OPEC+ 등 주요 산유국의 증산 회피 등 파생되는 다른 요인에도 영향을 받았다. 단순히 통화량 증가만으로는 인플레이션을 설명할 수 없다.

생산량(Q)을 결정하는 요인들은 기본적으로 생산요소인 노동, 자본, 기술(생산성) 등이다. 생산량은 투자, 생산, 유통, 소비 등 일련의 경제활동에서 발생하는 부가가치의 총합이다. 경제활동이 활발해지면 이에 따른 생산량과 부가가치는 증가한다. 예를 들어 저금리에 따른 대출수요 증가는 생산, 소비 활동의 증가를 의미한다. 대출수요 증가는 통화량 증가로 이어지고 이는 생산량 증가를 가져온다. 대출수요와 통화

양적완화의 설계도인 헬리콥터 머니

량 증가가 생산량 증가를 가져온다면 공급 부족으로 인한 물가 상승은 크지 않을 것이다. 통화량과 물가의 비례성이 기각된다.

이렇게 볼 때 화폐수량방정식은 각 변수가 상호 간에 되는 함수관계라고 할 수 없다. 이 식은 개념적으로 항등식일 뿐이다. 좌변과 우변의 크기는 어떤 경우이든 같다. 화폐유통속도(V)는 항등식을 만족시키기 위해 사후적으로 결정된다. V는 외생적으로 결정되는 것이 아니라 항등식을 만족시키기 위해 내생적으로 결정된다고 보아야 한다.

원래 화폐수량방정식에서 가정하듯이 V가 일정하지 않은 이유가 여기에 있다. V는 일정한 상수로 가정하지만 실제 그 변동 폭이 크다. 이처럼 화폐수량이론은 물가와 통화량의 관계를 단순하면서 명쾌하게 설명하고 있는 것처럼 보이지만 허점이 많은 이론이다. 프리드먼의 주장처럼 물가는 단순히 화폐적 현상이라고 할 수 없다. 물가는 통화량을 포함한 다양한 요인에 의해 결정된다.

통화주의에 의하면 화폐는 실물경제의 베일이다. 물가는 실제를 가리는 베일과 같은 화폐적 현상일 뿐이다. 따라서 경기를 조절하기 위한 인위적인 재정정책이나 통화정책은 무의미하다. 통화량의 변화는 물가에만 영향을 미칠 뿐 실물경제에는 영향을 주지 못하기 때문이다. 결국 통화주의에 따르면 정부 재정정책은 의미가 없다. 중앙은행의 통화정책도 실물경제에 영향을 미치는 것이 아니다. 경제성장에 따른 화폐수요에 조응하는 수준에서 화폐공급을 조절하면 그것만으로 족한 것이다.

예를 들어 경제가 연 3% 성장한다면 중앙은행은 통화량 증가율을 연 3%로 유지하면 된다. 프리드먼이 처음 제시한 '헬리콥터 머니'는 통화정책의 정책적 효과를 강조하는 것이 아니라, 경제위기와 같은 상황에서 적절한 통화량(증가율) 유지를 위한 통화정책이 필요함을 강조하는 것이다. 이를 위해 헬리콥터를 띄워 공중에서 돈을 뿌리기라도 해야 한다는 것이다. 대공황의 발생도 중앙은행의 적절한 화폐공급 실패에 기인한다고 주장한다.

이는 급격한 유동성 감소 등의 위기 시 이를 대처하기 위한 정책의 의미를 갖는다고 할 수 있다. 다시 말해 헬리콥터 머니도 일견 적극적 의미의 통화정책인 것처럼 들리지만 실상은 수동적 의미의 성격을 갖는다. 이러한 통화주의의 화폐인식은 중앙은행 통화정책의 무용성을 주장하면서도 경제위기에는 적절한 통화의 공급도 필요하다고 하는 아이러니한 결론에 이르게 된다.

2008년 글로벌 금융위기와 2020년 코로나 팬데믹 위기가 발생했을 때 연준이 양적완화를 통해 유동성을 공급하는 이론적 기반이 되기도 하였다. 하지만 통화주의는 기본적으로 중앙은행 통화정책의 무용성을 주장한다. 따라서 현 화폐·통화시스템이 작동하는 메커니즘, 중앙은행이 창조하는 중앙은행화폐와 상업은행이 창조하는 상업은행화폐의 관계, 그리고 예금과 대출의 상호성에 대한 이해에는 큰 도움을 주지 못한다.

앞에서 대부자금이론, 통화승수이론, 화폐수량이론의 세 가지 대표적 통화이론을 살펴보았다. 이는 주류경제학에서 받아들여지는 통화이론이다. 하지만 현 화폐·통화시스템에서 일어나는 화폐창조 메커니즘과 통화량 결정 그리고 화폐와 물가와의 관계를 정확하게 설명하는 데 한계를 가지고 있다. 현실에서 일어나는 화폐창조 메커니즘, 화폐와 실물경제의 상호 관계를 적절하게 설명할 수 있는 대안적 화폐이론이 필요하다.

앞의 내용을 요약하면 다음과 같다.

① 상품화폐이론에 근거한 금본위제는 제1차 세계대전과 대공황 이후 폐지되었다. 무역결제를 위한 금태환은 1971년 8월 15일 미국 닉슨 선언 이후 폐지되었다. 이후 달러가 금 대신 세계 본위화폐의 역할을 하는 달러본위제가 시작되었다.

② 닉슨 선언으로 자본주의는 금으로부터 해방되어 명실상부한 불태환법정화폐 시대로 들어서게 되었다. 이는 상업은행의 무제한적 화폐창조와 금융자본주의 시대로 진입했음을 의미한다.

③ 대표적인 통화이론인 대부자금이론, 통화승수이론, 화폐수량이론은 예금을 대출의 선행조건으로 설정한다. 현실은 그 반대이다. 대출이 예금에 선행한다.

④ 이들 주류경제학의 통화이론은 현 화폐·통화시스템에서 일어나는 화폐창조 메커니즘, 통화량 결정 그리고 화폐와 물가와의 관계를 정확하게 설명하는 데 한계를 보인다.

⑤ 따라서 현실의 화폐창조 메커니즘과 화폐와 실물경제와의 상호 관계를 적절하게 설명할 수 있는 대안적 화폐이론이 필요하다.

2. 주권화폐 발행 가능성

앞에서 논의한 바와 같이 상업은행은 중앙은행의 발권력을 대신하여 대출이라는 방식으로 화폐를 창조한다. 금융자본주의의 이러한 화폐 창조 메커니즘은 인류 역사상 그 어느 때보다 자본 수요에 대한 즉각적인 반응을 가능케 했고 통화량의 팽창으로 이어졌다. 이는 지속적인 투자, 생산 그리고 소비라는 일련의 연쇄적이고 상호 의존적인 경제활동을 일으켜 현 금융자본주의의 유지와 성장에 핵심적인 역할을 하고 있다. 중앙은행은 상업은행이 주도하는 이러한 대출, 투자, 생산, 소비라는 일련의 자본의 확대 재생산이 유지되고 혹시 모를 위기 상황에서도 멈추지 않고 지속 가능하도록 최종대부자의 역할을 한다. 따라서 중앙은행과 상업은행의 기능과 역할은 기본적으로 자본주의 유지와 경제성장이라는 거시적 차원의 공공성을 전제로 이루어져야 한다.

불행하게도 이러한 화폐창조 메커니즘이 갖는 공공성은 자본의 효율성과 이윤의 논리 앞에서 무시되거나 오히려 약화되었다. 인류가 유사 이래 수많은 시행착오를 거치면서 만들어온 최고의 발명품인 화폐와 그 창조과정이 일부 계층의 사적 이익을 위한 수단으로 전락하였다. 예를 들어 대출의 기회는 국민 모두에게 동등하게 주어지지 않는다. 대출을 위한 금융접근권은 담보력과 신용도가 높은 고소득층, 자산가, 대기업 등의 일부 집단, 계층에게 집중되거나 독점적으로 부여되는 경우가 많다. 중산층 이하 서민을 비롯한 사회경제적 약자는 금융접근권에서 소외된다. 대출이 가능하더라도 고리대금 등 열악한 조건의 대출에 한정되는 것이 현실이다.

금융에 대한 접근은 마치 일부 계층이나 소수에게 주어지는 특혜와 같이 이루어지는 경우가 일반적이다. 상업은행 대출에 따른 현대판 시뇨리지는 대기업, 중소기업, 사회적 신분, 소득, 고용 형태 등에 따라 비대칭적으로 분배된다. 특히 문제가 되는 것은 대출의 상당 부분이 부가가치가 창출되는 생산적 분야에 투입되지 않고 제로섬 게임의 성격이 강한 부동산, 주식 등의 자산시장으로 유입된다는 점이다.

자산시장 팽창과 이에 따른 자산소득 증가는 다시 대출과 재투자를 통해 금융자본의 확대 재생산으로 이어진다. 이는 자산소득의 양극화를 심화시킨다. 특히 아파트 등 부동산 가격 인상은 임대료 등의 인상을 가져와 자산 인플레이션을 일으킨다. 이는 여기서 그치는 것이 아니다. 사회적 비용의 증가는 경제적 역동성을 제약하는 부작용을 초래한다.

반대로 자산시장의 팽창은 금융접근권에서 혜택을 받는 일부 계층에게는 일확천금의 기회가 된다. 그것도 똑같은 것은 아니다. 자산시장의 수축 국면에 뒤늦게 진입하는 경우 자산가치 폭락으로 큰 손해를 입게 된다. 대자본은 자산시장의 팽창 국면에 발 빠르게 진입, 자산을 저렴한 가격으로 매입한다. 이후 자산시장의 수축 국면 직전에 자산을 매각하여 현금을 확보함으로써 부를 획득하게 된다. 당연히 실현된 현금의 규모는 투자를 위해 상업은행으로부터 대출한 부채를 상쇄하고도 남을 만큼 크다.

이것이 금융자본이 누리는 현대판 시뇨리지의 대표적인 사례이다. 이에 비해 일반 투자자와 개인은 자산시장의 팽창 국면의 마지막에 들어와 자산을 비싸게 매입한다. 이후 자산가치가 폭락하는 수축 국면에서 부채를 감당하지 못해 결국 싸게 매각할 수밖에 없게 된다. 이 경우는 상업은행으로부터 대출한 부채가 자산 매각 대금보다 많아 투자자에게는 부채만이 남게 된다. 투자자는 이제 부채의 노예로 살아갈 수밖에 없다. 벼락거지가 싫어 자산시장에 뛰어들었다가 정말 거지가 된다.

이런 상황이 개선되지 않으면 현대판 시뇨리지의 획득을 위해 화폐의 흐름은 왜곡될 수밖에 없다. 화폐는 실물경제의 생산적 부문에 투입되지 않고 부동산, 주식, 채권, 가상자산 등 자산시장으로 대거 투입되게 된다. 이것이 카지노자본주의의 본질이다. 비탄력적인 공급 특성을 보이는 자산시장으로의 화폐 쏠림은 결국 자산시장의 급격하고 발작적인 팽창과 수축(boom and bust)을 가져온다. 과거 경험한 대부분의 은행위기, 금융위기, 경제위기는 이러한 화폐(유동성)의 자산시장으로의 급격한 유입과 유출, 자산가치 폭등과 폭락, 유동성 고갈에 따른 화폐·통화시스템 마비, 그리고 이어지는 실물경제 붕괴로 인해 발생하였다.

공공성이 담보되지 못한 중앙은행과 상업은행의 화폐창조와 이에 따르는 현대판 시뇨리지의 불균형적, 비대칭적 배분은 자산시장 거품과 부의 양극화 현상을 극단적으로 심화시킨다. 정규직, 비정규직 등 노동 간 소득격차도 양극화의 요인이지만 자산가치 팽창과 수축은 이를 훨씬 넘어서는 자산소득 격차를 불러온다. 이것이 현재 자산을 둘러싼 위화감, 빈익빈 부익부 현상이 심화하는 배경이다. 이렇게 공공성이 배제된 중앙은행과 상업은행의 화폐창조, 여기서 파생되는 현대판 시뇨리지의 사유화, 독점화는 현 금융자본주의의 모순을 심화시킨다.

누구든 금융접근권에서 소외되어 자산가치 상승의 혜택에서 원천적으로 배제된다면 공정성에 문제가 생기고 그 박탈감과 위화감은 더욱 커질 수밖에 없다. 대출에 성공했더라도 뒤늦게 자산시장에 뛰어든 투자자는 자산가치 급락으로 대출 기회에서 탈락한 경우보다 더 큰 손해를 입을 가능성도 있다. 소위 벼락부자, 벼락거지라는 말이 유행하는 이유이다.

코로나 팬데믹 이후 초저금리 기조 속에 아파트 등 부동산 가격이 폭등하면서 영혼까지 끌어 모아 집을 산다는 소위 빚투와 영끌(panic buying)이 유행하였다. 하지만 2022년 이후 급격한 금리인상으로 아파트 등 부동산 가격이 급락하면서 하우스푸어가 되는 경우가 비일비재하게 발생하고 있다. 금융자본주의의 최종 승자는 경기가 침체에서 회복으로 전환되는 시기에 상업은행 대출, 즉 금융접근권이 허용된 일부 자산가나 투자자이다. 이들은 자산투자를 위한 여러 가지 필요한 정보 획득에서도 월등히 유리하다.

이들은 상업은행으로부터의 저리의 대출을 받아 자산시장에 투자하고 이를 통해 현대판 시뇨리지를 극대화한다. 자산시장의 확장 국면 속에서 자산가치는 급증하게 된다. 이렇게 금융자본주의에서는 경기확장과 수축 과정에서 화폐창조와 현대판 시뇨리지를 통해 돈이 돈을 낳는, 있는 자는 더 있게 되고 없는 자는 더 없게 되는, 벼락부자와 벼락거지가 생겨나는 요지경 상황이 반복된다. 금융자본주의라고 말은 하지만 실상은 금융정글주의라고 해도 과언이 아닐 것이다.

이는 금융의 발작적 팽창과 수축이 세계경제와 긴밀하게 연결될수록, 즉 금융시장이 통합되고 사회경제적 자원 이동이 자유로워질수록 강화되고 동조화된다. 인터넷 등 정보통신기술의 발달에 따라 천문학적인 대단위, 대규모 자본이 빛의 속도로 국경을 넘어 이동할 수 있게 되었다. 이에 따른 불확실성과 부작용도 커질 수밖에 없다. 1980년대 이후 신자유주의가 강제하는 세계화, 시장개방, 자본자유화는 선진국, 개도국을 불문하고 금융시장 불안정성이 상시화되고 파괴적인 외환위기, 금융위기, 경제위기를 초래하는 원인이 되었다.

예를 들어 1991년 스웨덴, 1992년 영국, 1997년 태국, 인도네시아,

한국 등 동아시아, 1998년 멕시코, 아르헨티나, 러시아, 2008년 미국, 2010년 그리스 등 남유럽 국가, 2015년 중국, 2020년 코로나 팬데믹 위기 등 끊임없는 금융위기, 부채위기, 외환위기, 경제위기가 이어지고 있다. 이렇게 계속되는 위기는 그 원인과 특성이 조금씩 다를 뿐 현 금융자본주의의 화폐·통화시스템이 가지는 구조적 모순이 발현된 것이다. 우리나라 국민에게 지금까지도 깊은 상처와 트라우마로 남아있는 IMF 외환위기도 예외는 아니다.

　IMF 외환위기의 원인에 대해서는 다양한 견해가 있지만 대부분 당시 대기업(재벌)의 과도한 차입, 문어발식 중복 투자, 금융 감독 미비로 인한 경영부실, 빠르게 진행된 시장개방과 자본자유화, 경상수지 적자와 외화유동성 부족 등의 여러 문제점이 누적되어 위기가 발생했다는데 큰 이견이 없다. 이러한 상황이 투기자본의 급격한 유출, 환율방어실패, 외환보유고 고갈로 이어졌고 정부는 국가부도를 막기 위해 결국 구제금융을 받게 되었다는 것이다. 복잡해 보이지만 단순화하면 상환여력을 초과하는 과도한 대출과 세계 본위화폐인 달러 외환보유고의 부족이 위기의 근본적 원인이라고 할 수 있다.

　세계경제는 국제금융시장과 긴밀하게 연결되어 있는데 국제금융시장의 향방은 연준의 통화정책에 따라 결정된다고 해도 과언이 아니다. 행성이 태양을 중심으로 공전하듯이 세계경제와 국제금융시장은 연준의 통화정책을 중심으로 움직인다. 왜냐하면 연준은 단순히 미국의 중앙은행이라는 차원을 넘어 세계경제의 혈액이라고 할 수 있는 달러의 유일무이한 발권 기관이기 때문이다. 연준의 통화정책에 따라 미국 상업은행 화폐창조의 확장 또는 축소가 결정된다. 이는 다시 달러화를 세계 본위화폐로 삼고 있는 국제금융시장에 영향을 준다. 세계경제의 확장과 수축이 결정되는 것이다.

개별 국가의 금융시장과 실물경제는 국내의 특수한 내적 요인과는 별개로 국제금융시장의 외적 요인에 의해 영향을 받을 수밖에 없다. 다시 말해 개별 국가 차원에서는 스스로 힘으로 어떻게 할 수 없는 그러한 거대한 외적 힘과 흐름에 휩싸일 위험이 상존한다. 예를 들어 2008년 글로벌 금융위기 이후 연준의 저금리정책과 양적완화가 상당 기간 지속되면서 한국은행도 10년 이상 초저금리 기조를 유지할 수 있었다. 2008년 금융위기 이전 4% 내외에서 유지되던 기준금리는 위기 이후 2% 내외 수준으로 낮아졌다. 심지어 2020년 초 시작된 코로나 팬데믹 이후에는 사상 최저 수준인 0.5%로 인하되었다. 우리나라에도 제로금리 시대가 도래한 것이다.

만약 한국은행이 연준의 저금리정책과 반대로 금리를 높은 수준으로 유지하거나 인상하였다면 어떻게 되었을까? 양국 간 금리 차이로 인해 외국인 투자자금이 우리나라 금융시장으로 대규모로 유입되었을 가능성이 크다. 외국인 투자자금, 즉 달러 유동성이 대규모로 유입되면 원화에 대한 환전 수요가 높아져서 원화 가치는 상승하고 환율은 하락한다. 환율 하락은 수출경쟁력 약화와 환차손 발생으로 인해 수출기업에는 불리하다. 수출 비중이 큰 우리나라로서는 환영할 만한 일은 아니다. 또한 국내 기준금리 상승은 대출금리 인상으로 이어지기 때문에 경기회복에 부정적인 영향을 준다. 당연히 연준과 상반되는 통화정책은 국내외적인 비판에 직면할 것이다.

이러한 경제적 부작용과 비판을 감수하면서까지 정부나 한국은행이 연준과 상반되는 통화정책을 시행하는 것은 현실적으로 쉽지 않다. 이창용 한국은행 총재가 2023년 언론사와의 인터뷰 중 "한국은행은 정부로부터는 독립했지만 연준으로부터는 그렇지 못하다"라고 발언한 것은 이러한 정황을 잘 설명하고 있다. 연준의 통화정책에 맞추어 한국은행의 통화정책도 결정되는 것이 일반적이고 위험부담도 줄일 수 있다.

그렇다고 해서 한국은행이 연준의 통화정책을 맹목적으로 좇아가는 것이 국가경제와 국민 다수에게 이익이 되는 것이 아니다. 2008년 글로벌 금융위기 이후, 특히 2020년 이후 한국은행의 초저금리 통화정책은 결국 버블, 빚투, 영끌, 갭투자, 전세 사기, 역전세, 깡통아파트, PF(Project Financing)대출 부실 등과 같은 적지 않은 논란과 문제를 불러왔다. 부작용이 너무 큰 것이다.

그렇다면 우리나라가 야수가 곳곳에 도사리고 있는 정글과 같은 국제금융시장에서 살아남기 위해서 어떻게 해야 할까? 예상치 못한 위기에 대비하기 위해서는 무엇보다도 세계경제와 국제금융의 본위화폐 역할을 하는 미국 달러화의 충분한 확보가 필수적일 수밖에 없다. 즉 외환보유고의 확충이 필요하다. 외환보유고야말로 확실한 보험이자 완충장치이다. 이는 기업도 예외는 아니다.

정부와 기업 모두 안정적인 외화유동성, 특히 달러유동성을 확보해야 한다. 달러 확보를 위해서 수출의 중요성은 아무리 강조해도 과언이 아니다. 달러의 원화 환전을 통한 화폐창조(통화량 증가)는 부채를 동반하지 않기 때문에 국가 차원에서는 채무로부터 해방된 '자유화폐'가 창조되는 것과 같다. 자유화폐에 상응하는 재정을 활용하여 상업은행이 주도하는 과도한 화폐창조와 현대판 시뇨리지의 독점과 불공정성을 완화할 수 있다.

이러한 노력은 궁극적으로 금융의 공공성 강화와도 연결된다. 국민 다수에게 공정하고 보편적인 금융접근권을 보장하여 생산적 경제활동에 필요한 자금을 융통하는 데 어려움이 없도록 해야 한다. 동시에 국가 전략 차원에서는 다양한 사회서비스 제공과 신성장산업 부문을 지원하기 위한 선도적인 재정지출이 필요하다. 이러한 재정지출은 미래를 위한 투자의 개념으로 인식할 필요가 있다. 물론 무분별하고 통제받지 않는 재정지출은 불가하고 지속 가능하지도 않다. 이는 앞에서도 이야기했지만 세계 본위화폐인 달러 유동성의 충분한 확보를 전제로 이루어져야 한다.

재정정책을 통한 국가의 투자는 비용이나 낭비가 아니다. 국가의 재정지출은 일반 가계의 경제생활과 같이 소득의 크기에 따라 지출이 제약되는 선수입, 후지출의 순서가 아니다. 필요한 재정지출(세출)이 우선되고 이를 뒷받침하기 위한 재정수입(세입)은 이후에 이루어져야 한다. 재정수입은 세금을 통한 조세수입 그리고 조세수입만으로 재정지출에 필요한 재원을 충당하지 못하는 경우 국채 발행을 통해 재원 조달이 가능하다.

중앙은행의 단기 대출도 가능하지만 이는 일반적이지 않고 한도도 제한되어 있다. 예를 들어 윤석열 정부가 한은 차입을 대규모로 늘리고 있는 것은 국채를 발행하지 않으면서 세수 부족을 해결하기 위한 것이다. 이는 현 화폐·통화시스템에서는 이례적인 일이다. 윤석열 정부가 의도하지는 않았겠지만 중앙은행의 발권력을 동원하는 국가주도 화폐창조의 일단을 보여주는 아이러니한 상황이다.

국채 발행은 곧 국가부채 증가를 의미한다. 부채라는 부정적 이미지에 잡혀서 국가부채가 늘면 미래세대 부담이 커지고 낭비가 심해진다고 주장하고 국채 발행에 대해 부정적인 경우가 많다. 국가부채는 미래세대에 전가되는 빚이기 때문에 정부 세출은 정해진 세입 내에서 집행되어야 한다고 주장한다. 균형재정, 건전재정이라는 용어는 마치 이러한 재정 집행이 바람직한 것이라고 오해하게 된다. 이러한 주장은 재정의 미래지향적인 공적 투자의 중요성을 간과하는 단선적인 주장이다. 야경국가, 작은 정부를 주장하는 신자유주의 경제이론의 논리이다.

그리고 이는 국가 재정을 기업 또는 가계와 같은 것으로 해석하는 데에서 기인하는 착각이기도 하다. 국가의 재정은 기업 또는 가계의 재정과 동일선상에서 간주할 수 없다. 기업과 가계는 빚을 갚지 못하면 파산하지만 국가는 영속적으로 존재하며 빚(적어도 국내부채)을 갚지 못할 일은 없기 때문이다. 빚은 차환하면 그만이다. 문제는 복지 확대와 미래의 성장 동력을 위한 전략적이고 지속적인 재정투입, 투자에 대한 국가적 의지와 전략의 존재 여부이다.

재정은 국가의 미래를 대비한 투자의 성격이 강하다. 기업은 미래의 불확실성이 큰 사업에 투자하는 것이 쉽지 않다. 특히 대규모의 재원과 자원이 투입되어야 하는 투자의 경우 더욱 그렇다. 이에 비해 국가는 공권력을 통해 재원을 확보하고 이를 활용하여 과감하게 투자를 추진할 수 있다. 이에 필요한 재원은 우선 세수를 통해 확보할 수 있다. 이것만으로 부족하다면 국채 발행도 가능하다. 만기가 돌아오는 부채는 차환하면 큰 문제가 없다.

따라서 국채 발행은 미래세대에 빚을 전가하는 것이라 할 수 없다. 오히려 높은 부가가치를 창출할 수 있는 미래 신성장산업 육성을 통해 지속 가능한 소득원을 발굴할 수 있다. 현세대뿐만 아니라 미래세대에도 그 혜택이 돌아갈 수 있도록 높은 수준의 선진화된 경제를 구축하는 것이다. 국가의 재정지출은 단순히 부채가 아니라 미래세대를 위한 투자이다.

　미래세대는 이를 기초로 다시 새로운 투자를 과감히 시도할 것이다. 현재 선진국의 발전 궤적을 살펴보면 이러한 과정을 밟아왔다는 것을 알 수 있다. 수 세기를 걸쳐 이루어진 국가의 투자가 현세대가 그 경제적 수혜를 누릴 수 있는 원천이 되었다. 미래세대에 빚을 전가한다는 단순한 이유로 국가가 투자를 소홀히 한다면 미래세대는 빚이 없을 수 있겠지만(없다고도 장담할 수 없다) 아무런 성장 동력도 사회경제적 자산도 없는 각자도생의 삭막한 현실을 마주할 수밖에 없을 것이다.

　국채 발행을 통한 재원은 일반적으로는 상업은행, 투자회사 등 민간 금융사들이 수요자로 참여하는 유통시장에서 국채 매각을 통해 가능하다. 국채를 유통시장에서 매각하는 경우 시장 상황에 맞추어 만기, 이자율 등 발행 조건을 조정해야 하는 제약이 존재한다. 이에 비해 한국은행이 발권력을 활용하여 발행한 국채를 직접 인수하는 방안도 고려할 수 있다.

　한국은행법 제75.2조(대정부 여신 등)에서는 "① 한국은행은 정부에 대하여 당좌대출 또는 그 밖의 형식의 여신을 할 수 있으며 정부로부터 국채를 직접 인수할 수 있다. ② 제1항에 따른 여신과 직접 인수한 국채의 총액은 금융기관과 일반에 대하여 정부가 부담하는 모든 채무를 합하여 국회가 의결한 기채(起債) 한도를 초과할 수 없다. ③ 제1항에 따른 여신에 대한 이율이나 그 밖의 조건은 금융통화위원회가 정한다"라고 규정하고 있다. 이는 한국은행이 발행시장(1차 시장)에서 국채 매입자로 직접 인수하는 방식이다. 이 경우 정부가 한국은행과의 협의를 거쳐 신속하게 대규모의 국채 발행이 가능하다.

　미국은 2020년 예상치 못한 코로나 팬데믹의 발생 이후 경제 붕괴

(단위: 억달러)

2조 2,000

83

1,000

4,840

9,000

1차(3월)　　2차(3월)　　　3차(3월)　　4차(3월)　　5차(논의중)

미국의 코로나 부양책

를 막기 위해 정부가 발행한 약 4조 달러 규모의 국채를 연준이 사실상 직접 인수하였다. 국채 발행을 통해 확보한 재원을 활용하여 미국 정부는 가계와 자영업자에게 재난지원금을 신속하게 지급할 수 있었다. 최악의 시나리오를 막을 수 있었다. 이처럼 국채를 중앙은행이 직접 인수하는 방식은 필요에 따라 얼마든지 가능한 것이다.

이것을 '부채의 화폐화' 또는 '재정정책과 통화정책의 통합'이라고 한다. 정부와 중앙은행은 엄밀하게는 별개의 독립된 기관이다. 따라서 이는 정부가 중앙은행으로부터 국채를 담보로 돈을 차입하는 것이다. 범위를 넓혀 정부와 중앙은행을 국가의 공공정책을 시행하는 포괄적인 하나의 단위로 본다면 이야기는 달라진다. 국가가 재원이 필요할 때 스스로 그 필요한 만큼 화폐를 발행해서 사용하는 것과 크게 다르지 않은 것이다. 이처럼 정부가 발행한 국채를 중앙은행이 직접 인수하는 방식은 재정정책과 통화정책이 통합되는 것이다. 정부의 부채가 곧 화폐가 된다.

물론 이러한 부채의 화폐화는 사실상 국가가 화폐를 임의로 찍어내는 것과 다르지 않기 때문에 인플레이션 등의 부작용을 가져올 우려가 있다. 화폐를 실물경제의 베일에 불과하다고 주장하는 통화주의나 정부의 시장개입을 터부시하는 신자유주의 입장에서는 부채의 화폐화는 판도라의 상자를 여는 것과 같다. 일본에서는 1990년대 중반 자산 붕괴 이후 일본은행이 국채를 직접 매입하는 부채의 화폐화가 이미 시행되었다. 이는 2010년대 아베 총리의 아베노믹스에 의해 지속되었다. 또한 2008년 글로벌 금융위기와 2020년 코로나 팬데믹 위기 이후 미국에서도 부채의 화폐화가 사실상 실현되었다.

이처럼 기존 금융자본주의에서 금기되어왔던 부채의 화폐화가 미국, 일본 등에서 현실이 된 것은 역사적인 일이 아닐 수 없다. 예상치 못한 경제위기나 장기적인 국가 투자가 필요한 상황에서 부채의 화폐화를 통한 재원확보와 화폐창조는 유의미한 정책 방안이 될 수 있다. 최근 미국, EU, 일본, 중국 등 주요국이 반도체, 이차전지, 친환경에너지 등 미래 신성장산업 육성을 위해 대규모 투자와 지원을 위해 노력하고 있는 것과 무관치 않다. 문제는 이를 위한 재원을 어떻게 마련하느냐이다.

이러한 측면에서 볼 때 부채의 화폐화는 더욱 큰 관심을 끌고 있다. 우리나라도 필요에 따라서는 공공적 성격이 강한 사회서비스 분야나 미래 신성장산업에 대한 지원과 투자를 위해 부채의 화폐화를 고려해 볼 수 있다. 물론 부채의 화폐화는 사회적 합의가 전제되어야 하고 단계적이고 점진적인 시행이 필요하다. 앞에서 언급하였듯이 한국은행이 국채를 직접 인수하는 방법도 있지만 한국은행이 바로 정부에 대출할 수도 있다. 이것은 현행 한국은행법상(제75조) 가능하다.

정부가 재정지출에 필요한 재원이 부족할 경우 한국은행으로부터 단기 대출을 받을 수 있다. 최근 이러한 사례와 차입 규모가 커지고 있는 것은 주목할 만하다. 2020년 정부가 자영업, 소상공인들에 대한 코로나 피해보상금 등 재난지원금 지급을 위해 한국은행으로부터 총 103조 원의 단기 대출을 받은 것이 그 대표적인 사례이다.

2021년 세수 증가로 7.6조 원으로 대폭 줄었던 한은 차입금은 2022년 34.2조 원으로 대폭 증가하였다. 특히 2023년 한 해에만 정부의 한국은행 차입 규모는 117조 원을 넘어선 것으로 나타났다. 국세 수입 부족으로 어려움을 겪고 있는 정부가 일종의 마이너스 통장을 쓴 것이다. 이러한 한국은행 차입도 세입을 우회하는 방안이라는 측면에서 볼 때 부채의 화폐화라고 할 수 있다.

그렇다면 한국은행의 정부 대출은 어떻게 이루어질까? 그 과정도 상업은행의 경우처럼 의외로 간단하다. 한국은행에서 실물로 한국은행권을 발행하여 그것을 정부에 주는 것으로 생각할 수 있는데 실제로는 그렇지 않다. 한국은행 담당 직원이 한국은행에 개설된 정부계좌(국고계좌)에 대출액을 키보드로 입력한다. 그 대출정보가 디지털화되어 한국은행 서버에 저장되는 것으로 끝난다. 간단한 키보드 작업으로 수십조 원의 손실보상금 등을 위한 정부 대출금이 만들어진다니 실감이 가지 않을 수 있다. 이는 엄연한 사실이다. 대출금은 만기가 되면 정부가 한국은행에 갚아야 한다. 이것도 정부계좌에서 대출 원금과 이자에 해당하는 금액을 차감하면 된다. 단순한 작업으로 끝나게 된다. 이렇듯 천문학적인 규모의 화폐창조와 소멸은 단순한 키보드 작업으로 이루어진다.

국채 발행의 경우도 마찬가지이다. 한국은행은 정부가 발행한 국채를 발행시장에서 직접 인수(이것도 실물이 아니라 전자적 방식으로)한다. 그 대금을 한국은행에 개설된 정부계좌에 입금 처리하면 된다. 예를 들어 정부가 1조 원의 재원을 마련하기 위해 국채를 발행하고 한국은행이 그 국채를 매입한다고 하자. 한국은행 담당 직원은 국고계좌에 1,000,000,000,000, 즉 1은 한번 0은 12번을 입력하면 된다. 1조 원의 돈이 만들어지는 데는 몇 분도 아니고 단 몇 초면 가능하다. 이제 정부는 입금된 1조 원의 국채 매입 대금을 재원으로 국가가 필요로 하는 각종 공공투자와 사업을 진행할 수 있다.

부채의 화폐화는 미국, 일본 등 선진국에서만 가능한 것은 아니다. 예를 들어 인도네시아에서도 코로나 팬데믹 대응을 위한 긴급재원을 마련하기 위해 인도네시아 중앙은행(Bank Indonesia)의 국채 매입이 이루어졌다. 2020년 7월 인도네시아 중앙은행은 국채를 유통시장이 아닌 발행시장에서 직접 매입하였다. 인도네시아 정부의 재정 조달 수요 630억 달러 중 400억 달러를 인도네시아 중앙은행이 직접 부담한 것이다. 이처럼 미국이나 일본만이 아니라 신흥국인 인도네시아에서도 부채의 화폐화는 현실이 되었다. 이로 인한 부작용은 보고되지 않고 있고 오히려 인도네시아 경제는 높은 성장세를 기록하고 있다. 이처럼 부채의 화폐화는 국가적 차원의 의지, 전략의 문제일 뿐이다.

부채의 화폐화 방안은 일반적으로 중앙은행이 발권력을 독점하고 있는 현 금융자본주의에서 현실화가 가능한 시나리오이다. 국가는 국채 매각을 통해서든 중앙은행 차입을 통해서든 중앙은행의 발권력을 활용하여 재정정책에 필요한 재원을 마련할 수 있다. 앞에서 논의했지만 이는 국가부채의 무한한 확장 가능성을 제시한 현대화폐이론과 맥락을 같이 한다. 국채를 중앙은행이 직접 인수하고 이를 활용한 재정정책의 필요성을 주장하는 것이 현대화폐이론이기 때문이다.

신자유주의 등 주류경제학에서는 금기되어왔던 현대화폐이론이 최근 코로나 팬데믹 등의 사회경제적 위기를 극복하기 위한 실질적인 방안으로 새롭게 평가되는 이유이다. 2008년 이후 미국, 일본, EU 등 주요 선진국에서 시행된 양적완화는 중앙은행이 상업은행, 투자은행 등이 가지고 있는 국채, MBS(부동산담보부증권) 등의 금융자산을 매입하는 것이었다. 중앙은행이 정부를 대신하여 시장에 유동성을 공급하는 방식이라는 측면에서 현대화폐이론의 서곡이라고 할 수 있다.

그런데 이 대목에서 생각해 볼 수 있는 것은 현대화폐이론도 중앙은행의 독점적 발권력에 대해 별다른 문제를 제기하지 않는다는 점이다. 왜 중앙은행만이 발권력을 독점하고 있고 정부는 재정 집행을 위한 재원 조달을 위해 중앙은행으로부터 국채 매각이든 차입이든 손을 벌려야만 할까? 정부에게 발권력이 부여된다면 굳이 중앙은행 차입, 즉 빚을 지지 않아도 되지 않을까? 현대화폐이론은 이런 질문에 대해 답하지 않는다.

국가가 발권력을 갖는 것은 역사적으로 보면 이상한 일이 아니다. 중앙은행이 탄생한 17세기 이전 봉건제도에서는 왕, 영주 등이 화폐(금화나 은화 등의 주화)를 발행하였고 발권력(주조권)을 독점했다. 당시는 왕, 봉건영주가 국가의 역할을 했다는 의미에서 국가가 발권력을 독점한 것과 다름없다. 이처럼 국가가 독점했던 발권력과 화폐·통화제도는 18세기 이후 시민혁명과 산업혁명을 거치면서 신흥 부르주아 유산계급(자본계급)을 중심으로 재구성되었다. 민간 산업자본, 금융자본의 이익을 대변하는 상업은행과 그리고 상업은행의 이해를 대변하는 중앙은행으로 이전되었다.

시민혁명과 산업혁명을 통해 발권력 독점에 성공한 신흥 부르주아 계급은 봉건제도의 왕, 영주 중심의 봉건적 제도로부터 이탈하여 새로운 화폐·통화시스템을 구축한 것이다. 화폐발행의 권한은 국가에서 신흥계급인 자본가와 금융가에게로 옮겨가게 되었다. 그 정점에 있는 것이 발권력을 독점하는 중앙은행의 설립이었다.

이제 왕(국가)은 더 이상 화폐를 발행할 수 없게 된 것이다. 화폐발행은 자본가와 금융가 등을 중심으로 한 산업자본 그리고 이후에는 금융자본의 이익에 부합하는 방향으로 진행되었다. 이는 자본주의의 확대 재생산과 자본의 이윤에 부합하는 독점적이고 불균형적인 화폐창조가 현 금융자본주의의 본질이면서 동시에 모순임을 의미한다.

이러한 모순을 극복하기 위해서 국가가 단순한 차입자의 지위를 벗어나 국민 다수의 이익에 부응하는 화폐발행(창조)을 위해 발권력을 가져야 한다는 주장이 제기되고 있다. 현재 주권재민의 민주공화정하에서는 민주적 절차를 통해 국민 다수의 이익을 대변하는 국가권력이 형성된다. 국민 다수를 위한 국가의 화폐발행권 복구의 정당성이 인정될 여지가 커진 것이다.

다시 말해 국가가 국민 다수의 이익을 대변하기 위한 복지사업, 인프라, 사회서비스 등의 공급을 위해 중앙은행으로부터 독립된 자체적인 발권력을 활용할 수 있게 하자는 것이다. 이것이 주권화폐이론의 주장이다. 이는 앞에서 논의한 바와 같이 국가가 단순한 차입자의 지위에서 벗어나지 못하는 기존 현대화폐이론보다 국가의 역할을 한 단계 더 나아가게 한다. 이러한 측면에서 주권화폐이론은 가장 진보적이면서 혁신적인 화폐이론이라고 평가할 수 있다.

주권화폐이론은 재정정책의 역할과 그 확장성을 강조한다는 측면에서 현대화폐이론과 동일선상에 있다. 다른 것은 중앙은행에 주어진 발권력을 국가로 다시 돌려줘야 한다는 부분이다. 주류경제학이나 금융자본의 입장에서는 현대화폐이론보다 더 이단아적인 주장이다. 하지만 국가가 화폐발행권을 독점했던 역사적 경험과 금융자본주의의 폐해와 모순 극복을 위한 대안적 방안의 필요성 등을 고려해 볼 때 주권화폐이론은 고려해 볼 만한 가치가 있다.

주권화폐이론에 따르면 중앙은행뿐만 아니라 정부도 발권력을 가져야 한다. 정부는 중앙은행에 국채 매각이나 차입을 통해 재원을 마련할 필요 없이 스스로 화폐를 창조해서 재정정책에 필요한 재원을 마련할 수 있다. 다시 말해 현 금융자본주의의 정부(채무자)와 중앙은행(채권자)의 관계는 근대 이후 시대적 필요와 상황에 따른 제도일 뿐 영원무궁한 금과옥조나 불문율이 아니다. 시대적 필요와 상황이 바뀌면 정부와 중앙은행의 관계도 얼마든지 바뀔 수 있다.

주권화폐이론은 정부가 중앙은행에 국채나 대출과 같은 채무를 지면서 재정정책을 위한 재원을 마련할 필요가 없다는 이야기이다. 앞에서 보았듯이 중앙은행과 상업은행이 발권력과 화폐창조를 독점하는 현 화폐·통화시스템은 현대판 시뇨리지의 독점과 자산 버블, 극단적인 양극화 등 적지 않은 부작용을 초래하고 있다. 이러한 문제를 해결하고 공공선을 추구하기 위해 국가가 발권력을 갖고 부채로부터 자유로운 주권화폐를 발행하자는 것이다.

앞에서도 언급했지만 역사적으로 보면 주권화폐이론의 주장은 이상하고 터무니없거나 전혀 새로운 내용은 아니다. 중세 봉건제하에서는 화폐발행권은 왕, 영주와 같은 지배계급, 특권층이 독점하였다. 17세기 이후에도 중앙은행제도가 완벽히 성립되지 않았던 시기에는 화폐 발행은 여전히 중앙은행이 아닌 국가의 권한이었다.

1694년 영국에서 근대적 의미의 최초의 중앙은행인 영란은행이 설립되면서 이러한 독점 구조는 변화되기 시작하였다. 특히 1844년 영란 은행이 화폐발행권을 독점하고 이후 중앙은행과 상업은행의 이중은행 제도가 형성되면서 화폐발행권은 국가를 떠나 자본의 손에 쥐어지게 되었다.

이는 역설적으로 화폐발행권을 국가가 다시 환수할 수 있음을 반증한다. 역사적 필요와 상황에 따라 국가가 발권력을 독점 내지는 분점 하면서 주권화폐를 발행하는 것이 결코 불가능한 것이 아니다. 이는 역사적으로 유의미하고 기술적, 제도적으로 가능하다. 의지의 문제일 뿐이다.

앞의 내용을 요약하면 다음과 같다.

① 중앙은행과 상업은행의 기능과 역할은 기본적으로 자본주의 유지와 경제성장이라는 거시적 차원의 공공성을 전제로 이루어져야 한다. 이러한 화폐창조 메커니즘이 갖는 공공성은 시장과 자본의 논리 앞에서 약화되었다. 화폐와 화폐창조 과정이 일부 계층을 위한 사적 이익 추구의 수단으로 변질되었다.

② 공공성이 담보되지 못한 중앙은행과 상업은행의 화폐창조와 이에 따르는 현대판 시뇨리지의 불균형적, 비대칭적 배분은 자산 거품과 부의 양극화를 극단적으로 심화시킨다.

③ 이는 1980년대 이후 선진국, 개도국을 불문하고 금융 불안정성이 상시화되고 파국적인 위기를 초래하는 원인이 되었다.

④ 현 화폐·통화시스템이 초래하는 위기와 문제를 해결하기 위해 상업은행 화폐창조로 인한 현대판 시뇨리지의 독점과 불균형적 배분의 해결을 위한 노력이 필요하다.

⑤ 국민 다수의 삶을 위한 재정정책을 위해 현대화폐이론의 부

채의 화폐화, 주권화폐이론의 주권화폐 도입 등을 고려할 수
있다.

⑥ 특히 주권화폐이론은 중앙은행이 독점하고 있는 화폐발행권을
국가(정부)에 부여하자고 주장하고 있다는 점에서 진보적이고
혁신적이다. 이는 역사적으로 유의미하고 기술적으로 제도적으
로 가능하다.

3. 현대판 시뇨리지와 화폐창조이익

위 제4장 1절과 2절에서 현 화폐·통화시스템에서 화폐가 어떻게
창조되는지 그 메커니즘과 주권화폐이론에서 주장하는 국가의 발권력
부여 가능성과 필요성에 대해 살펴보았다. 그런데 화폐가 어떻게 창조
되든 국가가 화폐창조 권한을 갖든 아니든 정작 중요한 것은 그것이 국
민의 삶에 어떤 유익이 되는가이다. 상업은행이 신용(대출)을 통해 화폐
창조를 한다고 해서 그것이 불법인 것은 아니다. 오히려 상업은행의 본
업이라고 해도 틀린 말이 아니다. 누군가 해야 할 일이라면 예금, 대출,
투자 등 금융 업무를 전문가 집단인 상업은행 등 금융자본(금융가)에 맡
기는 것은 자연스럽고 당연해 보인다.

그렇더라도 한 가지 짚고 넘어가야 할 점이 있다. 앞에서 이야기했
듯이 중앙은행을 제외하면 상업은행은 무로부터 화폐를 창조할 수 있
는 유일무이한 권한을 가지고 있는 경제주체이다. 중앙은행도 본원통화
(M0)를 창조하지만 그 규모는 상업은행이 창조하는 통화량(M2)의
3~5%에 불과하다. 예를 들어 2023년 말 기준 M0(본원통화)는 263조
8,475억 원, M2(광의통화)는 3,925조 4,091억 원으로 한국은행이 창조한

화폐(본원통화, M0)는 상업은행이 창조한 화폐(광의통화, M2)의 6.7% 수준이다.

이 비율은 평균적으로 5% 이하이다. 최근 기준금리 인상 등 긴축 통화정책으로 인해 시중 통화량은 감소세인 반면, 한국은행의 정책금융 지원 관련 본원통화 증가로 동 비율이 상승한 것으로 보인다. 이 비율의 역수$\left(\dfrac{M_2}{M_0}\right)$를 통화승수라고 하는데 여기서는 14.9가 된다. 이는 한국은행이 발행한 본원통화의 14.9배의 통화가 시중에 유통되고 있음을 의미한다. 최근 통화승수도 감소하는 추세이다.

상업은행은 다른 기업과 같이 이윤추구를 목표로 하는 영리기업이다. 일반적으로 기업이 생산하는 상품의 가격은 생산비용과 적정이윤의 합으로 결정된다. 생산비용과 적정이윤은 확정되어 있지 않고 경기 사이클 또는 수요변화 등 시장 상황에 따라 변동된다. 따라서 상품의 가격도 변동된다. 이에 비해 상업은행 화폐창조에 필요한 비용은 0에 가깝다. 상업은행이 만들어내는 화폐 가격은 가격이 변동되는 다른 상품과 달리 화폐의 명목 가액 그대로 결정된다. 예를 들어 5만 원권 지폐는 5만 원의 가치가 그대로 인정된다. 대신 상업은행 화폐창조에 들어가는 비용은 인건비, 간접비 등을 제외하면 무시할 수 있을 만큼 작다.

상업은행은 비용이 거의 들지 않는 화폐를 창조해서 대출을 제공하고 그 대가인 대출이자로 이윤을 획득한다. 대출은 다시 예금으로 돌아오기 때문에 대출금리와 예금금리의 차이, 소위 예대마진이 상업은행의 주요 수익원이 되는 것이다. 이것이 현 화폐·통화시스템에서 상업은행이 획득하는 현대판 시뇨리지의 일부이다. 상업은행이 중세적 의미의 시뇨리지를 획득하는 것은 아니다. 왕과 영주가 발행한 주화는 순전히 그들의 자산이 되었다. 상업은행이 창조한 화폐는 자산인 동시에 부채가 된다는 데 차이가 있다.

상업은행은 독점적 화폐창조를 통한 대출이자로 이윤을 획득한다는 측면에서 시뇨리지를 누리는 것이다. 상업은행은 중세의 시뇨리지와는 달리 대출을 통해 변형된 형태의 시뇨리지를 획득한다. 하지만 상업은행이 화폐창조의 독점적 권한과 거의 0에 가까운 비용으로 예대마진을 획득한다는 측면에서 보았을 때 현대판 시뇨리지는 중세의 시뇨리지가 발생하는 메커니즘과 본질적으로 크게 다르지 않다. 시뇨리지의 본질은 화폐창조의 독점적 권한에 있기 때문이다.

이러한 현대판 시뇨리지는 상업은행만이 획득하는 것은 아니다. 금융접근권 측면에서 유리한 금융자본을 비롯한 대출자도 시뇨리지를 누릴 수 있다. 여기서 강조하고자 하는 것은 화폐창조와 이를 통한 시뇨리지를 상업은행뿐만 아닌 일부 금융자본, 자산계층이 독점하는 것이 문제가 된다는 점이다. 공공재 성격이 강한 화폐창조 권한을 상업은행과 금융자본이 독점하고, 현대판 시뇨리지를 상업은행과 금융접근권의 수혜를 입는 일부 금융자본과 계층이 독점하는 것은 공정성, 효율성, 공공성 등의 측면에서 문제를 발생시킨다.

이렇게 볼 때 현대판 시뇨리지는 화폐창조 권한의 독점을 통해 얻게 되는 직간접적인 경제적 이익의 총체라고 할 수 있다. 따라서 현대판 시뇨지리는 화폐창조권한을 가지고 있는 상업은행과 상업은행 대출에 대한 금융접근권을 활용할 수 있는 일부 계층이 대부분 획득한다. 금융자본주의가 고도화될수록 금융자본의 투기적 수요는 높아진다. 이에 필요한 상업은행 대출수요, 화폐창조는 증가한다. 상업은행과 금융자본이 획득하는 시뇨리지도 증가한다. 금융시장의 이익과 손실의 양극화는 심화된다. 이는 부의 양극화로 이어질 수밖에 없다.

현 화폐·통화시스템에서 관행적으로 받아들여지고 당연한 것처럼 보이지만 문제의 심각성을 알게 되면 그냥 지나칠 수 없다. 화폐와 금융의 공공성 강화라는 사회적 요구가 높아질수록 화폐창조와 이와 관련된 현대판 시뇨리지 문제는 치열한 논쟁의 대상이 될 것이다. 왜냐하면 앞에서 보았듯이 시뇨리지는 방식과 주체만 바뀌었을 뿐 지금까지도 사라지지 않고 오히려 더욱 교묘하면서도 강력하게 작동하고 있기 때문이다.

이제 현대판 시뇨리지와 대별되는 개념인 화폐창조이익에 대해 살펴보도록 하자. 화폐창조이익은 상업은행 화폐창조(대출)을 활용하여 획득하는 생산적 이익의 총체를 의미한다. 따라서 화폐창조이익은 정상적인 경영활동 차원에서 본다면 예대마진을 얻는 상업은행뿐만 아니라 대출을 활용해서 경제적 이익을 획득하는 대출자도 그 수혜자가 된다. 대출이 투자, 생산, 유통, 소비 등 정상적이고 생산적인 경제활동을 위해 활용된다면 이는 부가가치의 창출로 이어진다. 화폐창조는 사회 전체적으로 유익하다. 하지만 화폐창조가 생산적인 분야가 아닌 투기적 분야로 과도하게 집중되면 이는 오히려 사회에 해악을 끼친다.

따라서 화폐창조이익은 화폐창조를 통해 만들어진 중앙은행화폐 또는 상업은행화폐가 어디로 흘러가느냐에 따라 늘어날 수도 있고 줄어들 수도 있다. 경제적 이익은 화폐가 생산적 경제활동으로 이어져 발생하는 부가가치 등의 생산적 이익과 부동산, 금융상품의 자산에 대한 투기적 경제활동으로 이어져 발생하는 시세차익 등의 투기적 이익으로 나눌 수 있다. 화폐창조이익은 이 중 전자인 생산적 이익이라고 할 수 있다. 반면 후자인 투기적 이익의 총체가 현대판 시뇨리지이다.

현 화폐·금융시스템의 문제는 생산적 이익인 화폐창조이익보다 투기적 이익인 현대판 시뇨리지가 과도하게 커졌다는 데 있다. 투기적 이익은 금융자본, 자산계층 등 국민 다수가 아닌 일부 계층에게 독점된다는 데 문제가 있다. 더 큰 문제는 위기가 발생할 경우 자산가치의 폭락으로 인한 투기적 이익 급감은 상업은행을 비롯한 금융시스템에 충격을 주고 화폐창조 메커니즘이 중단되어 생산적 분야의 경제활동도 마비되는 상황으로 비화할 수 있다는 데 있다. 따라서 남아있는 과제는 투기적 이익(현대판 시뇨리지)을 어떻게 생산적 이익으로 전환하느냐이다. 그 방안으로 제시되는 것이 국민 다수를 위한 화폐·통화정책으로의 전환을 주장하는 현대화폐이론과 주권화폐론 등의 국가주도 화폐이론이다.

현 화폐·통화시스템에서 상업은행은 가장 대표적이고 핵심적인 금융기관이다. 상업은행만이 화폐창조가 가능하다. 상업은행은 중앙은행과 부분지급제도로 연결되어 있다. 상업은행을 제1금융권이라고 부르는 이유이기도 하다. 금융기관은 자금의 효율적인 중개 기능을 통해 자금의 수요, 공급 간 불일치 문제를 해결하고 공공의 이익을 증진하는 데 그 목적이 있다. 이론적으로 화폐는 무한히 만들어낼 수 있고 누구에게든 대출이 가능하다. 이러한 의미에서 화폐와 화폐창조는 공공재 특성을 갖는다. 상업은행을 공적 의미의 금융기관이라고 부르는 이유가 여기에 있다.

공공재(public goods)는 개인이 배타적으로 소유하는 사적재화(private goods)와 달리 모든 사람이 공동으로 소유하고 이용할 수 있는 재화 또는 서비스이다. 공공재는 비경합성(non-rivalry)과 비배제성(non-excludability)의 두 가지 특성을 갖는다. 비경합성은 그 상품의 소비자가 늘더라도 다른 소비자의 혜택이 줄지 않음을 의미한다. 비배제성은 대가를 지불하지 않아도 소비를 배제할 수 없음을 의미한다.

이러한 공공재의 두 가지 특성에 비추어보면 상업은행 화폐창조는 비용이 거의 들지 않고 무한히 가능하므로 비경합적이다. 다만 이는 원리금 상환을 조건으로 하기 때문에 비배제성을 갖는다고 하기는 어렵다. 따라서 상업은행 화폐창조는 비경합성에서 공공재적 특성이 있다. 상업은행 화폐창조에 대한 국가(공공)의 관리, 감독이 필요한 이유이다. 화폐와 화폐창조가 공공재의 특성을 갖는다면 그 사용과 그에 따른 경제적 이익의 수혜라는 측면도 공공성이 반영되도록 하는 것이 당연하다.

상업은행화폐는 대출의 형식으로 다양한 경제활동에 투입된다. 화폐는 경제적 효용 또는 부가가치를 창조하는 생산적 분야에 투입되어 국민 다수와 공공의 이익에 부응하는 것이 바람직하다. 하지만 상업은행은 화폐가 어디에 투입되는지 크게 관심이 없다. 원리금 상환만 잘되면 그것으로 족하다. 대출은 그 목적과 용처가 무엇이든 대출자의 담보 또는 신용도에 의해 결정되는 것이 대다수이다. 담보가 많고 신용도가 높으면 대출 조건도 그만큼 좋아진다.

예를 들어 부동산 대출을 원하는 모든 사람이 대출을 받을 수 있는 것은 아니다. 신청인의 담보상태, 신용도 등에 따라 대출 여부가 결정된다. 안정적인 주거를 위한 대출은 국민 누구에게나 필요하다. 정작 주거에 필요한 자금은 공평하고 공정하게 주어지지 않는다. 상업은행의 이윤에 부합하느냐가 기준이 된다. 상업은행의 신용평가 기준은 다양하지만 대표적인 것이 대출신청인의 고용 안정성이다.

정규직, 비정규직이냐에 따라 대출 여부, 대출한도가 달라진다. 정규직은 비정규직에 비해 상대적으로 고소득과 안정적인 고용 유지가 가능하다. 따라서 신용도가 높고 그만큼 대출한도도 높다. 고가의 아파트 매입 등 자산투자가 가능하다. 반대로 비정규직은 그렇지 못하다. 출발점은 단순히 대출 가능 여부, 대출한도의 차이만 있지만 아파트 가격이 계속해서 상승한다면 정규직 노동자와 비정규직 노동자의 자산 격차는 갈수록 커질 수밖에 없다.

정규직이라 하더라도 대기업 직원이냐 중소기업 직원이냐에 따라 대출 여부와 한도가 달라진다. 같은 논리로 자산 격차가 진행될 가능성이 크다. 결국 소득이나 사회적 신분에 따른 현대판 시뇨리지의 획득 여부가 자산(부)의 격차를 불러온다. 단순히 정규직, 대기업 직원이 비정규직, 중소기업 직원보다 소득이 높고 고용이 안정적이라는 차이를 넘어 시간이 지날수록 자산 격차, 부의 양극화는 빠르게 진행된다. 각도의 차이로 인한 거리는 처음에는 크게 차이가 없지만 출발점에서 멀어질수록 점점 더 벌어지는 것과 같은 원리이다.

상업은행 화폐창조에 접근할 수 있는 권리를 금융접근권이라고 한다. 금융접근권의 차이가 결국 자산 격차로 이어진다. 상업은행은 무한대로 화폐창조가 가능한 특권을 가졌으면서도 선별적, 차별적으로 대출을 시행한다. 이러한 선별적, 차별적 대출은 다시 금융접근권에 대한 선별과 차별을 가져온다. 고소득, 자산가 등 일부 계층은 대규모 대출과 자산 획득을 통해 현대판 시뇨리지를 누릴 수 있다. 현 금융자본주의의 극단적인 자산(부)의 양극화는 상업은행의 화폐창조 독점과 현대판 시뇨리지의 비대칭적, 불균형적 배분에 기인하는 부분이 크다.

이렇게 상업은행 화폐창조의 목적과 경제적 결과는 그 국가나 사회가 요구하는 공공의 이익에 부합하지 않을 수 있다. 예를 들어 상업은행을 통한 대출이 정작 국가나 사회가 필요한 분야나 생산적인 분야로 투입되지 않고, 오히려 투기성이 강한 자산시장에 투입되는 경우가 적지 않다는 것은 주지의 사실이다. 자산가치의 급격한 상승과 하락은 그 자체로 사행성이 강하다. 효율적인 자원 배분에도 부정적인 영향을 미친다.

이러한 상황의 반복은 화폐창조 메커니즘에 따른 상업은행화폐의 대규모 자산시장 유입, 부채 급증, 자산거품 생성과 붕괴, 금융위기, 경제 붕괴와 같은 일련의 과정을 더욱 강화한다. 현 금융자본주의는 이에 따른 경제위기의 가능성 위에 떠다니고 있다고 해도 과언이 아니다. 예를 들어 2020년 코로나 팬데믹 대응을 위한 초저금리와 양적완화에 따라 대규모 화폐창조가 일어났고 유동성이 자산시장에 유입되었다. 이는 다시 부동산, 주식, 코인 등 자산가치 폭등을 불러왔다. 폭등은 폭락을 불러온다. 상업은행의 과도한 화폐창조와 급격한 유동성 증가는 자산가격 폭등과 빚을 내서 투자하는 빚투를 불러왔다. 현대판 시뇨리지가 극대화되는 상황이 되었다. 일부 금융자본과 자산계층은 큰 이익을 누리게 되었다. 그 이면에서는 자산가치 폭등으로 인한 부의 양극화가 더욱 심화되었다.

특히 상업은행 화폐창조와 유동성 증가는 부동산 투기에 더욱 불을 붙였다. 상업은행으로부터 대규모 부동산 담보 대출이 가능했던 일부 자산가 계층과 부동산, 건설업자들은 이를 이용하였다. 대출을 활용한 레버리지 투자와 아파트, 오피스텔을 비롯한 부동산 매입 경쟁은 부동산 가격 폭등을 가져왔다. 상업은행은 이에 편승하여 대규모 부동산 대출을 통해 유동성을 공급해 주었다. 이는 부동산시장 과열, 부동산가격 급등을 불러왔다. 아파트 가격이 더 올라가기 전에 영혼까지 끌어모아 아파트를 산다는 '영끌', '빚투'라는 신조어가 유행하게 된 것도 이때이다. 이는 상업은행의 통제되지 않은 화폐창조와 무관하지 않다.

이러한 문제는 오늘만의 일도 아니고 우리나라만의 일도 아니다. 심지어 사회주의 국가인 중국도 상업은행 화폐창조와 현대판 시뇨리지의 비대칭적, 불균형적 배분은 심화되었다. 특히 효율과 이윤을 목적으로 모든 것이 숫자로 평가되는 금융자본주의의 속성상 독점적인 상업은행 화폐창조와 이에 따르는 현대판 시뇨리지의 비대칭적, 불균형적 배분은 불가피하다. 금융의 공공성을 획기적으로 강화하는 방향으로 현 화폐·통화시스템을 전면적으로 개혁하지 않는 한 이 문제를 해결하기는 어렵다.

다시 말해 현대판 시뇨리지는 상업은행 화폐창조, 즉 대출을 통해 발생하는 투기적 이익의 총체를 의미한다. 이는 중세의 시뇨리지와 본질적으로 같은 현대판 시뇨리지이다. 현대판 시뇨리지는 대부분 상업은행과 상업은행이 창조한 상업은행화폐를 투자하여 투기적 이익을 얻는 일부 금융자본, 자산계층에게 배분된다. 화폐창조를 통해 생산적 이익이 커지고 이러한 화폐창조이익이 공공의 목적과 국민 다수를 위해 활용될 수 있도록 화폐창조 메커니즘의 개혁이 필요하다.

앞의 내용을 요약하면 다음과 같다.

① 상업은행은 무로부터 화폐를 창조할 수 있는 유일무이한 권한을 가지고 있다. 중앙은행은 본원통화를 창조하지만 그 규모는 상업은행이 창조하는 통화량에 비해 극히 일부에 불과하다.

② 상업은행은 비용이 거의 들지 않는 화폐를 창조하고 그 대가로 예대마진을 획득한다. 이것이 상업은행이 획득하는 현대판 시뇨리지이다.

③ 중세 왕과 영주가 주화주조권을 독점하고 시뇨리지를 획득하였듯이 현대에서는 일부 금융자본, 자산계층이 현대판 시뇨리지

를 획득한다.

④ 공공재의 특성이 있는 화폐창조의 혜택을 상업은행과 금융접근 권에서 유리한 일부 금융자본, 자산계층이 독점하는 것은 공정 성, 효율성, 공공성 등에서 문제를 발생시킨다.

⑤ 상업은행화폐를 활용할 수 있는 권리를 금융접근권이라고 한 다. 금융접근권의 차이가 결국 자산 격차로 이어진다. 상업은 행은 무한대의 화폐창조 권한을 가졌으면서도 선별적, 차별적 으로 대출을 시행한다.

⑥ 금융접근권에 유리한 일부 계층은 대규모 대출과 이를 활용한 자산의 획득을 통해 현대판 시뇨리지를 누린다. 현 금융자본주 의의 부의 양극화는 상업은행의 화폐창조 독점과 현대판 시뇨 리지의 비대칭적, 불균형적 배분에 기인하는 부분이 크다.

⑦ 효율과 이윤을 위해 모든 것이 숫자로 평가되는 금융자본주의 의 속성상 공익에 부합하는 상업은행 화폐창조와 현대판 시뇨 리지는 금융의 공공성을 획기적으로 강화하지 않는 한 어려울 수밖에 없다.

4. 중앙은행 시뇨리지

위 3절에서는 상업은행의 독점적 화폐창조를 통해 상업은행과 일 부 대출자가 획득하는 현대판 시뇨리지, 그리고 이와 대별되는 개념으 로서 화폐창조이익에 대해 살펴보았다. 현대판 시뇨리지는 화폐창조로 발생하는 투기적 이익을 의미한다. 가장 바람직한 시나리오는 화폐창조 를 통한 생산적 이익은 증가하면서 투기적 이익은 줄어드는 것이다. 다시 말해 화폐창조를 통해 생산적 이익인 화폐창조이익은 증가하면서 투기적 이익인 현대판 시뇨리지는 감소하는 방향으로 화폐·통화시스템이 개혁되고 재설계되는 것이다.

이 절에서는 위 상업은행의 시뇨리지에 이어 중앙은행의 시뇨리지에 대해 살펴본다. 중앙은행은 법적으로 유일한 발권기관이다. 중앙은행은 발권력을 활용해 화폐를 창조하기 때문에 그에 따르는 시뇨리지 획득이 가능하다. 중앙은행이 창조하는 화폐는 본위화폐이면서 통화량 개념으로는 본원통화이다. 중앙은행이 창조하는 화폐는 진정화폐이고 상업은행 화폐창조의 원천이 된다. 상업은행이 창조하는 신용화폐를 상업은행화폐라고 한다면 중앙은행이 창조하는 본위화폐는 중앙은행화폐이다. 중앙은행화폐(본위화폐)의 총합인 본원통화를 M0로 표시한다. 이를 기초로 상업은행이 창조하는 상업은행화폐는 시중에 유통되면서 협의통화(M1), 광의통화(M2) 등으로 변환된다.

결국 상업은행 화폐창조는 중앙은행이 창조하는 본위화폐에 근거를 두고 있다. 왜냐하면 중앙은행과 상업은행은 지급준비금제도라는 고리로 연결되어 있기 때문이다. 현 화폐·통화시스템을 이해하기 위해서는 지급준비금제도의 의미를 살펴보아야 한다. 지급준비금은 형식적으로는 상업은행이 중앙은행에 예금의 일정 비율(지급준비율)에 예치하는 것을 의미한다. 실질적으로는 중앙은행의 상업은행 당좌계좌에 예치된 화폐를 의미할 뿐이다. 지급준비금은 중앙은행의 상업은행에 대한 대출금과 공개시장조작(open market operation)을 통한 자산매입 대금을 포함한다.

간단히 말해 지급준비금은 중앙은행에 예치된 상업은행의 예금이다. 이 지급준비금이 중앙은행과 상업은행의 연결고리가 되어 현 화폐·

통화시스템의 토대를 이루고 있다. 지급준비금을 근거로 해서 상업은행 화폐창조 메커니즘이 작동하고 중앙은행과 상업은행의 이중은행시스템이 유지된다. 그리고 3절에서 논의한 것처럼 상업은행은 화폐창조를 통해 예대마진의 형태로 현대판 시뇨리지를 획득하게 된다.

한국은행 전경

중앙은행도 화폐창조를 통해 시뇨리지를 획득한다. 중앙은행은 본위화폐를 창조하여 상업은행에 대출할 수 있다. 국채 등 자산매입을 통한 화폐창조도 가능하다. 당연히 상업은행 대출에 대해서는 대출이자로, 국채 매입에 대해서는 채권 이자로 시뇨리지를 획득한다. 그렇다면 중앙은행의 시뇨리지와 상업은행의 시뇨리지는 무엇이 다른가?

중앙은행은 물가안정, 금융안정, 완전고용과 같은 공공의 목적을 추구한다. 중앙은행은 공적 기관이기 때문에 그 이익(시뇨리지)이 특정 자본이나 개인에게 귀속되지 않는다. 대출이나 채권매입에 따른 이익은 국고로 귀속되어 정부 세입의 일부가 된다. 다시 말해 중앙은행의 시뇨리지는 사적인 이익으로 귀속되지 않고 국고로 귀속되어 공공의 이익을 위해 활용될 수 있는 것이다.

앞의 논의를 종합해 보면 시뇨리지는 화폐창조의 독점적 권한을 본질로 한다. 따라서 현 화폐·통화시스템에서 현대판 시뇨리지는 발권력을 통해 본위화폐를 창조하는 중앙은행과 중앙은행을 대신하여 상업은행화폐를 창조하는 상업은행 그리고 화폐창조의 혜택을 활용하여 투기적 이익을 얻는 일부 금융자본과 자산계층에게 분배된다.

중앙은행은 공적 기관이기 때문에 시뇨리지의 사회로의 환원과 국민 다수를 위한 공익적 활용이 가능하다. 이에 비해 사적(민간) 부문인 상업은행과 대출자의 경우는 시뇨리지의 환수와 그 공익적 활용이 사실상 불가능하다. 여기서 시뇨리지의 사유화 독점화 문제가 제기된다. 예를 들어 2020년 코로나 팬데믹 이후 발생한 자산가치 급등과 부의 양극화 현상은 이러한 시뇨리지의 비대칭적, 불균형적 배분과 무관하지 않다.

저금리와 양적완화로 일부 고신용자와 투자자를 중심으로 대규모 화폐창조가 이루어졌다. 이렇게 창조된 상업은행화폐는 자산시장으로 유입되었다. 팬데믹으로 인한 국경 폐쇄, 글로벌 공급망 붕괴, 대면활동 위축 등 경제위기 가능성이 그 어느 때보다 높았지만 부동산, 주식, 비트코인, 명품 등 자산가격은 폭등하였다. 소위 자산 인플레이션이 발생한 것이다.

헤지펀드 등 국제투기자본은 금융자산뿐만 아니라 에너지, 곡물 등 공급이 비탄력적인 상품을 매집하여 에너지, 곡물 가격의 폭등을 불러왔다. 투기자본은 이러한 가격의 급등락을 이용하여 차액을 실현하고 천문학적인 이익을 획득하였다. 그 이면에서는 에너지, 곡물 등 필수재화의 가격 급등으로 국민 다수는 큰 고통을 겪게 되었다. 소수인 한쪽은 현대판 시뇨리지를 누리는 한편 다수인 다른 한쪽은 화폐창조로 인한 손실과 고통을 입게 된 것이다.

특히 에너지와 곡물을 수입에 의존하는 저개발국(개도국)은 외화유동성이 고갈되고 외국인 투자자금이 이탈하여 국가부도에 직면할 위험에 처했다. 외화유동성이 부족해지면 수입이 어려워진다. 수입이 어려워지면 국내의 정상적인 경제활동이 어려워지고 국민의 삶도 피폐해지게 된다. 적지 않은 개도국에서 국가부도 가능성이 높아졌다. 물가는 폭등하고 실업자가 폭증하였다.

이것이 세계 곳곳에서 나타나고 있는 현 화폐·통화시스템의 모습이다. 전쟁은 대규모 인명의 상실과 생산수단(자본)의 파괴로 경제에 큰 충격을 주게 된다. 위와 같은 경제위기도 무기와 폭력이 사용되지 않았을 뿐이지 대규모 노동력과 자본의 상실이 일어난다는 점에서는 전쟁과 본질적으로 다르지 않다. 현 화폐·통화시스템은 상시 소리 없는 전쟁이 일어나는 체제이다.

영리를 추구하는 상업은행이 화폐창조와 금융접근권 부여에 있어서 이윤에 부합하도록 결정할 것임은 자명하다. 현대판 시뇨리지의 독점과 비대칭적, 불균형적 배분이 자산 양극화, 더 나아가 최근 인플레이션을 초래한 주요한 원인이다. 이렇게 이윤을 목적으로 하는 상업은행의 화폐창조와 현대판 시뇨리지의 사유화, 독점화로 인한 폐해가 적지 않다. 이 문제를 해결하기 위해서는 상업은행의 화폐창조가 공공의 목적과 국민 다수의 복리에 봉사할 수 있도록 현 화폐·통화시스템의 개혁과 변화가 필요하다.

결론적으로 시뇨리지는 중세 봉건사회와 함께 사라진 것이 아니고 그 형태와 특성이 바뀌었을 뿐 현 화폐·통화시스템에서도 여전히 존재하고 있다. 왕과 영주가 누리던 시뇨리지는 현 화폐·통화시스템에서 다른 형태로 부활하여 중앙은행, 상업은행, 금융자본, 자산계층 등으로 배분된다. 이중 중앙은행의 시뇨리지는 공익을 위해 환수될 수 있지만 상업은행, 금융자본의 시뇨리지는 고소득자, 자산가, 투기자본에게 귀속될 가능성이 크다.

금융접근권 측면에서 유리한 일부 고소득층, 자산가, 투자자에게 집중된 화폐창조는 현대판 시뇨리지 획득의 기회를 제공한다. 상업은행은 예대마진으로 그 일부를 획득한다. 이것이 현실이라면 이제 문제는 화폐창조 메커니즘의 개혁과 시뇨리지의 공적 활용 방안이 될 것이다. 가장 쉬우면서 극단적인 방법은 이 화폐창조 메커니즘을 상업은행에서 환수하여 국가(정부)에게 부여하는 것이다. 이를 통해 시뇨리지를 사적 부문인 상업은행, 금융자본, 자산계층이 아니라 공공 부문인 중앙은행 또는 그에 준하는 국가기관이 획득할 수 있도록 하는 것이다. 그 하나의 방안이 국가주도 화폐창조이다.

앞의 내용을 요약하면 다음과 같다.

① 중앙은행은 발권력을 동원하여 화폐창조를 창조하고 시뇨리지를 획득한다. 중앙은행은 상업은행 대출에 대해서는 대출이자로, 국채 등 자산매입에 대해서는 채권 이자로 현대판 시뇨리지를 획득한다.

② 중앙은행은 공공 부문이기 때문에 시뇨리지의 국가로의 환수와 공익적 활용이 가능하다.

③ 이윤을 위한 상업은행의 화폐창조와 부의 양극화, 부채의 급증 등 시뇨리지의 사유화, 독점화로 인한 폐해가 적지 않다. 상업은행 중심의 화폐창조 메커니즘을 개혁할 필요가 있다.

④ 이의 해결 방안으로 화폐창조의 경제적 이익이 국민과 공공으로 향할 수 있도록 화폐·통화시스템을 개혁하는 것이다. 그 하나의 방안이 국가주도 화폐창조이다.

5. 화폐와 경제성장

이 절에서는 화폐가 채권·채무 관계의 청산을 위한 최종적 수단이라는 정의를 넘어 화폐와 경제의 특수한 관계에 대해 분석하고자 한다. 이는 자본주의를 살아가기 위해 단순히 화폐가 무엇인지를 고민하는 것보다 더 중요한 작업이다. 자본주의 이전 사회에서는 자본의 확대 재생산 메커니즘이 작동하지 않았다. 화폐공급도 경제 내의 화폐수요에 적절히 조응하지 못했기 때문에 화폐공급이 독립변수로서 경제에 유의미한 영향을 미치기는 어려웠다. 다시 말해 화폐는 경제성장을 추동하는 독립변수가 아니라 경제성장의 결과물일 뿐이었다.

그만큼 화폐는 경제성장을 위한 역할에 제한이 있었고 경제성장, 삶의 질 향상을 위한 정책적 수단으로 활용되지 못하였다. 이러한 화폐에 대한 부정적 인식은 현재의 주류경제학에도 그대로 이어지고 있다. 화폐는 경제활동의 종속변수(결과)가 아니다. 화폐는 경제에 영향을 미치는 독립변수(원인) 내지는 상호영향을 주고받는 변수이다. 그렇다면 경제가 좀 더 나은 방향으로 갈 수 있도록 화폐를 적극 활용할 수 있는 방안을 모색할 필요가 있지 않을까?

자본주의가 발전하면서 화폐는 자본의 확대 재생산(자기 증식), 경제성장, 국민의 생활수준 향상에 중요한 역할을 하게 되었다. 자본주의 경제는 성장해야 한다. 성장이 멈춘다는 것은 자본의 확대 재생산이 중단된다는 것이고 이는 자본주의가 더 이상 작동할 수 없음을 의미한다. 경제가 성장해야 자본의 확대 재생산이 가능하다. 일자리가 창조되고 소득이 증가한다. 성장은 현 금융자본주의의 당위이며 체제의 목적이다. 그렇지 않으면 자본주의는 더 이상 지속 가능하지 않다.

자본주의에서 모든 상품의 가치(가격)는 화폐단위로 표시된다. 경제활동은 화폐를 중심으로 이루어진다. 화폐 획득은 경제활동의 궁극적인 목적이 된다. 따라서 적절한 화폐공급이 전제되지 않는다면 경제활동은 위축되고 경제성장은 지체된다. 경제성장에 조응하는 적절한 화폐 공급은 자본주의의 존속을 위해 필수적인 조건이다. 국민 다수의 이익에 부합하는 화폐 투입은 경제의 역동성을 높이고 미래 성장산업을 구축하는 데 긍정적인 역할을 한다.

경제성장은 경제활동의 빈도와 규모가 커지고 이에 따라 새롭게 창조되는 부가가치의 증가를 의미한다. 지속 가능한 경제성장을 위해서는 현재 필요한 생산과 소비에만 그치지 않고 미래 생산을 위한 투자도 동반되어야 한다. 생산과 소비가 늘어나고 투자가 증가한다는 것은 현재뿐 아니라 미래를 위한 경제활동이 활발해지고 그에 따라 부가가치 창출도 증가함을 의미한다.

경제활동의 증가는 채권·채무 관계의 확장을 의미한다. 채권·채무 관계의 확장은 그 권리·의무 관계를 성립, 소멸시킬 수 있는 화폐수요도 그만큼 증가한다는 것을 의미한다. 따라서 경제성장에 따른 화폐수요 증가는 이에 조응하는 화폐공급을 요구한다. 화폐수요가 증가해도 충분한 화폐공급이 없다면 경제활동은 제약되고 경제성장은 지체될 수밖에 없다.

만약 화폐수요가 증가하는 데 비해서 화폐공급이 제한적이라면 어떤 현상이 일어날까? 경제성장은 부가가치를 창조하는 경제활동이 늘어난다는 것이고 경제활동이 늘어나면 자연스럽게 그에 따르는 화폐수요의 증가를 동반한다. 그런데 화폐공급이 한정되어 있다면 상품 대비 화폐가치는 상승한다. 예를 들어 생산량이 100, 화폐공급이 100이라면 상품과 화폐의 상대가치는 1대1 관계가 성립하기 때문에 상품 1단위당 가격은 1이 된다.

생산력과 기술의 발전으로 생산량이 2배인 200으로 증가하였다. 그런데 화폐공급이 그대로 100이라면 상품과 화폐의 상대가치는 2대1 관계가 된다. 상품 1단위당 가격은 0.5가 된다. 상품가격이 원래 1에서 0.5로 하락한다. 원화로 가정하면 원래 1,000원이었던 상품가격이 500원이 된다는 것이다. 생산자(판매자)는 원래 가격이 1,000원이었는데 이제는 500원밖에 못 받으니 매출액과 소득이 감소할 수밖에 없다. 생산자는 생산 활동의 의욕을 잃게 된다. 경제의 역동성이 떨어질 수밖에 없다.

이런 상황이 장기간 지속되고 경제 전반에 영향을 미치게 되면 경제는 위축될 수밖에 없다. 기업인은 기술을 개발해서 생산성과 생산량을 늘리고자 하는 의지가 사라진다. 이렇게 상품가격이 전반적으로 하락하고 경제가 역동성을 잃는 현상을 디플레이션이라고 한다. 디플레이션이 발생하면 경제는 침체하고 역동성과 혁신이 감소한다.

지난 한 세대 이상 일본이 왜 필사적으로 디플레이션을 탈피하고자 했는지 그 이유가 이에 있다. 디플레이션을 막기 위해서는 생산량 증가에 조응하는 적절한 화폐공급의 증가가 필요하다. 앞의 예를 든다면 생산량이 200으로 늘었으니 화폐공급도 200으로 늘려주면 가격은 그대로 유지된다. 그런데 만약 화폐공급을 200보다 더 늘리면 어떻게 될까? 화폐공급을 300으로 늘리면 상품가격은 1,000원에서 1,500원으로 50% 인상된다. 이렇게 경제 내의 상품가격이 전반적으로 올라가는 것을 인플레이션이라고 한다.

생산자는 디플레이션과는 반대로 가격이 오르고 이윤이 늘어난다. 생산량을 늘리고 기술개발도 적극적으로 할 유인이 생긴다. 인플레이션이 디플레이션보다 선호되는 이유이다. 물론 급격한 인플레이션은 오히려 부작용이 크기 때문에 대부분 중앙은행은 일반적으로 연 2% 수준의 인플레이션율을 목표로 설정하고 있다.

지금처럼 디지털, 정보통신기술이 개발되기 전에는 증가하는 화폐 수요에 대응하는 즉각적인 화폐공급은 상당히 어려웠다. 특히 금본위제도가 시행되던 근대에는 화폐가 현재와 같은 불태환화폐가 아니라 금과의 교환이 보장된 태환화폐였기 때문에 화폐공급을 제약 없이 늘리는 것은 현실적으로 불가능하였다.

현 화폐·통화시스템에서는 중앙은행과 상업은행을 통해 화폐가 금의 양이나 물리적인 요인의 제약 없이 창조된다. 따라서 화폐공급의 부족으로 인한 부작용은 해결되었다. 그리고 중앙은행이든 상업은행이든 화폐창조를 위해서는 실물화폐(현금)를 찍어낼 필요가 없다. 물론 중앙은행은 현금 수요에 대응하기 위해 화폐창조의 일정량은 실물화폐(현금)로 발행한다.

은행 직원이 컴퓨터 키보드로 대출자 계좌에 대출 금액에 해당하는 숫자를 입력하면 그만이다. 디지털, 정보통신기술의 발달로 은행의 모든 대차 정보는 디지털자료로 변환되어 중앙은행과 상업은행의 중앙 서버에 저장된다. 이처럼 현재의 중앙은행과 상업은행의 화폐창조는 컴퓨터 키보드 조작만으로 가능하고 물리적 제약도 없다. 화폐창조는 이론적으로는 무한대로 가능하다.

앞에서 논의했듯이 상업은행의 무분별한 화폐창조는 경제 내 거품의 발생과 파열을 초래하고 이로 인한 신용파괴와 경제위기 문제를 해결하지 못하고 있다. 현 화폐·통화시스템의 공공성을 강화해야 하는 이유이다.

앞의 내용을 요약하면 다음과 같다.

① 자본주의 이전 사회에서는 자본의 확대 재생산 메커니즘이 작동하지 않았다. 화폐공급도 경제 내 화폐수요에 적절히 조응하

지 못했기 때문에 화폐공급이 독립변수로서 경제에 유의미한 영향을 미치기는 어려웠다. 다시 말해 화폐는 경제성장의 종속변수 역할에 그쳤다.

② 자본주의에서 모든 상품의 가치(가격)는 숫자인 화폐단위로 표시된다. 모든 경제활동은 화폐를 중심으로 이루어진다. 화폐 획득이야말로 모든 경제활동의 궁극적 목적이 된다.

③ 따라서 적절한 화폐공급이 전제되지 않는다면 경제활동은 위축되고 경제성장은 지체된다. 경제성장에 조응하는 적절한 화폐공급은 자본주의의 존속을 위해 필수적인 조건이다.

④ 국민과 공공의 이익에 부합하는 분야로의 화폐 투입은 경제의 역동성을 높이고 미래 성장 동력을 구축하는 데 긍정적인 역할을 한다.

⑤ 현 화폐·통화시스템에서는 중앙은행과 상업은행을 통해 화폐가 물리적 제한 없이 창조된다. 따라서 근대 이전 화폐공급의 부족으로 인한 부작용은 해결할 수 있다.

⑥ 현재와 같은 상업은행의 선별적, 차별적 화폐창조는 경제 내 거품의 발생과 파열을 초래한다. 이로 인한 신용파괴와 경제위기의 문제를 해결하기 어렵다. 현 화폐·통화시스템의 공공성을 강화해야 하는 이유이다.

6. 화폐 타락의 유용성

불태환법정화폐를 사용하고 디지털, 정보통신기술이 발달한 현대에는 중앙은행과 상업은행의 화폐창조에 기술적, 물리적 제약이 없다.

금화, 은화 등 금속화폐가 사용되던 근대까지도 경제에 필요한 화폐공급을 위해서는 새로운 광산 개발이 필요했다. 하지만 금광이나 은광의 개발은 쉬운 일이 아니다. 유럽 국가들이 식민지에서 새로운 광산을 개척하려고 한 것도 이러한 이유이다. 스페인의 아즈텍, 마야, 잉카 정복도 이러한 과정에서 일어났다.

주화의 공급을 늘리기 또 다른 방법이 있다. 이 방법은 중세 봉건 유럽에서 왕, 영주가 부족했던 재정을 확보하기 위해 금화나 은화의 금, 은 함량을 낮추어서 명목가치에 비해 실질가치가 낮은, 소위 악화(惡貨)를 만드는 것이다. 일반인이 금화, 은화에 들어있는 금, 은의 순도를 확인하기는 쉽지 않다. 금화 한 개에 들어가야 하는 금을 반으로 줄이면 두 개의 금화를 만들 수 있다. 같은 양의 금으로 두 개의 금화를 주조하는 것이다. 중세 이후 화폐주조의 독점권을 가지고 있었던 왕과 영주는 이러한 유혹을 뿌리치기 어려웠다.

이렇게 금, 은의 함량을 줄여서 발생하는 주화의 명목가치와 실질가치 차이를 시뇨리지 또는 화폐주조차익이라고 한다. 예를 들어 주화의 명목가치가 £10(파운드)인데 실질가치가 £5이면 시뇨리지는 그 차이인 £5가 된다. 시뇨리지의 어원인 시뇨르(seignior)는 성주, 영주를 가리키는 말로 프랑스, 이탈리아, 스페인 등에서 쓰이는 라틴어의 어미이다. 영주가 가로채는 이익이라는 의미이다.

만약 명목가치에 비해 금화에 들어가야 하는 금의 함량을 절반으로 줄였다면 나머지 절반의 금은 영주에게 차익으로 돌아간다. 중세 이후 수많은 전쟁과 사치스러운 생활로 인해 늘 재정난을 겪었던 왕과 영주는 이런 방식을 활용하여 시뇨리지를 획득하였다. 시뇨리지는 왕과 영주만이 누렸던 것은 아니다. 합법적인 주조권은 왕과 영주만이 가지고 있었지만 불법적으로 주화를 위변조해서 유통하는 사례도 비일비재하였다.

시뇨리지가 커지면 커질수록 주화의 실질가치는 하락하게 되고 시장에서는 함량 미달인 주화만 유통된다. 정상적인 주화는 시장에서 퇴장된다. 화폐·통화시스템에 문제가 발생한다. 하지만 화폐공급 부족으로 인한 디플레이션의 부작용을 생각해 보면 사기성이 강하고 부도덕해 보이는 이러한 시뇨리지, 다시 말해 주화의 타락(adulteration)은 화폐공급을 위해서 불가피했던 측면이 있다.

금, 은의 생산량이 한정되어 경제성장에 조응하는 화폐공급이 이루어지지 않아서 디플레이션이 발생하는 것보다, 오히려 이러한 비도덕적인 눈속임이 화폐공급을 증가시켜서 디플레이션을 방지하는 것이 좋을 수 있다. 중세 왕과 영주가 현대의 경제 지식을 알지 못하였음에는 틀림없다. 그들의 이러한 사심이 금속화폐 시대를 벗어나 화폐공급에 제약이 없는 불태환화폐 시대로 진보하는 데 일조한 것은 아이러니한 일이다.

이렇게 중세 봉건제의 왕이나 영주가 가졌던 특권이었던 화폐발행권은 시뇨리지와 화폐 타락을 초래하였다. 화폐 타락은 화폐의 실질가치가 명목가치보다 낮아지는 것을 의미한다. 이러한 화폐 타락은 화폐에 대한 신뢰를 무너뜨린다. 그레샴의 법칙(Gresham's Law)으로 알려진 명제는 이러한 상황에서 나온 것이다.

그레샴의 법칙은 소재가치가 서로 다른 화폐가 같은 명목가치를 가진 화폐로 통용되면 소재가치가 높은 화폐(양화, good money)는 유통시장에서 퇴장되고 소재가치가 낮은 화폐(악화, bad money)만 남게 된다는 것이다. 이는 16세 중엽 영국의 재정 관료였던 그레샴(Thomas

Gresham, 1519~1579)이 이러한 현상을 "악화(惡貨)가 양화(良貨)를 구축(驅逐)한다"(Bad money drives out good)라고 표현하였다고 알려져 있다.

중세 봉건제의 시뇨리지는 근대 시민혁명과 산업혁명으로 국민국가(nation state)가 성립하면서 종말을 맞게 되었다. 근대 국민국가가 형성되면서 신흥 부르주아계급(자본계급)이 경제권력을 넘어 정치권력의 중심 세력으로 부상하게 되었다. 이들은 자본의 이해를 충실히 반영하는 상업은행에 화폐발행권을 부여하였다. 시뇨리지의 본질이 화폐발행의 독점적 권한에 있다는 측면에서 시뇨리지는 중세 봉건제의 왕과 영주에서 근대 국민국가의 상업은행 그리고 신흥 자본계급으로 이전되었다고 할 수 있다.

이와 함께 은행자본과 신흥 자본계급의 시뇨리지 획득 보장을 위해 근대적인 중앙은행제도가 영국에서 시작되었다. 영국에서는 1694년 중앙은행인 영란은행이 설립되었다. 이후 1844년 민간 상업은행의 개별 화폐발행은 중단되고 영란은행이 화폐발행권을 독점하게 되었다. 17세기 말 자본계급은 견제와 타도의 대상이었던 왕과 영주로부터 화폐발행권을 박탈하였다. 이후 한동안 상업은행에도 부여했다가 19세기 중엽에 이르러 산업자본, 금융자본의 이익에 부합하는 조건으로 중앙은행에 독점적 화폐발행권을 부여한 것이다.

중앙은행이 발권력을 독점하지만 실제로는 상업은행 화폐창조 방식으로 발권력이 상업은행 전체로 이전되었다고 할 수 있다. 이는 중앙은행이 1차 또는 근원적 화폐발행권(본위화폐, 중앙은행화폐)을 갖고, 이를 기초로 상업은행이 2차 또는 파생적 화폐발행권(신용화폐, 상업은행화폐)을 갖는 이중은행제도라는 현 화폐·통화시스템으로 변화되었음을 의미한다.

근대 국민국가 형성 이후 민주주의, 공화주의 제도가 뿌리내리고 국민주권의 시대가 도래하였다. 자본주의도 고전적 의미의 자유방임 자본주의에서 복지국가를 추구하는 수정자본주의로 진화하였다. 마찬가지로 중앙은행과 상업은행의 화폐창조는 왕과 영주도 자본가와 자산가도 특정 계층이나 소수가 아닌, 국민 다수의 이익과 복리를 위해 온전히 활용되는 시대로의 전환이 필요하다. 중앙은행과 상업은행이 가지고 있는 화폐창조 권한과 여기서 비롯되는 화폐창조이익을 일부가 아닌 국민 다수를 위해 활용될 수 있도록 제도적인 개혁이 필요하다.

예를 들어 중앙은행만이 발권력을 가질 명분과 이유가 사라졌다고 할 수 있다. 주권화폐이론이 주장하듯 주권화폐 발행을 위해 국가(정부)가 발권력을 가질 수 있도록 법적, 제도적 개혁이 필요할 수 있다. 지난 수 세기 동안 그런대로 잘 해왔고 또 그렇게 하는 것이 당연하고 합리적이라는 고정관념에서 벗어나 화폐창조이익이 어디로 향해야 하는지 고민할 시점이 되었다.

현대판 시뇨리지가 일부 특권층이나 소수에게 귀속되는 것을 막고 국민 다수에게 환원되기 위해서는 중앙은행과 상업은행에 독점된 발권력을 국가가 행사할 수 있도록 하는 방안을 고려할 수 있다. 중앙은행의 발권력의 국가 환원은 상당히 논쟁적인 주제이다. 눈앞에 닥친 경제현안 해결이 급선무인 것을 보면 이러한 논쟁은 시간 낭비로 비추어질 수 있다. 먼 미래에나 다루어질 추상적인 문제로 생각될 수 있다.

하지만 화폐창조 권한의 독점과 현대판 시뇨리지의 비대칭적, 불균형적 획득으로 인한 현 화폐·통화시스템의 모순과 폐해를 고려한다면 이는 무시할 수 없는 사안이다. 현재 중앙은행에 본질적으로, 상업은행에 파생적으로 부여된 화폐창조 권한이 국민 다수의 이익과 공공복리를 위해 활용되도록 하는 현실적인 대안을 모색할 필요가 있다.

예를 들어 앞에서 논의한 주권화폐이론의 주장은 국가(정부)가 직접적인 발권력을 갖는 것이다. 중앙은행 독립성이 금과옥조로 받아들여지고 있는 현 상황에서는 큰 반대와 저항이 따를 수밖에 없다. 정부에게도 발권력을 허용하는 것 자체가 현실적이지 않고 오랜 시간이 걸리는 먼 미래의 일이라고 한다면 유사한 정책 효과를 내도록 다른 방안을 모색할 수 있다.

이런 측면에서 주권화폐이론 대신 중간 단계, 과도기적 단계로 현대화폐이론을 고려할 수 있다. 현대화폐이론의 주장대로 중앙은행이 직접 국채를 인수함으로써 재정정책에 필요한 재원을 마련하도록 하자는 것이다. 재정정책을 위해 중앙은행의 발권력을 십분 활용하는 것이다. 이는 형식적으로는 국가가 부채를 지는 것이지만 실질적으로는 정부에게 발권력을 부여하는 것과 마찬가지이다.

현대화폐이론에서 주장하는 재정과 통화의 통합, 부채의 화폐화는 현재 우리나라를 포함한 주요국의 법과 제도상 불가능한 것은 아니다. 현대화폐이론의 주장은 사회적 합의와 정책적 의지만 있다면 언제든 활용할 수 있다는 점에서 주권화폐이론을 대신할 수 있는 대안적, 현실적 방안이 될 수 있다. 왕과 영주, 자본이 아닌 국민을 위한 화폐 타락의 유용성을 십분 활용할 필요가 있다.

앞의 내용을 요약하면 다음과 같다.

① 금속화폐 사용은 화폐공급을 제약한다. 금, 은과 같은 귀금속 자원의 생산은 한계가 있기 때문에 경제성장에 필요한 탄력적인 화폐공급이 어렵다.

② 중세 주화의 귀금속 함량을 줄여 시뇨리지를 획득하는 과정은

일종의 사기 행위라고 비판받는다. 하지만 화폐공급이 부족했던 당시 상황에서 진행된 화폐 타락 현상은 아이러니하게 화폐공급 효과가 있다는 차원에서 경제적 긍정성이 존재한다.

③ 화폐 타락 현상이 궁극적으로는 불태환법정화폐의 형태로 나타난 것이라고 할 수 있다.

④ 시뇨리지의 획득, 화폐 타락은 중세처럼 사적 이익을 위해 악용되어서는 안 되고 국민 다수의 이익을 위해 활용되어야 한다.

⑤ 현대화폐이론과 주권화폐이론은 부채의 화폐화, 주권화폐 도입 등의 새로운 화폐·통화시스템을 통해 이러한 현대판 시뇨리지와 화폐 타락을 공적 이익으로 환원할 수 있다고 주장한다.

7. 국가주도 화폐창조의 필요성

현대화폐이론과 주권화폐이론은 정부의 화폐발행권 여부, 화폐창조 방식, 부분지급준비금제도 등 몇 가지 중요한 주제에서 상이한 입장을 가지고 있다. 하지만 현대판 시뇨리지를 지양하면서 동시에 화폐창조이익을 국민 다수와 공공의 필요를 위해 활용해야 한다는 차원에서 실질적으로는 같은 지향점을 갖는다. 주권화폐론은 부분지급준비금제도의 폐지와 정부의 주권화폐발행을 주장한다는 측면에서 혁신적이지만 현실 수용가능성 면에서는 현대화폐이론에 비해 떨어진다. 주권화폐이론이 제시하는 방안을 바로 시행하기 어렵다면 현대화폐이론이 제시하는 부채의 화폐화 방식 등을 고려해 볼 수 있을 것이다.

우선 고려해 볼 수 있는 방안은 코로나 팬데믹 시기 재난지원금 지급의 사례와 같이 긴급한 경제적 지원이 필요한 경우 중앙은행이 정부를 대신하여 디지털화폐를 개인(기업)에게 지급하는 방식이다. 디지털화폐도 중앙은행이 발행하는 법정화폐이다. 디지털화폐의 지급을 위해 상업은행에 개설된 계좌를 활용해도 되지만 중앙은행에 개인계좌를 개설하고 중앙은행 디지털화폐(Central Bank Digital Currency)를 발행하여 그 계좌로 직접 지급하는 방식도 불가능한 것은 아니다.

예를 들어 코로나 팬데믹과 같은 예상치 못한 국가적 위기 발생 시 재난지원금 지원을 위해 한국은행이 디지털화폐를 개인계좌로 직접 입금해 주는 것을 생각해 볼 수 있다. 이 방안은 최근 활발히 진행되고 있는 중앙은행 디지털화폐 발행 논의와 더불어 기술적, 물리적으로 가능하다. 모든 국민에게 부여되는 주민등록번호를 한국은행에 개설되는 개인계좌번호로 활용할 수도 있다.

만약 재난지원금이 이러한 형태로 지급된다면 이는 정부에게 화폐 발행권이 부여되는 주권화폐이론의 주장이 일정 부분 실현되는 것과 마찬가지이다. 물론 은행의 은행, 정부의 은행인 중앙은행의 입장을 고려하면 중앙은행이 개인계좌를 개설하고 직접 디지털화폐를 지급하는 것은 그 일단의 논의조차 어려운 것이 현실이다. 하지만 이는 법률적, 제도적으로 막혀 있을 뿐 기술적, 물리적으로 가능하다.

향후 예상치 못한 위기의 발생 가능성은 더욱 커지고 있다. 이에 대응하기 위해서는 정부의 신속한 재원 마련이 필요하다. 경제주체들에 대한 직접적인 자금지원의 필요성도 더욱 커질 수 있다. 코로나 팬데믹과 같은 예상치 못한 재난 상황이나 경제위기가 발생하면 정부의 개인, 가계에 대한 직접적인 화폐 지급(지원)이 필요하다.

이는 이미 코로나 팬데믹 상황에서 우리나라를 포함한 선진국 대부분이 경험하였다. 앞으로도 이러한 팬데믹 위기의 경험과 교훈을 십분 활용할 필요가 있다. 또한 급박한 재난 상황이나 경제위기가 아니라 하더라도 장기적인 차원에서 국가의 재정 투입과 투자가 필요한 부문이 있다. 이러한 부문을 중심으로 국가주도 화폐창조의 가능성을 타진해 볼 수 있다.

주권화폐이론이나 현대화폐이론을 적용할 수 있는 분야는 장기적으로 정부의 적극적이고 지속적인 지원이 필요한 분야라야 한다. 국민 다수가 동의하고 사회적 합의가 어렵지 않은 분야가 우선 고려될 것이다. 특정 집단이나 계층에게 현대판 시뇨리지가 돌아가는 것이 아니라 국민 다수의 복리에 도움이 될 수 있는 공적 지원, 공공투자 분야가 그 우선순위가 된다.

예를 들어 돌봄, 보건, 보육, 장애인 복지, 주거 등과 같은 사회서비스 분야가 거론된다. 산업정책 측면에서는 기후변화 대응을 위한 탄소배출 감축, 친환경, 재생에너지로의 전환을 위한 투자가 될 수 있다. 석유, 석탄과 같은 화석연료의 사용을 줄이고 친환경, 재생에너지로의 전환을 위해서는 국가의 역할이 지대하다. 또한 이는 국제적으로도 정당성을 확보할 수 있다.

단기적인 이윤 극대화와 투자의 공공성보다는 효율성을 추구하는 사적 자본에만 저탄소 사회로의 전환을 맡기면 그 한계가 있을 수밖에 없다. 정부가 선도적이고 적극적인 공공투자를 통해 탄소 감축을 위한 사업에 재원을 투입할 필요가 있다. 이를 위해 필요한 재원을 세수로 확보하는 것은 조세저항 등으로 어려울 수 있다. 이 경우 현대화폐이론이나 주권화폐이론 등의 국가주도 화폐창조 방식을 적용하여 과감하고 적극적인 재정지출을 시행할 필요가 있다.

최근 심각한 문제로 대두되고 있는 저출산 문제와 관련해서 국가주도 화폐창조의 방식으로 출산율 제고를 위한 대규모의 공적 지원과 투자도 가능하다. 수도권과 지방의 균형발전을 위해 지방에 대한 사회 인프라와 교육 투자를 고려해 볼 수 있다. 이렇게 화폐창조의 공익적 활용은 국민의 복지와 삶의 질을 개선하고 복지국가를 구현하는 방안이 된다.

이에 대해 이러한 재정지출과 화폐창조의 방식은 심각한 인플레이션을 가져올 수 있고 대외신용도에 부정적인 영향을 준다는 비판이 있다. 무분별하고 과도한 화폐창조와 재정지출은 분명히 예상치 못한 경제적 부작용과 문제를 일으킨다. 하지만 충분한 달러 유동성을 전제로 잠재성장력에 조응하는 적정한 수준의 국가주도 화폐창조는 그 부작용보다는 우리 사회가 필요로 하는 공공성, 사회적 가치를 실현하는 데 도움이 된다. 이미 현실이 되고 있는 저성장 시대에 경제 혁신과 사회 안정에 기여할 것으로 기대한다.

적어도 경제적 빈곤으로 스스로 목숨을 버리는 그런 비극은 막을 수 있다. 복지국가가 실현되는 마중물 역할을 할 수 있다. 그 전제조건은 엄연한 현실을 반영할 수밖에 없다. 미국 달러가 세계 본위화폐의 역할을 하는 한 달러의 충분한 확보가 절대적으로 필요하다. 달러를 벌어오기 위해 수출에 명운을 걸어야 하는 이유이다. 물론 달러만 많이 벌어온다고 해서 만사형통은 아니다. 그것을 토대로 국가주도 화폐창조와 이를 통해 국민을 위한 공공선을 제공하는 국가의 역할이 극대화되어야 한다.

다음 제5장에서는 화폐의 긍정적 역할의 모색이라는 차원에서 화폐를 실물경제의 베일, 경제활동의 결과가 아니라 경제를 추동할 수 있는 자원으로 활용할 수 있음을 논의한다. 화폐가 인간의 효용, 생산성,

쓰임새를 위한 평가 수단에 그치는 것이 아니라 인간 존재를 위한 수단으로 활용되어야 함을 살펴보고자 한다. 이어서 유럽과 미국의 사례에 대해서도 살펴본다.

앞의 내용을 요약하면 다음과 같다.

① 위기 대응을 위해 정부의 신속한 재원 마련과 공공적 필요에 대한 직접적인 자금지원의 필요성은 더욱 커진다. 이에 적합한 새로운 화폐·통화시스템의 필요성이 커지고 있다.

② 주권화폐이론이나 현대화폐이론을 적용할 수 있는 분야는 장기적으로 정부의 적극적이고 지속적인 지원과 투자가 필요한 분야이다. 국민 다수가 동의하고 사회적 합의가 어렵지 않은 분야가 우선이 되어야 한다.

③ 특정 집단이나 계층에게 이익이 돌아가는 것이 아니라 국민 다수의 복지에 도움이 될 수 있는 공적 지원, 공공투자 분야가 그 우선순위가 된다.

④ 무분별하고 과도한 화폐창조와 재정지출은 여러 가지 예상치 못한 경제적 부작용과 문제를 일으킨다. 따라서 국가주도 화폐창조를 위해서는 우선 세계 본위화폐인 달러 유동성이 확보되어야 한다.

⑤ 이러한 전제하에 잠재성장력에 조응하는 수준의 국가주도 화폐창조와 재정지출은 부작용보다는 우리 사회가 필요로 하는 공공성, 사회적 가치를 실현하는 데 기여할 수 있다. 그와 동시에 경제 혁신과 사회 안정에 도움이 될 것이다.

CHAPTER

05

국가주도 화폐창조의 적용 가능성

1. 효용을 넘어 인간 존재를 위한 화폐

앞에서 논의했듯이 기존 주류경제학은 화폐를 시장에서 자연 발생적으로 생긴 하나의 상품으로 간주한다. 그리고 화폐는 인간과 자연이 주는 '효용'(utility)에 대한 대가 또는 보수라는 인식에서 크게 벗어나지 않는다. 이는 화폐가 인류가 수십 세기에 걸쳐 만들어낸 특별한 사회적 관계, 약속, 제도의 총체이면서 동시에 인간 '존재'(being) 또는 인간 존재의 집합체로서의 '사회적 관계'를 위한 자원으로 활용될 수 있음을 간과하는 것이다.

이미 한 세대 이상 강고한 지배 이데올로기로 자리 잡은 신자유주의 화폐인식으로는 주변화, 파편화되어 가는 인간 존재와 사회적 관계의 정언명령적인 회복은 불가능하다. 정언명령(定言命令, Categorical Imperative)은 임마누엘 칸트(Immanuel Kant, 1724~1804)가 『도덕 형이상학 정초』(Fundamental Principles of the Metaphysics of Morals, 1785)에서 제시한 것으로, 어떠한 조건이나 결과에 상관없이 그 행위 자체가 선하므로 절대적이고 의무적으로 행할 것이 요구되는 도덕 법칙을 의미한다.

이 도덕 법칙은 인간이 동물적 충돌을 벗어나 진정한 인간일 수 있도록 하는 인류의 보편적 의무이다. 다시 말해 정언명령은 특정한 목적을 가진 사람에게만 승인되는 것이 아니라 보편적으로도 타당하다. 그러므로 인간 존재의 정언명령적 회복을 위해서는 신자유주의 화폐인식을 대신할 새로운 화폐인식과 화폐·통화정책의 수용이 필요하다.

현 금융자본주의에서 화폐는 오로지 효용을 위한 대가로 사용된다. 일반적으로 효용이라는 단어는 경제학에서 주로 사용되는 개념이다. 경제학에서 정의하는 효용은 개인이 특정 상품이나 서비스를 소비함으로써 얻는 만족이나 행복의 척도를 의미한다. 효용은 신고전학파에서 처음 제시된 개념으로 개인은 제한된 자원을 의미하는 예산제약하에서 경제적 의사결정을 한다.

개인은 각자의 예산제약을 전제로 자신의 전반적인 만족이나 행복을 극대화하는 것을 목표로 재화와 서비스를 구매하고 소비한다. 효용은 신고전학파 경제이론에서 처음 사용되는 개념이지만, 이후 주류경제학에서 소비자뿐만 아니라 다양한 경제주체들의 경제적 의사결정과 행위를 분석하기 위한 개념으로 활용되고 있다.

물론 군이 효용이라는 용어를 쓰지 않아도 일상생활에서 일어나는 상품이나 서비스의 거래를 생각해 보면 화폐의 기능을 쉽게 이해할 수 있다. 내가 필요로 하는, 즉 나의 효용을 위해 상품이나 서비스를 다른 누군가로부터 제공받으려면 그 제공의 대가를 지급할 것을 약속해야 한다. 그 지급수단의 가장 일반적인 형태가 바로 화폐이다. 화폐를 매개로 효용을 둘러싼 채권·채무 관계가 생성되고 청산된다.

효용에 대한 대가의 지급, 즉 채권·채무 관계의 생성과 청산의 일련의 과정은 인류가 서로를 의지하면서 살아가는 공동체 생활을 하면서부터 시작되었다. 다만 화폐의 형태는 현재와 같은 지폐가 아닌 앞에서 이야기한 상품화폐를 비롯한 다양한 모습을 보인다. 경제적 진보와 함께 효용에 대한 대가의 지급을 위한 최종적, 보편적 수단이 현 금융자본주의의 불태환법정화폐의 형태로 진화되었다.

화폐경제가 활성화되기 전인 전근대 시기에는 효용을 만족시키는 타인의 노동에 대한 대가를 지급하기 위해 여러 형태의 수단이 활용되었다. 근대 자본주의가 성립된 이후 화폐경제가 완성되면서 그 노동에 대한 대가는 화폐로 일원화되었다. 예를 들어 공동체적 경제활동이 중요했던 상황에서는 상대방의 노동에 대한 대가로 화폐가 아니어도 그에 상응하는 노동을 제공할 수 있었다. 농촌에서 많이 활용되었던 두레, 품앗이 등이 그 사례이다.

모든 채권·채무 관계가 화폐를 중심으로 이루어지는 자본주의에서는 노동에 대한 대가로 임금(시급, 월급, 연봉 등)이 지급되고 이를 위한 수단으로 화폐가 사용된다. 자본주의에서 화폐야말로 경제주체 간 발생하는 대차 관계, 채권·채무 관계를 확정하고 청산하는 최종적이고 불가역적인 수단이다. 화폐를 중심으로 하는 전면적인 화폐경제가 형성된다.

화폐는 경제활동을 원활하게 하는 수단이면서 동시에 경제활동의 궁극적인 목표이기도 하다. 화폐를 획득한다는 것, 즉 돈을 버는 것은 그만큼 효용을 제공하는 상품과 서비스를 청구할 수 있는 권리, 즉 채권(債權) 또는 청구권을 소유한다는 의미이다. 이것이 경제활동의 목적이다.

예를 들어 투자에 성공해서 경제적 자유를 얻었다는 것도 결국은 더 이상의 노동소득이 없더라도 경제적으로 문제없이 살아갈 수 있을 만큼의 채권 또는 청구권(화폐로 형상화된)을 획득하였음을 의미한다. 화폐가 없다는 것은 개인에게는 삶을 유지하기 위해 필요한 상품과 서비스를, 기업에게는 생산과 투자에 필요한 상품과 서비스를 요구할 청구권이 없다는 것과 같다.

이런 경우 신자유주의에서는 개인은 인간 존재 자체를 부정당하고 인간적인 삶을 유지할 수 없다. 기업도 기업 활동을 더 이상 해 나가기 어렵게 된다. 이를 퇴출이라고 한다. 인간은 공동체에서 퇴출되고 기업은 시장에서 퇴출된다. 화폐는 내재가치가 부재하기 때문에 그 자체로는 어떤 효용(가치)을 창출하는 자원은 아니지만 상품과 서비스의 제공을 청구할 수 있는 채권, 즉 청구권이다. 이 청구권이 있어야만 인간은 그 존재와 삶을, 기업은 기업 활동을 영위하고 지속할 수 있다.

문제는 현 금융자본주의는 화폐 소유가 인간 삶과 존재의 필수 조건이 되도록 강제하면서도 화폐를 소유하지 못한 경우에 대한 배려가 부재하거나 있더라도 극히 미미하다는 것이다. 이것은 기업과 국가도 비슷하다. 정글의 야수들은 먹이를 둘러싸고 생존을 위해 치열한 투쟁을 한다. 이런 정글과 다름없는 시장과 국제정치에서 기업과 국가는 자신의 생존을 위해 화폐를 둘러싸고 서로 거친 싸움을 할 수밖에 없다. 그것이 무역과 같은 세련되고 합의된 형태이든 전쟁과 같은 거칠고 폭력적인 형태이든 그 본질은 크게 다르지 않다.

이런 상황은 개인에게도 적용된다. 개인은 화폐를 소유하지 못하면 최소한의 인간적인 삶을 영위할 수 있는 기본적인 조건인 음식, 주거, 의료와 같은 상품과 서비스를 얻을 수 없는 위험에 처하게 된다. 이뿐만 아니라 교육과 같은 미래를 위한 투자와 소비를 할 수 없고 삶의 질 향상과 사회적 신분의 상승을 위한 기회도 원천적으로 박탈된다. 인간이 존재 그 자체로서 인정받는, 즉 인간 존엄성의 보편적, 정언명령적 가치가 훼손되고 전근대적인 모습으로 회귀하게 된다.

신자유주의를 대표로 하는 주류경제학이 주장하듯이 화폐가 한정된 자원, 단순히 실물경제의 베일(그림자)이고 제로섬 게임의 대상이라면 화폐 소유 여부에 따른 결과는 당연하고 정당할 것이다. 하지만 화폐가 경제활동의 결과라는 통념을 넘어 인간 존재, 인간적인 삶을 위한 수단이면서 그 동인으로 작동할 수 있는 가능성을 열어둔다면 화폐의 활용 가능성도 그만큼 커지게 된다.

다시 말해 화폐가 한정된 자원(실물경제의 베일)이나 제로섬 게임의 대상이 아니라 국가의 권한(주권)으로 탄력적으로 공급할 수 있는 공공재, 포지티브섬 게임의 대상이라고 한다면 이야기는 달라질 수 있다. 왜냐하면 화폐를 어떻게 보느냐, 화폐의 기능을 어디까지 확장하느냐에 따라 경제뿐만 아니라 인간 삶의 지평이 상당히 달라지기 때문이다.

화폐를 단순히 실물경제의 베일, 경제활동의 결과라는 차원을 넘어 국가가 공공선과 공익을 위해 제공할 수 있는 일종의 공공재로 인식한다면 현 금융자본주의의 문제에 새로운 방향에서 대처할 수 있다. 예를 들어 경쟁, 효율, 승자독식에 따라 나타나는 극단적인 불평등, 양극화, 환경오염, 자원 고갈, 기후변화의 부정적인 영향을 완화하기 위한 국가의 화폐 활용과 적극적이고 선제적인 개입이 가능하다.

화폐는 시장이 각 경제 주체에게 그 경제활동의 대가로 분배하는 것, 그 이상도 이하도 아니라는 것이 일반적인 통념이었다. 이것이 지고지선의 황금률로 도그마가 되면 인간 존재는 시장과 화폐 밑에 종속되는 일개 상품, 서비스로 전락하게 된다. 그 이상 그 이하도 아니다. 인간 존재가 궁극적 가치와 목적이 되려면 화폐는 인간 존재를 위해 복무해야 하는 필요조건이 되어야 한다. 다행히도 사회구성원의 의지와 합의만 있다면 화폐는 인간 존재를 지원하는 역할을 할 수 있다. 화폐는 금융자본주의의 여러 모순과 폐단을 시정할 수 있는 자원으로 활용될 수 있다.

이렇듯 신자유주의가 그 마지막을 향하고 있는 현재 상황으로 볼 때 화폐가 인간을 단순한 효용을 창출하는 수단이 아닌 존재 그 자체를 위해 활용될 수 있는 경제적, 철학적 고민이 필요한 시점이다. 중세를 지나 근대에 들어서면서 사유의 중심이 신에서 인간으로 돌아오게 되었고 인간 존재의 가치를 궁극적 목적으로 하는 철학적 성찰이 이루어지게 되었다. 인간 존재가 그 자체로 인정되기 위해서 도입된 가치가

'자유', '평등', '인권'이다. 신자유주의를 토대로 하는 금융자본주의는 이 중에서도 '자유'의 가치가 인간 삶의 전 영역에 전면적으로 적용되고 관철되는 체제라고 할 수 있다.

특히 경제활동의 자유와 그 결과에 대한 무조건적인 승복의 강제는 화폐 획득을 위한 무한 경쟁과 방임을 초래하였다. 이는 다시 부와 자산의 양극화를 극단적으로 심화시켰다. 이는 인간 존재가 목적이 아닌 수단으로 전락하게 되는 중요한 기제로 작동하고 있다. 따라서 경제적 의미의 자유는 다른 비경제적 의미의 자유와는 달리, 오히려 인간 존재에 대한 위협과 속박으로 다가온다. 따라서 신자유주의가 주장하는 경제적 의미의 자유에 대한 재해석과 조정이 필요하다.

경제적 의미의 자유 개념의 재해석과 조정은 다양한 측면에서 수행될 수 있지만 이 책의 주제인 화폐의 개념과 기능의 차원에서도 가능하다. 예를 들어 화폐를 공공성이 강한 부문의 경제활동과 성과를 증가시키기 위한 마중물, 추동력으로 활용할 수 있다. 이는 증세를 통해서도 가능하지만 증세에 대한 저항과 민간 경제활동의 위축이 염려된다면 그 대안으로 부채의 화폐화, 주권화폐 발행과 같은 국가주도 화폐창조를 고려할 수 있다. 이를 통해 화폐의 사회화 또는 공공재로서의 활용이 더욱 진전될 수 있고 화폐가 사익이 아닌 공익을 위해 사용될 가능성도 확대된다.

현 금융자본주의에서 모든 것은 수치화, 계량화된다. 모든 경제적 성과는 무한대로 분할이 가능한 숫자로 변환되어 비교되고 서열화, 등급화 된다. 경쟁과 효율을 최고의 선으로 보는 신자유주의는 이러한 숫자를 통한 비교와 서열화, 등급화가 가장 잘 어울리는 경제이념이 된다. 이를 위한 절대병기로서 화폐가 존재한다.

신자유주의는 화폐의 순기능을 무력화하고 오히려 그 역기능을 최대한 발휘하도록 한다. 따라서 금융자본주의 입장에서 현 화폐·통화시스템의 화폐야말로 체제 보호를 위한 최종병기인 셈이다. 왜냐하면 화폐는 숫자가 물리적으로(눈에 보이게) 표현되게 함으로써 모든 인간의 가치를 무력화하면서도 그 정당성을 주장할 수 있는 객관화된 실체이기 때문이다. 이에 더해 화폐, 숫자는 국가의 강제력이 동원된 합법적인 폭력까지도 허용한다.

화폐는 누구도 거부하거나 부정할 수 없는 가치척도(회계단위)로 사용되고 모든 경제적 상품과 서비스는 화폐단위(숫자)로 표현된다. 그 상품과 서비스가 가지는 효용에 대한 가치평가가 수치화되고 이는 다시 화폐단위로 표현된다. 이것이 시장에서는 가격으로 나타난다. 가격이 노동을 반영한 것(노동가치설)이든 효용을 반영한 것(효용가치설)이든 그것은 중요하지 않다. 화폐는 가치의 수치화를 통해 세상의 모든 논란을 평정한다.

금융자본주의는 이렇게 화폐단위를 통한 효용의 수치화가 극단적으로 일어나는 체제이다. 모든 것이 숫자로 표현된다. 이러한 가치와 효용의 수치화는 인간도 다른 상품이나 서비스와 다르지 않은 것으로 간주한다. 인간을 존재가 아닌 효용이나 가치(가격)로 측정하고자 하는 욕망을 일으킨다. 인간은 존재로서 인정되는 것이 아니라 각 개인이 가지는 효용이나 성과에 의해 평가되고 그에 해당하는 보수를 화폐로 지급받게 된다.

예를 들어 노동에 대한 보수인 임금은 신자유주의가 강화될수록 인간적인 삶을 살아가기 위해 사회적으로 필요한 수준이 아닌 노동의 성과(효율성 또는 생산성)에 비례하여 지급되는 경향이 커진다. 돌봄, 보건, 위생, 청소 등 사회의 정상적인 작동과 유지에 필요한 필수노동에 대한 저임금 관행과 구조는 이를 잘 보여주고 있다. 필수노동은 코로나 팬데믹 등 재난이 발생했을 때 국민의 생명과 신체 보호 또는 사회기능 유지를 위해 필수적으로 유지되어야 하는 노동을 의미한다. 이미 코로나 기간 필수노동의 중요성을 실감했지만 막상 코로나가 종식된 이후 필수노동에 대한 인식과 대우는 실질적으로 크게 달라진 것이 없다.

이는 신자유주의의 또 다른 발현인 능력주의(meritocracy)로 해석된다. 능력에 따라 지급되는 임금은 제공되는 노동에 대한 시장의 평가를 통해 수치화된다. 그런데 더 중요한 것은 능력에 따라 지급되는 임금의 차이는 거기서 끝이 아니라 부의 격차로 이어진다는 점이다. 노동에 대한 보수, 즉 개인의 임금 차이는 금융접근권의 차이를 불러온다. 전문직, 고임금 노동자는 대출을 통한 시뇨리지 획득의 기회가 부여된다. 이를 활용한 자산 투자 그리고 자산가치 증가는 부를 축적할 수 있는 기회로 작동한다.

이러한 시뇨리지의 기회를 잘 활용한 일부 집단이나 계층은 부를 축적할 수 있다. 이는 바로 성공이나 사회적 신분 상승의 척도로 여겨지게 된다. 부의 축적은 더 나아가 부의 양극화와 사회적 신분의 세습으로 이어져 적지 않은 문제와 부작용을 초래한다. 경제적 자유가 경제적 불평등을 심화시켜 인간 존재를 부정하고 부정당하는 부작용을 가져온다. 따라서 경제적 불평등과 인간 존재를 부정하고 부정당하는 경제적 자유는 사회적으로 조정될 필요가 있다.

그 정점에 있는 것이 화폐에 대한 민주적이고 공화적인 통제이다. 국가가 국민 다수의 삶을 위해 화폐 사용(창조)에 대한 통제권을 갖는다면 경제적 자유의 남용으로 인해 발생할 수 있는 부작용을 완화할 수 있다. 인간이 존재 그 자체로서 인정받는 사회경제적 진보를 이룰 수 있을 것이다. 이처럼 인간의 가치를 화폐단위로 수치화하여 이를 유일한 척도로 사용하면 오히려 불평등은 심화되고 인간 소외의 부정적인 결과를 초래한다.

인간으로서 누려야 할 기본적, 보편적 권리가 무시되고 물신주의와 비인간적, 비윤리적 행태 등으로 이어진다. 따라서 현 금융자본주의의 한계를 인식하고 화폐에 대한 인식과 관련하여 인간의 복지, 사회·환경적 책임, 경제성장의 지속 가능성을 우선하는 대안적 시각을 고려하는 것이 중요하다. 인간을 존재 그 자체로서 인정하고 화폐를 인간 존재에 대한 대가로 활용할 수 있도록 인식의 지평을 확장할 필요가 있다.

인간을 인간 존재 그 자체로 평가할 것인지 효용(능력과 성과)으로 평가할 것인지에 대한 철학적 근거는 사회 내에서 지배적으로 작동하는 윤리적 틀이나 세계관, 즉 지배 이데올로기에 달려 있다. 이와 관련한 철학적 관점은 크게 두 가지로 대별된다. 하나는 롤스의 평등주의 윤리관(egalitarianism)이고 다른 하나는 벤담의 공리주의 윤리관(utilitarianism)이다. 이 두 윤리관은 인간 존재에 대해 상반된 해석을 내놓고 있다.

예를 들어 '최약자에 대한 최대한의 지원과 배려'로 대표되는 존 롤스(John Rawls, 1921~2002)의 평등주의 윤리관은 유용성, 효용과 관계없이 인간의 고유한 가치와 존엄성을 강조한다. 이러한 롤스의 관점에서는 인간 개개인은 존재 그 자체로서 도덕적 가치를 가진다. 따라서 인간의 복지와 번영은 그 자체로서 중요하다. 롤스의 윤리관을 따르면 인간 존재 그 자체에 대한 의미 부여에 무게가 실릴 것이고 화폐에 대한 인식과 활용도 이에 맞추어 구성될 수 있다.

롤스의 평등주의 윤리관과 대별되는 것이 '최대 다수의 최대 행복'

으로 대표되는 제러미 벤담(Jeremy Bentham, 1748~1832)의 공리주의이
다. 공리주의는 결과론적 윤리관의 선구로 전반적인 효용이나 행복의
극대화를 우선시하고 이 목표에 대한 기여도를 기준으로 개인을 평가
한다. 이러한 관점에서 개인은 긍정적인 결과를 창출하는 능력, 성과,
또는 그 효용에 따라 평가된다. 즉 인간은 존재 그 자체로 가치가 인정
되는 것이 아니라 효용에 따라 그 가치가 결정된다. 이러한 측면에서
공리주의는 신자유주의의 철학적 기초라고 해도 무리가 아니다.

물론 평등주의와 공리주의 사이에서 균형을 맞추려는 절충적 윤리
관이 존재한다. 이는 인간 존재 자체로서의 고유성과 인간 개개인의 효
용에 따른 결과의 중요성 사이에서 인간의 가치를 평가하고자 한다. 예
를 들어 마이클 샌델(Michael Sandel, 1953~)은 『정의란 무엇인가』
(Justice, 2010)에서 개인의 존엄성 보호를 우선시하는 동시에 사회적, 환
경적 이익 달성의 중요성도 제시하였다. 그는 사회적 연대와 시민적 덕
목을 강조하는 공동체주의를 주장하였다. 이를 통해 평등주의와 공리주
의 그 절충점을 찾고자 시도하였다.

이렇게 현재까지도 인간 존재에 대한 철학적 논쟁과 고민이 진행
되는 것을 보듯이 궁극적으로 인간을 평가하는 철학적 기반은 그 사회
가 결정한다. 그 사회의 문화적 토양, 역사적 맥락, 개인의 가치관과 신
념, 지배적 이데올로기로서 적용되는 윤리적 원칙이나 기준을 포함한
다양한 요인이 작동한다. 한 가지 분명한 것은 효용을 절대적인 기준으
로 하는 현 금융자본주의와 신자유주의는 인간이 존재 자체로서 가지
는 가치를 부정하거나 무시함으로써 화폐의 기능과 역할을 경제적 부
산물 또는 베일로 축소하고 있다는 것이다.

이는 사회경제적 자원, 공공재로서 화폐가 긍정적인 역할을 할 수

있는 여지를 배제하는 것과 연결된다. 이러한 화폐에 대한 지배적 인식과 통념을 극복하는 것이 시장의 자유가 인간의 자유를 억압하고 박탈하는 아이러니와 인간 존재가 부정되는 악순환이 계속되는 현 금융자본주의 문제점을 해결하는 첫 단추가 될 것이다. 인간 존재가 그 자체로 인정받을 수 있는 새로운 화폐인식의 전환과 대안적 이데올로기의 수립이 필요한 시점이다.

신자유주의는 인간을 단순히 생산에 필요한 노동을 공급하는 여러 생산수단 중 하나로 인식한다. 노동생산성과 같은 질적 요소를 고려한 인적자본도 생산을 위한 자본의 한 형태일 뿐이다. 인적자본(human capital)은 경제적 가치를 창출할 수 있는 생산성과 능력에 영향을 미치는 개인 또는 집단이 소유한 지식, 기술, 창의력 등의 자질을 의미한다. 인간의 노동력도 자본화하는 것이다.

이러한 인적자본 관점에서도 개인은 노동을 통해 상품과 서비스 생산에 얼마만큼 기여하는지에 따라, 즉 그 능력 또는 자질에 따라 평가된다. 인간의 가치는 시장이 평가하는 유용성 또는 효용에 따라 결정된다. 인적자본을 위한 교육, 훈련, 의료 등에 대한 투자는 다른 무엇보다도 개인의 노동생산성을 높이고 경제적 가치를 창출할 수 있는 잠재력을 증가시켜야만 비로소 유의미하다. 수요가 많은 기술이나 지식을 보유한 개인은 더 높은 수준의 급여와 경제적 기회를 얻게 된다.

이러한 인적자본 강화를 위한 투자는 인간 존재 그 자체에 대한 존중이라기보다는 경제적 부가가치의 창출을 위한 방법이라는 한계를 갖는다. 이러한 인적자원 투자에서 배제된 개인은 불평등과 소외로 내몰릴 가능성이 존재한다. 따라서 경제학은 인간을 효용이 아닌 존재 그 자체로 인식하고 평가하는 노력과 함께 인간에 대한 폭넓은 이해와 사고를 추구할 필요가 있다. 인문학 등 다른 학문 분야와의 학제적 소통과 협업을 위한 고민과 행동이 필요한 이유이다.

인간을 존재 그 자체로서 인정하는 관점에 기초한 사회경제정책은 생산성, 효율성과 같은 시장 중심의 성과보다 한 사람 한 사람을 그 자체로 목적으로 하는 지원을 우선시한다. 이러한 정책은 교육, 돌봄, 의료, 주거와 같은 사회구성원의 기본적 필요를 위해 서비스의 접근성을 개선한다. 더 나아가 개인의 사회적, 경제적 평등과 자아실현의 기회를 확대하는 것을 목표로 삼는다. 이와 관련하여 다음과 같은 정책을 고려할 수 있다.

우선 일반적으로 알려진 정책은 사회안전망을 제공하는 것이다. 예를 들어 개인이나 가계가 경제적 한계상황에 빠진 경우 주거 서비스, 최저생계비 지원 등 최소한의 현금성, 현물성 지원을 제공한다. 이는 저소득 가구나 취약계층을 위한 긴급성 지원으로 개인이 최소한의 기본적인 삶을 유지할 수 있도록 설계된다. 기본적인 삶을 위해서는 현금 지원과 현물 서비스가 모두 필요하다.

다음으로는 모든 국민 개개인에게 제공되는 보편적 기본서비스를 고려해 볼 수 있다. 보편적 기본서비스는 사회서비스라고도 하는데 누구든지 사회의 공동구매를 통해 누릴 수 있는 보편적이고 일반적인 서비스를 의미한다. 보편적 기본서비스를 위한 재원은 개인뿐만 아니라 기업, 국가도 분담하고 누구든지 필요할 때 그 서비스의 혜택을 제공받는 것이다. 그 예로 건강보험을 들 수 있는데 개인이 필요할 때 적절한 의료서비스를 큰 비용 부담 없이 받도록 하는 것이다.

보편적 기본서비스, 사회서비스는 의료 외에도 광범위한 분야로 확대될 수 있다. 생애주기에서 필수적일 수밖에 없는 교육, 돌봄, 보건

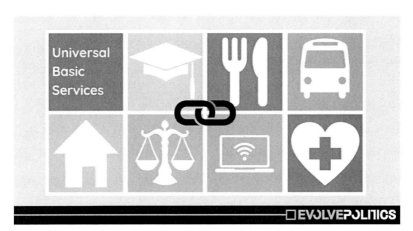
보편적 기본서비스 개념도

등의 인적 서비스와 교통, 통신, 주거 등의 인프라 서비스를 고려해 볼 수 있다. 예를 들어 국가는 취업을 위한 교육 서비스를 위해 직업 훈련과 평생교육 프로그램을 위한 지원을 제공한다.

이러한 보편적 기본서비스를 통해 개인은 자아실현뿐만 아니라 사회경제적 기여가 가능하다. 인간을 존재 그 자체로 인정하는 사회경제정책은 개인의 발전과 공동체의 복지를 별개로 나누지 않는다. 성장과 효율성도 중요하지만 이는 보다 광범위한 사회적, 윤리적 요소와 함께 고려되고 균형을 이루어야 함을 강조한다.

보편적 기본서비스 또는 사회서비스의 제공은 인간 존재를 위한 사회경제정책에서 중요한 위치를 차지한다. 그리고 이를 실행하기 위한 재원을 위해 국가주도 화폐창조가 활용될 수 있다. 현대화폐이론을 활용한다면 정부가 부채의 화폐화 방식으로 정부지출에 필요한 재원을 마련한다. 이를 완전고용 달성, 공공재와 사회서비스 제공을 위한 정부 사업에 사용할 수 있다. 현대화폐이론은 인간 존재에 대한 철학적 명제를 다루고 있지는 않지만 그 정책의 지향점은 인간 존재 그 자체를 위한 사회경제정책과 맥락을 같이 한다.

예를 들어 현대화폐이론은 일자리를 원하는 사람에게 생활임금 (living wage) 등 최소한의 인간적 삶에 필요한 수준의 임금으로 일자리 를 제공하는 일자리 공급정책을 주장한다. 생활임금은 최저임금만으로 는 보장하기 어려운 교육, 문화, 주거비 등을 고려해 노동자의 삶의 질 향상에 기여하기 위한 급여 개념이다. 국채 발행을 통한 적자 재정이 기본적인 삶에 필수적인 교육, 의료, 주거와 같은 공공재와 사회서비스 제공에 필요한 재원 마련을 위해 사용될 수 있다. 이는 앞에서 제시한 인간 존재를 위한 보편적 기본서비스, 사회서비스 제공의 필요성과 일 맥상통한다.

다음으로 주권화폐이론은 현대화폐이론보다 국가의 화폐 활용 가 능성을 더 확장한다. 주권화폐이론은 국가가 직접 필요한 화폐를 창조 하고 이를 재원으로 활용할 수 있다고 주장한다. 주권화폐이론은 상업 은행화폐 대신 주권화폐를 도입할 것을 주장하고 있다는 점에서 현 화 폐·통화시스템이 전면적인 개혁도 요구한다. 주권화폐이론은 화폐인식 의 대전환이 없는 한 현대화폐이론에 비해 정책실현 가능성은 낮다. 하 지만 주권화폐이론은 국가가 발권력을 갖고 직접 필요한 재원을 마련, 집행할 수 있음을 이야기하고 있다는 점에서 기존 화폐이론과 그 성격 이 다르다. 국가에게 화폐발행권(발권력)을 부여한다는 측면에서 가장 급진적이면서 혁신적인 화폐이론이다.

아래 절에서는 앞의 논의를 바탕으로 아래 절에서는 국가주도 화 폐창조의 적용 가능성에 대해 주로 유럽에서 논의되고 있는 보편적 기 본서비스 또는 사회서비스에 대해 살펴본다. 그리고 미국의 현대화폐이 론을 활용한 CARES법, 인프라법, 산업정책 등에 대해서도 살펴본다.

앞의 내용을 요약하면 다음과 같다.

① 인간을 인간 존재 그 자체로 평가할 것인지 효용(능력)으로 평가할 것인지에 대한 철학적 근거는 사회 내의 지배적 이데올로기에 달려 있다.

② 이와 관련한 철학적 관점은 크게 두 가지로 구별되는데, 하나는 존 롤스의 평등주의 윤리관이고 다른 하나는 제러미 벤담의 공리주의 윤리관이다.

③ '최대 다수의 최대 행복'을 주장하는 공리주의에서 개인은 오로지 긍정적인 결과를 창출하는 능력(효용)에 따라 평가된다. 인간은 존재 그 자체로 가치가 인정되는 것이 아니라 효용에 따라 그 가치가 결정된다.

④ '최소 수혜자 최우선(최대) 배려의 원칙'으로 대표되는 존 롤스의 평등주의적 윤리관은 유용성, 효용과 관계없이 인간의 고유한 가치와 존엄성을 강조한다. 이러한 관점에서는 인간은 존재 그 자체로서 도덕적 가치를 가지며 인간의 복지와 번영은 그 자체로서 중요하다.

⑤ 존 롤스의 윤리관을 따르면 인간 존재 그 자체에 대한 의미 부여에 무게가 실릴 것이고 화폐인식과 활용도 이에 맞추어 구성될 수 있다.

⑥ 현 금융자본주의와 신자유주의는 인간이 존재 자체로서 가지는 가치를 부정하거나 무시함으로써 화폐의 기능과 역할을 경제적 결과물 또는 베일로 축소하고 있다. 화폐가 인간 존재를 위한 사회경제적 자원, 공공재로서 긍정적인 역할을 할 여지를 원천적으로 배제한다.

⑦ 이러한 화폐인식을 극복하는 것이 인간 존재가 부정되는 악순환이 계속되는 현 금융자본주의 문제점을 해결하는 첫 단추가 될 것이다.

⑧ 인간을 '존재' 그 자체로서 인정하는 관점에 기초한 사회경제정책은 한 사람 한 사람을 목적으로 하는 지원과 배려를 우선한다.

⑨ 이러한 정책은 교육, 돌봄, 의료, 주거와 같은 사회구성원의 기본적 요구에 대한 서비스 접근성을 개선하고 개인의 사회적, 경제적 평등과 기회를 확대하는 것을 목표로 한다.

⑩ 이와 관련된 구체적 정책을 고민할 필요가 있으며 그 방안으로 현대화폐이론, 주권화폐이론과 같은 국가주도 화폐이론을 고려할 수 있다.

2. 유럽의 보편적 기본서비스 논의

국가주도 화폐창조는 유럽에서 주로 논의되고 있는 보편적 기본서비스 제공과 연결될 수 있다. 보편적 기본서비스(universal basic services)는 개인의 지불 능력과 상관없이 모든 국민에게 제공되는 일련의 필수적인 사회서비스를 의미한다. 보편적 기본서비스는 인간의 복지와 사회적 통합을 위해 필수적인 서비스이다. 이는 의료, 돌봄, 교육, 교통, 돌봄, 에너지, 의료, 주거 등과 같은 다양한 인적, 인프라 서비스를 포함하는 개념이다. 이 중 어떤 서비스 분야에 우선순위를 두고 선택할지는 개별 국가와 사회의 몫이다.

보편적 기본서비스는 런던대학(University College London)의 세계번영연구소(Institute for Global Prosperity)가 2017년 발표한 "미래를 위한

사회적 번영: 보편적 기본서비스 제안"(social prosperity for the future: a proposal for universal basic services)이라는 제목의 보고서를 펴내면서 본격적으로 논의되기 시작하였다. 보편적 기본서비스의 목표는 국민 개개인이 존엄하고 건강한 삶을 살아가는 데 필요한 기본서비스에 접근할수 있도록 보장하는 것이다. 소득, 성별, 신분, 사회적 지위와 상관없이모든 사람에게 보편적 기본서비스를 제공함으로써 인간이 존재 그 자체로 인정받고 안정된 삶을 살 수 있는 환경을 제공한다.

보편적 기본서비스는 여러 분야에서 다양하게 제공될 수 있다. 예를 들어 의료 서비스는 필수적인 보편적 기본서비스 중 하나로서 질병의 예방과 치료에 대한 접근을 제공한다. 교육 서비스는 개인이 잠재력을 최대한 발휘하고 경제와 사회에 기여할 수 있도록 양질의 학교 교육과 평생학습의 기회를 제공한다. 주거 서비스는 안전한 주거 공간을 제공하고 최소한의 주거복지를 누릴 수 있도록 한다. 교통서비스는 직장이나 주거지의 위치와 상관없이 편리하고 저렴하게 원하는 장소로 접근할 수 있도록 한다. 에너지서비스는 난방, 취사, 기타 일상생활에 필요한 깨끗하고 저렴한 에너지원에 대한 접근을 제공한다.

이처럼 보편적 기본서비스의 구현은 개별 국가나 지역의 특정 요구와 상황에 따라 다양한 형태를 취할 수 있다. 보편적 기본서비스는보편적 기본소득(universal basic income)과 한 쌍을 이루는 대안으로 논의되기도 한다. 보편적 기본서비스는 현금으로 지급되는 보편적 기본소득과는 그 성격과 목적이 다르다. 기본소득은 사회구성원 모두에게 주기적으로 일정 금액을 조건 없이 지급하는 것으로 무조건적 보편성을갖고 있다. 이는 기존의 복지를 대체하는 목적이 있다. 이에 반해 기본서비스는 필요가 있는 경우에만 이용한다는 조건적 보편성을 갖고 있다. 이는 기존 복지수준과 체제를 그대로 유지하면서 이에 더해 기본서비스를 제공한다는 측면에서 기본소득보다 진보적이고 현실적인 정책이다.

사실 기본소득 논의는 자본주의가 고도화될수록 기계화, 자동화로 인한 노동소외가 발생하고 실업문제가 심각해지고 이에 대응하기 위한 복지 재원이 급증할 수 있다는 우려에서 시작되었다. 기본소득은 복지에 소요되는 비용을 기본소득으로 대체하자는 자유주의적 사상과 정책에 그 뿌리를 두고 있다. 기본서비스의 입장에서는 기본소득을 복지를 대체하는 수단이 아닌 소득 보장의 대안으로 한정할 것을 주장한다. 기본소득이 사회서비스를 대체하는 것을 반대한다. 오히려 기본서비스의 확대를 주장한다.

이는 기본소득과 기본서비스가 상충되는 정책조합이 아니라 상호 보완적 관계가 될 수 있음을 의미한다. 보편적 기본서비스는 기본소득과 마찬가지로 빈곤과 불평등을 감소시키면서 국민 다수의 삶의 질을 향상하는 방안이다. 재원에 대한 부담이 기본소득에 비해 적다는 측면에서 보편적 기본서비스가 오히려 더 나은 대안으로 평가된다. 예를 들어 영국의 경제학자 이안 고프(Ian Gough)는 상품화된(시장에서 공급되는) 서비스와 기본소득의 결합보다는 보편적 기본서비스가 더 나은 대안이 될 수 있다고 주장한다.

작은 규모라도 상당한 규모의 재원이 필요한 기본소득은 개인의 소득 보전이나 증가만을 고려하기 때문에 공공의 집합적인 공급과 소비를 위축시킬 수 있다고 지적한다. 반면 보편적 기본서비스는 기본소득에 비해 상대적으로 적은 재원으로도 인간이 생애주기에 따라 직면하는 공통적인 욕구에 직접적으로 대응할 수 있다. 따라서 보편적 기본서비스가 기본소득에 비해 경제적인 측면에서 더 효율적이다. 사회적 연대성과 지속 가능성이 측면에서도 우월하다.

보편적 기본서비스는 다양하고 광범위한 분야로 확장될 수 있다. 보편적 기본서비스를 최초로 제기한 위 "미래를 위한 사회적 번영" 보고서에서는 보편적 기본서비스의 영역으로 우선 교육, 교통, 법률, 보건의료, 법률, 정보, 주거, 음식 등 분야를 제시하였다. 이러한 영역은 안전과 기회, 참여를 보장하기 위해 모든 시민에게 무상으로 보장된다. 구체적인 내용과 수준은 분야마다 다르다.

예를 들어 음식의 경우 무상급식 서비스의 확대를, 주거의 경우 임대료와 지방세 부과가 없는 사회주택 공급 확대를 제안한다. 교통의 경우 노인에게만 적용하던 버스 무임승차 혜택을 모두에게 확대하여야 한다고 주장한다. 이를 포함하여 모든 시민에게 다양한 기본서비스 접근을 보장할 수 있어야 한다. 이렇게 기본서비스는 점차 다양한 분야로 확대, 강화되어 국민의 삶을 지탱하는 버팀목 역할을 할 수 있다.

보편적 기본서비스는 제2차 세계대전 종전 이후 복지국가의 가치로 돌아갈 것을 목표로 한다. 전후 서구 유럽 선진국을 중심으로 구축되었던 무상의료와 무상교육의 경험을 확장하는 것이다. 이는 그동안 사회서비스 부문까지도 신자유주의적 이윤 획득을 위한 영역으로 전락해왔던 것을 복원하고자 하는 것이다. 보편적 기본서비스를 통하여 인간의 삶에서 필수적인 서비스 영역에서만큼은 자본의 탐욕을 벗어나 인간 존재의 가치를 회복하고자 하는 것이다.

보편적 기본서비스는 형평성(equity), 효율성(efficiency), 연대성(solidarity), 지속 가능성(sustainability)의 네 가지 차원에서 이해될 수 있다. 보편적 기본서비스는 1) 고소득층보다는 저소득층에게 더 큰 가치를 갖는다는 점에서 형평성을 2) 시장 실패 극복과 규모의 경제를 통해 효율성을 3) 공유된 이해와 목적에 집합적으로 대응함으로써 연대성을 4) 공적서비스를 보다 환경 친화적인 방법으로 조직함으로써 지속 가능성이 확보된다고 본다.

우선 '형평성'에 있어서 보편적 기본서비스는 실질가처분소득을 늘려주는 효과가 있기 때문에 소득 불평등을 완화한다. 삶의 필수적인 서비스를 무상 또는 일부 비용만으로 제공해 개인의 가처분소득을 증대시키는 효과를 준다. 이러한 소득 보전 효과는 상당한 재분배 효과가 있는 것으로 평가된다. 예를 들어 OECD의 사회서비스 제공을 통한 현물급여가 가처분소득에서 차지하는 비율이 소득 최하위 1분위에서는 76%인 데 비해 최상위 5분위에서는 20%에 미치지 못하는 것으로 나타났다. 따라서 보편적 기본서비스는 기본소득과 같이 현금 지급 형식의 직접적인 재분배 없이도 상당한 재분배 효과가 있는 것으로 보인다.

'효율성' 측면에서는 보편적 기본서비스가 제공됨으로써 사적자본 중심의 시장에 의존했던 방식보다 거래비용을 낮추고 경쟁으로 인한 중복 투자가 방지되는 등 사회서비스를 효율적으로 제공할 수 있다. 통신 분야에서는 네트워크 비용 감소를 통해 규모의 경제 효과도 클 것이라 기대된다. 기본소득은 재정 소요가 상당한 부담이 되는 것에 비하여 보편적 기본서비스를 위한 비용은 상대적으로 적은 재원으로도 가능하다.

'연대성'의 측면에서 보편적 기본서비스는 개인 혼자서는 감당할 수 없는 위험과 문제에 대해서 자원의 공유와 사회 공동의 대응 중심의 정책과 실천을 요구한다는 차원에서 사회적 연대성을 높일 수 있다. 연대성을 사회구성원의 서로를 위한 공감과 책임이라고 한다면 보편적 기본서비스는 이러한 연대성을 개인의 차원이 아닌 모든 사회구성원의 차원으로 확장하는 것이다.

마지막으로 보편적 기본서비스는 과잉 소비와 투자를 부추기는 시장 방식보다 환경적으로 '지속 가능'할 수 있다. 보편적 기본서비스는 과도한 욕망의 충족을 강제하는 시장의 방식과 달리 자원의 사용이 사회적으로 관리되고 통제된다. 기본서비스는 사회구성원 모두가 자원과 위험을 공유하면서 민주적 방식으로 관리, 통제하기 때문에 시장방식보다 환경 친화적으로 서비스의 공급이 가능하다.

이렇게 보편적 기본서비스는 경제성장의 과실을 성장 자체에서 끝나는 것이 아니라 인간 존재와 복리를 위해 전환하는 데 중요한 역할을 할 것으로 기대된다. 아울러 보편적 기본서비스의 필요성은 가족의 의미가 바뀌고 여성에게 전가되었던 부담이 사회적으로 공유되어야 한다는 요구가 증가하면서 더욱 높아질 것이다. 저출산 고령화, 저성장, 의료기술 발달과 생활수준 향상 등에 따라 이와 관련된 사회서비스의 요구는 지속적으로 증가하기 때문이다.

이러한 측면에서 보편적 기본서비스가 가지는 사회적 의미를 간과하기 어렵다. 우리나라의 경우에도 보편적 기본서비스에 대한 수요와 필요는 높아지고 있지만 이에 상응하는 사회적 차원의 논의와 합의는 시작 단계에 머물고 있다. 가까운 미래에 보편적 기본서비스 제공과 이를 위한 재원 마련의 필요성에 대한 논의는 피할 수 없을 것이다. 보편적 기본서비스 제공을 위한 정교한 제도 구축과 이에 필요한 재원을 위해 국가주도 화폐창조의 필요성도 그만큼 커질 것으로 예상한다.

보편적 기본서비스의 제공은 그 국가와 사회의 상황과 처지에 따라 달라진다. 예를 들어 우리나라의 경우 건강보험과 공교육은 누구에게나 열려있는 보편적인 기회이고 권리로 여겨진다. 따라서 보편적 기본서비스가 좀 더 확대, 강화되어야 할 분야는 돌봄, 교통, 통신 분야 등 사적 자본의 영향력이 큰 분야이다. 특히 돌봄 분야의 경우 급속하게 진행되는 고령화를 고려할 때 노인 돌봄 서비스가 사적 자본의 영향력에서 벗어나 공적 영역으로 들어올 수 있도록 제도보완과 재정지원이 시급하다.

현재 중년의 삶을 살아가는 사람은 부모를 돌보아야 하고 동시에 자신의 노후도 준비해야 한다. 삶이 고단할 수밖에 없다. 노년층과 장애인들에 대한 돌봄 서비스가 확대, 강화된다면 몇 십만 원씩 뿌리는 선심성 현금보다 효과적일 것이다. 노인 돌봄을 위해 사회구성원이 연대, 협력하는 것은 궁극적으로 국민 개개인의 삶을 지키는 결과를 가져온다. 이러한 보편적 기본서비스는 다른 여러 분야로 확대될 수 있다.

문제는 재원이다. 현대화폐이론은 정부가 부채의 화폐화를 통해 보편적 기본서비스 제공을 위한 재원을 마련할 수 있다고 주장한다. 정부는 세금이나 차입에만 의존하지 않고 보편적 기본서비스 제공에 필요한 재원을 위해 화폐를 창조한다. 이는 현대화폐이론의 부채의 화폐화 방식이든 아니면 주권화폐이론의 주권화폐발행 방식이든 법정화폐와 조세권이 존재하는 한 가능하다. 왜냐하면 기본서비스 제공을 위해 창조되어 투입된 법정화폐는 사후적으로 세금, 국채 발행 등의 경로를 통해 적절한 수준에서 환수될 수 있기 때문이다.

이처럼 국가주도 화폐창조를 활용한 재원 마련과 보편적 기본서비스 제공은 우리나라가 직면하고 있는 여러 가지 사회경제 문제를 해결하는 유효한 도구가 될 수 있다. 국가가 보편적 기본서비스를 제공하면 개인의 경제적, 사회적 활동 참여 기회는 증가한다. 이는 경제적 부가

가치 증가로 이어지고 경제와 복지의 선순환이 가능하다. 물론 보편적 기본서비스 제공을 위한 국가주도 화폐창조는 그 목표가 아무리 정당하고 이상적이더라도 실제 그 나라의 경제적 수준 또는 생산능력과 전혀 무관할 수는 없다.

다시 말해 국가주도 화폐창조는 무제한적인 것이 아니라 제약이 존재한다. 예를 들어 경제가 이미 완전고용, 잠재성장률을 넘어서는 상태라면 추가적인 화폐창조는 인플레이션 압력을 가중시킨다. 따라서 정부는 물가안정과 성장잠재력을 유지하면서 보편적 기본서비스를 제공할 수 있도록 재정지출과 이에 필요한 화폐창조를 신중하게 시행, 관리하는 것이 필요하다.

이는 보편적 기본서비스와 이를 위한 재원은 각 국가의 필요와 특성에 맞게 조정되고 관리되어야 함을 의미한다. 예를 들어 우리나라는 이미 국민건강보험, 기초생활보장, 국민연금 등 여러 사회복지제도가 시행되고 있다. 하지만 최근 전 국민적 문제가 되고 있는 저출산 고령화의 급격한 진행, 과도한 사교육 팽창, 자산 양극화 등에 대응하는 기본서비스는 미비하다. 따라서 보편적 기본서비스도 이러한 시급하고 국민 삶에 막대한 영향을 미치는 분야를 중심으로 시행되어야 한다.

아래에서 논의하겠지만 저출산 문제와 관련하여 보편적 기본서비스를 고려해 본다면 우선 역세권을 중심으로 국공유지를 활용하여 청년, 저소득층에게 저렴하고 높은 수준의 공공임대주택을 제공할 수 있다. 대학생을 포함한 청년이 무료나 저렴한 비용으로 대중교통을 이용할 수 있다. 공교육을 강화하여 일반대학뿐만 아니라 폴리텍대학을 중심으로 기술교육을 평생교육의 개념으로 확대, 강화할 필요가 있다. 간병, 요양 등 노인 돌봄 시비스와 관련하여 간병, 요양서비스 지원을 강화함으로써 고령화 문제를 해소하는 데 도움을 줄 수 있다.

이러한 보편적 기본서비스를 제공하기 위해서는 정부의 세입 외에 새로운 수입원이 필요하다. 세수를 늘리기 위해서는 새로운 세원의 확보, 세율의 인상 등이 필요하지만 이에 따른 조세저항 등 장벽에 부딪히는 어려움이 존재한다. 따라서 이러한 재원 마련의 한계를 극복하기 위해서 국가주도 화폐창조를 활용할 수 있다. 보편적 기본서비스를 위해서는 정부의 정책의지와 함께 필요한 재원 마련을 위한 국가주도 화폐창조가 동반되어야 한다.

앞의 내용을 요약하면 다음과 같다.

① 모든 국민 개개인에게 제공되는 보편적 기본서비스 논의는 주로 유럽에서 진행되고 있다. 보편적 기본서비스 제공에 필요한 재원을 위해 국가주도 화폐창조를 고려할 수 있다.

② 보편적 기본서비스는 사회서비스라고도 하는데 누구든지 사회의 공동구매를 통해 누릴 수 있는 보편적이고 일반적인 서비스이다. 이는 기본소득에 비해 정책적으로 우월하다고 평가된다.

③ 보편적 기본서비스는 광범위한 분야로 확대될 수 있다. 이는 전 생애에 걸쳐 필요한 기본적 서비스인 교육, 돌봄, 보건, 취업 훈련 등 인적 서비스와 교통, 통신, 주거 등 인프라 서비스이다.

④ 보편적 기본서비스는 우리나라가 직면하고 있는 여러 사회경제적 문제를 대응하기 위해 시행될 필요가 있다. 이를 위한 재원 마련을 위해 국가주도 화폐창조가 동반될 수 있다.

3. 미국의 CARES법

국가주도 화폐이론 중 하나인 현대화폐이론은 2008년 글로벌 금융
위기 이후 신자유주의에 기초한 현 금융자본주의에 대한 비판과 함께
주목을 받게 되었다. 이에 대한 논의는 아이러니하지만 위기의 산실이
었던 미국에서 활발히 진행되고 있다. 현대화폐이론은 정부가 필요한
경우 부채의 화폐화를 통해 완전고용을 보장하고 경기침체에 대응한
완충장치를 제공할 것을 주장한다.

예를 들어 미국의 일부 정치인들은 의료, 교육과 같은 공공사업에
필요한 자금을 지원하기 위해 적자 지출을 늘릴 것을 요구했다. 대표적
으로 민주당 대통령 후보이자 상원의원인 버니 샌더스(Bernie Sanders)와
하원의원인 알렉산드리아 오카시오-코르테즈(Alexandria Ocasio-Cortez)
등이 제안한 일자리 보장 프로그램이 그 사례이다.

현대화폐이론에 기초한 일부 정책은 미국에서 상당한 견인력을 얻
고 있는 것으로 보인다. 코로나 팬데믹 대응을 위한 보조금 정책도 현
대화폐이론에 근간을 두고 있다. 미국은 2020년 이후 코로나 팬데믹 대
응을 위해 제한적이지만 현대화폐이론을 기반으로 하는 정책을 제안하
거나 시행하였다. 그 대표적인 예가 코로나 위기 극복을 위한 보조금
지급을 규정하고 있는 CARES법(Coronavirus Aid, Relief, and Economic
Security Act)이다.

CARES법은 팬데믹 위기에 대응하여 2020년 3월 제정된 보조금 패
키지 법안이다. CARES법의 주요 내용은 다음과 같다. 개인에 대한 직
접적인 지원을 위해 개인당 최대 1,200달러, 부부당 2,400달러, 자녀당
500달러까지 현금을 지급했다. 실업에 대응하기 위해 이전에는 실업수
당 수령 자격이 없었던 자영업자, 독립계약자, 임시근로자를 포함하여

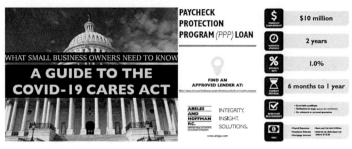

CARES법 광고 사진   PPP 안내 사진

실업수당 대상자를 확대하였다. 이어서 2020년 7월 말까지 연방실업수
당으로 주당 600달러를 추가로 제공하였다.

　또한 중소기업 지원을 위해 중소기업이 직원을 유지하고 팬데믹
기간 기타 비용을 충당할 수 있도록 탕감 가능한 대출을 제공하는 급여
보호프로그램(Paycheck Protection Program)을 시행하였다. 소위 PPP라고
하는데 이는 직접 현금을 지급하는 방식의 지원이었다. 또한 주정부,
지방정부가 전염병에 대응하고 의료, 교육, 공공 안전과 관련된 비용을
충당할 수 있도록 의료 서비스 제공자와 병원 등에 자금을 제공하였다.

　CARES법을 통해 미국 정부는 예상치 못했던 팬데믹과 국경봉쇄,
대면활동 제한에 따라 막대한 경제적 피해를 입을 수 있는 개인과 기업
에 직접적인 현금성 재정지원을 제공하였다. CARES법에 따른 지원정책
은 팬데믹으로 인한 불확실성과 혼란의 시기에 국민 다수의 삶을 지켜
내고 경제위기를 막는 데 중요한 역할을 했다고 평가된다. CARES법은
2조 달러 이상의 지출을 승인하여 미국 역사상 가장 큰 부양책이 되었
다. 이 법안의 시행을 위해 필요한 재원은 연준의 대출도 일부 있지만
대부분은 국채 발행을 통해 이루어졌다.

　현대화폐이론에서 제시하듯 연준이 국채를 발행시장에서 직접 매
입한 것은 아니었지만 유통시장에서 사후적으로 재매입하여 부채의 화

폐화가 간접적으로 진행되었다. CARES법을 포함하여 미국 정부가 제공하는 팬데믹 관련 지원정책은 개인과 기업을 지원하기 위해 천문학적인 규모의 화폐를 창조하고 정부가 직접 이를 경제에 투입한 것과 다르지 않다. 현대화폐이론의 적용 가능성과 유효성을 보여준 것으로 평가된다.

이러한 CARES법과 후속 팬데믹 관련 부양 패키지(개인에 대한 추가 직접 지원, 백신 배포, 테스트 자금지원, 실업수당 연장 등)를 위한 자금 조달은 논쟁의 대상이 되었다. 대규모 정부지출이 장기적으로 재정적자와 인플레이션에 미치는 부정적인 영향에 대한 우려도 제기되었다. 하지만 기본적으로 팬데믹과 같은 국가 비상상황에서는 즉각적인 경기 부양과 공중보건 요구에 정부의 상당한 지원과 투자가 필요하다는 데 공감대가 형성되었다.

예를 들어 현대화폐이론의 대표 학자인 스테파니 켈튼(Stephanie Kelton)은 CARES법과 관련 지원책을 위한 재정지원을 적극 옹호하였다. 켈튼 교수는 팬데믹 구호 노력이 현대화폐이론 원칙의 적용 가능성을 입증한다고 주장하였다. 특히 경제위기 등의 비상시기에는 국민 다수에게 혜택을 주는 프로그램의 시행을 위한 재정지출의 필요성을 강력하게 주장하고 있다.

적지 않은 논란에도 불구하고 미국은 코로나 팬데믹 위기 대응을 위한 CARES법에 따라 대규모 재정투입이 가능했고 기초 생산단위가 붕괴하는 것을 막을 수 있었다. 국민 다수의 삶이 큰 타격 없이 보전될 수 있었다. 이렇게 미국의 코로나 팬데믹 대응을 위한 재정정책에 현대화폐이론이 적용되었다. 그리고 그 정책적 효과가 적절하고 유효했다는 점은 앞으로도 화폐·통화시스템 개혁과 국가주도 화폐창조와 관련하여

전향적으로 고려되어야 할 지점이다.

앞의 내용을 요약하면 다음과 같다.

① 현대화폐이론의 국가주도 화폐창조를 통한 정책은 이미 미국에서 논의되고 있고 CARES법으로 실제 현실이 되었다. 미국은 CARES법 시행으로 코로나 팬데믹 위기로 인해 붕괴할 수 있었던 경제와 국민 다수의 삶을 지켜낼 수 있었다.

② 코로나 팬데믹 위기 등 예상치 못한 국가적 위기의 발생 시, 정부의 신속하고 과감한 재정지원이 국가경제와 국민의 삶을 지켜내는 데 중요한 역할을 했다는 것은 부인할 수 없다.

③ 이렇게 미국의 코로나 팬데믹 대응을 위한 재정정책에 현대화폐이론이 적용되었다. 그 정책적 효과가 긍정적으로 평가되는 것은 앞으로 화폐·통화시스템 개혁과 국가주도 화폐창조와 관련하여 진지하게 고려되어야 할 부분이다.

4. 미국의 산업정책과 인프라법

국가주도 화폐창조는 앞에서 논의한 보편적 기본서비스 또는 사회서비스 확대, 강화 그리고 위기상황에서 지급하는 재난지원금에만 적용되는 것은 아니다. 복지와 재난극복을 넘어 성장을 위한 재원으로도 활용가능하다. 예를 들어 국가의 중요한 미래 신성장산업의 경쟁력 확보를 위한 국가의 투자를 위해 활용할 수 있다. 물론 이를 위한 투자의 재원은 앞에서 논의한 바와 같이 증세, 국채 발행을 통해서도 가능하다.

미래 신성장산업의 경쟁력 확보를 위한 재원은 기존의 방식뿐만 아니라 부채의 화폐화, 주권화폐 발행 등의 새로운 방법으로 가능하고 필요하다. 국가 간 경쟁력의 차이는 기술의 초격차에서 비롯되고 기술의 초격차를 위해서는 선제적인 대규모 투자가 필요하다. 이를 위해 국가주도 화폐창조가 활용될 수 있다.

기존에는 신성장산업 지원을 위한 재원확보 방안으로 증세, 국채발행이 이루어졌다. 이에 더해 최근 미국 바이든 정부에서 시행하고 있는 산업정책을 위한 재원 마련 방식으로 국가주도 화폐창조(부채의 화폐화)가 주목받고 있다. 과거와는 상반된 공격적이고 적극적인 미국의 산업정책과 재정확대는 유럽, 일본 등 다른 선진국에도 영향을 미칠 수밖에 없다. 이들 선진국도 산업경쟁력 확보를 위해 총력을 기울이고 있다.

앞에서도 언급했지만 미국, 유럽, 일본 등 주요 선진국이 원래부터 선진국이었던 것은 아니다. 이들 국가가 지금처럼 명실상부한 선진국으로 발전할 수 있었던 것은 지속적이면서 대대적인 국가의 투자와 지원이 있었기 때문이다. 그 형태와 특성은 다르지만 국가가 오랜 시간에 걸쳐 그 물질적 토대를 마련해 주었다.

현재 선진국 국민이 누리고 있는 높은 경제력과 복지수준은 국가주도의 대규모 투자와 지원을 통해 사회적, 제도적, 경제적 차원의 공공 인프라와 사회서비스 제공을 위한 시스템이 구축되었기 때문이다. 이러한 시스템의 구축은 다시 산업경쟁력의 향상으로 이어졌다. 이러한 선순환이 현재의 선진국이 될 수 있게 한 중요한 요인이다.

예를 들어 바이든 대통령은 2021년 11월 인프라법(Infrastructure Investment & Jobs Act)을 제정하였

국가의 적극적인 재정투자를 지지하는 바이든 대통령

다. 대중교통, 광대역 인터넷, 재생에너지에 대한 투자를 포함하는 2조 달러 규모의 인프라 투자를 결정하였다. 바이든 정부는 도로, 교량, 대중교통과 같은 공공 인프라에 대한 투자를 진행함으로써 국가 경쟁력을 높일 것이라 기대하고 있다. 더 나아가 인프라 투자는 일자리를 창출하고 생산성을 높이며 시민에게 필수 서비스를 제공할 수 있는 사회경제적 토대를 구축할 것으로 기대되고 있다. 이에 필요한 재원은 현대화폐이론 등 국가주도 화폐창조를 활용할 수 있다.

위기를 극복하고 국민 삶의 질을 향상하고 미래 신성장산업의 경쟁력과 성장 동력을 확보하기 위한 국가적 차원의 대대적이고 적극적인 재정투입은 공중으로 사라져버리는 것이 아니다. 미래에 더 큰 결실로 돌아오는 투자의 성격이 강하다. 따라서 이에 필요한 재원은 증세, 국채 발행, 더 나아가 부채의 화폐화도 적극 고려될 수 있다.

이처럼 국가주도 화폐창조는 가계의 실질가처분소득 증가라는 후생 차원뿐만 아니라 거시적인 차원에서 국가경제의 지속 가능한 성장을 위한 미래 신성장산업 육성과 경쟁력 확보에도 활용할 수 있다. 최근 대표적인 미래 신성장산업으로 떠오르고 있는 분야인 탄소중립, 신재생에너지, 친환경산업 등과 같은 '기후변화대응 산업'이 좋은 사례일 것이다.

기후변화대응 산업은 시장이 지속해서 확장될 수밖에 없는 블루오션이다. 기회도 많지만 그만큼 위험도 존재할 수밖에 없다. 초기 비용이 막대하고 그 투자를 통한 이윤 환수가 언제 얼마나 가능한지 불확실하다. 이윤을 목적으로 하는 기업 입장에서는 아무리 그 시장이 유망하더라도 기후변화대응 산업에 모든 것을 걸고 뛰어들기에는 위험부담이 크다. 따라서 자유시장경제의 시장 논리에 모든 것을 맡겨 놓으면 기후변화대응 산업에서 기술과 시장을 선점할 수 있는 초격차의 기회를 놓칠 수 있다.

지금 상황을 우리나라에 적용해 보면 그 누구도 선점하지 않은 기후변화대응 산업에서 추격자가 아닌 선도자로 도약하는 기회가 될 수 있다. 국가주도 화폐창조를 활용하여 신성장산업 분야에 대한 국가의 지원과 투자가 선제적으로 이루어진다면 기업들도 이에 호응하여 기술개발과 시장개척을 위한 도전에 과감히 뛰어들 것이다. 이는 기후변화대응 산업에만 국한되는 것이 아니라 반도체, AI, 로봇, 바이오, 이차전지, 정보통신 등 초격차가 필요한 다양한 신성장산업에 적용할 수 있다.

이렇게 국가의 지원과 기업의 호응, 상호협력과 그 시너지 효과를 통해 미래 산업경쟁력을 향상하고 새로운 성장 동력을 육성할 수 있다. 가까운 미래에 현실로 다가올 탄소중립, 친환경, 신재생에너지 시대를 선도하고 이 분야를 성장 동력으로 활용하기 위해서 국가의 역할이 그 무엇보다도 중요하다. 신자유주의 원칙을 고집하며 시장원리, 기업에만 맡기는 것은 선도자가 될 수 있는 천재일우의 기회를 스스로 버리는 것과 다름없다. 국가 주도의 과감한 기술개발 지원과 인프라 투자를 위해서 국가주도 화폐창조가 필요하다.

이렇듯 여러 핵심적인 미래 산업 분야에서 기술개발과 관련 인프라 투자는 자본과 시장에만 맡기기에는 부족할 수밖에 없다. 이를 방기하는 것은 정부의 역할을 방임하는 것이다. 국가가 주도적으로 투자와 지원에 나설 필요가 있다. 이는 기업이 새로운 분야로의 진출에 따르는 불확실성과 위험부담을 줄여주고 자연스럽게 기업의 동참을 유도한다. 기후변화대응 산업은 국가와 기업이 함께 개척해가야 하는 분야이다. 국가주도 화폐창조의 필요성이 대두되는 것이다.

국가는 기후변화대응 산업의 기술개발과 인프라 투자에 필요한 재원이 부족하다고 손을 놓고 있어서는 안 된다. 증세, 국채 발행뿐만 아니라 부채의 화폐화, 주권화폐 발행 등 국가주도 화폐창조를 통해 필요한 재원을 마련하고 이를 활용하여 대대적이고 과감한 투자를 시행해야 한다. 기후변화, 탄소중립의 시대를 맞이하여 우리나라는 기존처럼 추격자로 남겨질 것인가, 아니면 선도자로 도약할 것인가라는 국가적 명운이 달린 선택의 기로 위에 서 있다. 둘 중 무엇을 선택해야 할 것인가? 답은 너무나 당연하다.

앞의 내용을 요약하면 다음과 같다.

① 국가주도 화폐창조는 사회서비스 확대, 강화에만 적용되는 것은 아니다. 국가의 중요한 미래 신성장산업의 경쟁력 확보를 위한 투자를 위해서도 활용할 수 있다.

② 선진국은 오랜 기간 국가의 재정투입, 투자를 통한 각종 사회간접인프라, 산업경쟁력 강화 등을 통해 초격차를 달성하였다. 이러한 과정을 지나 선진국 위치에 올라설 수 있었다.

③ 미국 바이든 행정부는 사회간접인프라 투자를 위한 인프라법, 기후변화대응을 위한 탄소중립, 친환경, 신재생에너지 산업 등 미래 성장산업의 경쟁력 강화를 위해 현대화폐이론의 화폐의 부채화를 활용하고 있다.

④ 우리나라도 미래 신성장산업 육성과 경쟁력 향상이 필요하다. 이를 위해서는 기업만으로는 역부족이다. 국가의 주도적인 지원과 투자가 있어야 한다. 이에 필요한 재원 마련을 위해 국가주도 화폐창조를 활용할 수 있다.

⑤ 기술의 초격차를 달성해야만 선도자로 도약할 수 있다는 점을 고려하면 이는 우리나라의 명운이 달린 문제이다.

5. 국가주도 화폐창조의 전제조건

앞에서 언급했듯이 국민을 위한 보편적 기본서비스(사회서비스)제
공, 위기극복을 위한 재난지원금 지급, 국가경제의 미래성장산업 육성
을 위한 지원, 인프라 투자를 위한 재원은 세수의 확충을 통해서도 가
능할 것이다. 조세저항 등으로 인해 이것만으로는 부족한 경우가 많다.
따라서 증세와 더불어 부족한 재원 마련을 위해 적극적인 국채 발행도
고려할 수 있어야 한다. 국채 발행은 일반적으로 유통시장을 통해 이루
어진다.

국채 발행은 유통시장을 통한 기존 방식뿐만 아니라 발행시장에서
한국은행이 직접 인수하는 방법도 고려할 수 있다. 한국은행법 제75.1
조에서 "한국은행은 정부에 대하여 당좌대출 또는 그 밖의 형식의 여신
을 할 수 있으며 정부로부터 국채를 직접 인수할 수 있다"라고 규정하
고 있다.

이는 사실상 부채의 화폐화가 이루어지는 것이다. 중앙은행의 국
채 직접 인수는 비현실적이고 일반적인 방법이 아니라고 비판받을 수
있다. 하지만 앞에서 보았듯이 이는 현행 한국은행법으로 가능하다. 미
국이 2020년 코로나 팬데믹 위기라는 전대미문의 비상 상황에서 사실
상 활용한 재원확보 방식이기도 하다. 이 방식을 국가 비상 상황에서만
사용하라는 법도 없다. 실제 현재의 경제적 상황을 볼 때 지금이야말로
비상 상황이 아닌가?

중앙은행이 국채를 직접 인수하게 되면 정부로서는 유통시장의 경
우보다 유리한 조건(금리, 만기 등)으로 재원을 마련할 수 있다. 예를 들
어 유통시장에서 국채 금리가 3%라고 한다면 중앙은행이 직접 인수하
는 경우 시장금리보다 낮은 2% 또는 1% 수준, 아니 제로금리 수준에서

도 국채 발행이 가능하다.

이론적으로는 중앙은행이 무이자로 국채를 인수할 수도 있다. 한국은행법 제75.3조에서 "제1항에 따른 여신에 대한 이율이나 그 밖의 조건은 금융통화위원회가 정한다"라고 규정하고 있다. 중앙은행은 영리기관이 아니기 때문에 무이자로 국채를 인수하지 못할 이유는 없다. 만기도 장기(예를 들어 30년)로 할 수 있고 원금 상환이 불필요한 영구채의 형식으로도 가능하다. 만기 도래 시 재정 여건에 따라 차환도 가능하다는 점에서 중앙은행의 국채 인수는 사회적 합의만 이루어진다면 정부의 재원 마련을 위해 활용 가능한 방안이다.

중앙은행이 국채를 직접 인수하는 것은 곧 부채의 화폐화를 의미한다. 이는 중앙은행의 독립성을 훼손한다는 비판이 존재한다. 하지만 중앙은행은 현재의 물가안정, 금융안정이라는 역할을 넘어 고용안정, 지속 가능 성장에 기여할 수 있다. 중앙은행이 광의의 정부기관으로서 그 역할과 위상을 강화한다면 중앙은행의 독립성을 금과옥조로 지키는 것보다 더 큰 의미가 있을 것이다.

국채의 중앙은행 직접 인수를 통한 화폐창조, 부채의 화폐화는 앞에서도 보았듯이 현대화폐이론에서 주장하는 내용이다. 현대화폐이론은 발행된 국채가 시장에서 매각되면 결국은 상업은행을 비롯한 이윤 극대화를 목적으로 하는 사적 자본이 현대판 시뇨리지를 독점할 것이라 우려하고 이에 비판적이다. 따라서 국가가 국채 발행을 통한 차입이 필요한 경우 시장(상업은행 등 사적자본)이 아닌 중앙은행이 직접 인수할 것을 주장한다.

이러한 현대화폐이론의 주장은 시장 메커니즘을 최고선으로 간주하는 주류경제학, 특히 정부 개입의 최소화를 주장하는 신자유주의에서는 받아들여지기 어려운 주장이다. 아이러니하게 현대화폐이론에서 주장하는 부채의 화폐화가 신자유주의의 메카라고 할 수 있는 미국에서 실현되었다는 것은 주목할 만한 사건이 아닐 수 없다.

미국은 2020년 코로나 팬데믹으로 국경 폐쇄와 이동 제한, 이로 인한 유례없는 경제위기에 대응하기 위해 모든 가계에 재난지원금 800달러를 현금으로 지원하게 된다. 최대한 신속하게 재원을 마련하기 위해 미국 정부는 연준이 2조 달러의 국채를 직접 인수하도록 하였다. 이것은 현대화폐이론의 주장인 부채의 화폐화를 통해 재정지출에 필요한 재원을 마련하자는 것과 다르지 않다. 경제사적인 측면에서 획을 그을 만한 중차대한 사건이 아닐 수 없다.

이와 같은 미국의 부채의 화폐화를 통한 코로나 재난지원금의 경제적 영향에 대한 논의는 아직 진행 중이다. 특히 2022년 이후 발생한 인플레이션의 원인을 놓고 논란이 가열되고 있다. 기존 신자유주의는 막대한 재정지출로 인한 유동성 증가로 인해 인플레이션이 발생했다고 주장한다. 인플레이션은 순전히 화폐적 현상이라는 것이다.

정부지출 증가가 인플레이션의 한 가지 원인이 될 수는 있다. 이보다 더 근본적인 원인은 코로나 확산을 막기 위한 국경 폐쇄, 노동력의 이동 제한, 이로 인한 글로벌 공급망의 붕괴, 상품과 서비스의 공급부족 등에 따른 생산비용 상승에 있다. 특히 코로나 백신 개발과 보급으로 대면활동 재개에도 일자리를 떠난 인력 복귀가 신속하게 일어나지 않아 인건비, 서비스 가격이 큰 폭으로 상승하였다. 설상가상 2022년 2월 러시아·우크라이나 전쟁의 발발로 석유, 천연가스, 곡물, 원자재 등의 가격이 급등한 것도 세계적인 인플레이션의 원인으로 작동하고 있다.

앞의 내용을 종합해 보면 미국의 부채의 화폐화를 통한 직접적인 가계 지원이 유동성을 증가시켜 이런 인플레이션의 부작용을 초래했다는 비판이 완전히 틀린 것은 아니다. 하지만 2022년 이후 인플레이션은 인력의 즉각적인 복귀가 어렵다는 점, 글로벌 공급망의 문제로 인한 상품과 서비스의 공급부족, 러·우 전쟁과 같은 지정학적 리스크와 에너지, 곡물, 원자재 가격의 급등 등이 복합적으로 작용한 데에 기인한 것이라고 해야 타당하다. 현재의 인플레이션을 현대화폐이론의 부작용으로만 볼 수는 없다는 이야기이다.

부채의 화폐화, 주권화폐 발행 등 국가주도 화폐창조는 국가가 공공의 이익을 위한 역할에 그치지 않고, 이에 필요한 재원 조달을 정부 스스로가 주도적으로 할 수 있다고 주장한다. 국가주도 화폐창조가 성공하기 위해서는 몇 가지 제약조건이 따른다. 부채의 화폐화는 정부가 마음대로 돈을 찍어낸다는 비판을 받을 수 있기 때문이다. 국가주도 화폐창조가 무조건적, 비타협적으로 시행되는 것은 여러 문제를 낳는다. 따라서 그 부작용을 최소화하면서 그 긍정적 효과는 극대화할 수 있도록 하는 노력이 필요하다. 국가주도 화폐창조를 위해서 정치인, 관료, 경제전문가, 관련 분야 국민대표의 심도 있는 논의를 기초로, 신중하고 탄력적으로 그 정책이 수립되고 운용될 필요가 있다.

우선 첫 번째로 국가주도 화폐창조를 통한 재정투입이 필요한 분야를 선별할 필요가 있다. 두 번째로 화폐 투입 시 그것이 미치는 사회경제적 영향에 대한 평가체계를 구축해야 한다. 세 번째로 국가주도 화폐창조의 성과와 문제점을 분석, 모니터링하고 지속 가능한 정책이 될 수 있도록 피드백 시스템을 구축해야 한다. 재정투입의 기준으로 1) 공공적 가치 부합 여부 2) 국민의 수용 가능성 3) 공동구매를 통한 규모의 경제 발생 여부 4) 사회경제적 취약계층과 사회적 약자 보호 5) 가계의 실질가처분소득 증가 여부 등을 고려해 볼 수 있다.

이러한 기준을 고려할 때 최근 가장 시급한 사회경제적 문제가 되는 분야에 국가주도 화폐창조를 활용한 재정투입을 집중할 필요가 있다. 예를 들어 앞에서 논의했던 청년층을 지원하기 위한 공공 임대아파트 등 사회주택의 대규모 공급, 대학을 비롯한 고등교육에 대한 획기적 투자, 유아, 노인에 대한 돌봄 서비스 강화, 대중교통 이용 접근성 향상, 중간착취 방지를 위한 인력수급의 공공성 강화 등을 고려해 볼 수 있다.

경제의 생산력을 넘어서는 과도한 화폐창조는 인플레이션을 불러일으킬 소지가 있다. 인플레이션은 적절히 통제되지 않으면 경제적 불확실성의 증가, 실질가처분소득 감소 등 예기치 못한 부작용을 일으킨다. 통화량 증가는 대외적으로는 원화 환율에 영향을 줄 수 있다. 화폐가치의 하락, 즉 원화 가치의 하락을 가져올 여지가 있고 이는 외국인투자자금의 급격한 유출·입과 외환시장의 불안정성을 증대시킨다. 따라서 부채의 화폐화 등 국가주도 화폐창조는 거시경제의 안정성을 훼손하지 않는 수준에서 진행되어야 한다.

이러한 측면에서 국가주도 화폐창조의 제약 기준을 고려한다면 우선 재원의 활용처가 사회서비스 등 직접적으로 국민 복지에 필요하면서 고용 증가에 효과가 있는 분야로 제한할 필요가 있다. 사회적 합의를 기초로 미래 산업경쟁력과 새로운 성장 동력을 강화하기 위한 투자와 지원에 활용되어야 한다. 특히 우리나라처럼 외화의 유출입이 자유로운 경우 대내외적인 충격이나 위기에 대응하기 위해서 충분한 외환보유고를 확보해야 한다.

충분한 외환보유고 확보를 위해서는 수출과 외국인직접투자의 지속적인 증가가 필요하다. 수출과 외국인직접투자가 늘어나면 외화가 유입되고 원화로 환전되어 생산적인 분야에 투입된다. 그만큼 국가주도 화폐창조의 여지가 확장될 수 있다. 수출과 외국인직접투자로 유입된 외화의 환전을 통해 창출된 원화는 채무가 아닌 순전히 채권의 성격을 갖는 화폐이다. 일반적인 상업은행의 대출수요에 따른 화폐창조는 채무가 동반되지만 외환의 유입과 환전으로 창출되는 원화는 채무가 동반되지 않기 때문이다.

앞에서도 언급했지만 이렇게 채무가 동반되지 않는 화폐를 부채로부터 자유롭다는 의미에서 '자유화폐'라고 부를 수 있다. 이러한 자유화폐 창조가 많아질수록 채무가 동반되지 않기 때문에 이를 국내의 공공인프라, 사회서비스 확충, 미래 산업경쟁력 강화를 위한 투자 등에 활용하는 데 자유로울 수 있다. 한국은행이 발행하는 통화안정증권(통화안정채권)의 사례를 생각해 볼 수 있다.

예를 들어 한국은행은 경상수지 흑자 또는 외국인투자자금 유입 등으로 시중 유동성이 증가하여 물가안정을 위해 이를 환수할 필요가 있을 경우 통화안정증권을 발행한다. 이를 불태화정책이라고 한다. 통화안정증권은 한국은행의 공개시장조작, 민간의 금융상품 투자에 활용된다. 달러 획득으로 창조된 자유화폐를 물가를 안정시킨다는 이유만으로 이렇게 중앙은행이 환수하는 것은 화폐의 긍정성을 도외시하는 것이다.

국가가 직접 자유화폐를 환수하여 앞에서 제시한 다양한 정부정책의 재원으로 활용할 수 있다. 2023년 말 기준 국채 발행 잔액은 1,079조원이고 통화안정증권 발행 잔액은 122조원이다. 국채 대비 11.3%로 결코 작지 않은 규모이다. 이는 지방자치단체의 지방채 발행 잔액 29조원의 4배에 달한다. 자유화폐 환수와 활용을 위한 모색이 필요한 지점이다.

이러한 자유화폐를 제외하면 국가주도 화폐창조가 실효성과 안정성을 위해서는 외화(달러) 유동성의 충분한 확보가 전제되어야 한다는 것을 의미한다. 역사적인 경험을 통해 달러 유동성을 확보하지 못한 상태의 완화적 화폐·통화정책은 인플레이션을 발생시키고 더 나아가 외화 유동성 유출로 인한 외환보유고 고갈, 국가신인도 하락, 경제위기 등으로 이어질 수 있음을 알 수 있다.

결국 그로 인한 비난은 정부로 향할 수밖에 없고 그 정책의 신뢰성도 추락할 수밖에 없다. 이러한 시대적 필요를 채우지 못하는 과오를 범하지 않고 국가주도 화폐창조가 실효성과 안정성, 더 나아가 국민의 신뢰를 받는 정책으로 발전되기 위해서는 선제적이고 면밀한 연구와 시뮬레이션이 필요하다. 그 무엇보다도 이에 대한 사회적 합의가 필수적이다. 이를 위한 전문가의 집단 지성과 노력이 필요한 시점이라고 하지 않을 수 없다.

앞의 내용을 요약하면 다음과 같다.

① 국가주도 화폐창조가 부작용 없이 작동하기 위해서는 화폐창조의 적절한 통제와 관리가 필요하다.

② 우선 과도한 화폐공급 증가로 인한 인플레이션이 발생하지 않도록, 다시 말해 GDP가 잠재생산력 수준을 초과하지 않도록 화폐공급을 관리할 필요가 있다.

③ 국가주도 화폐창조가 지속적으로 가능하기 위해서는 세계 본위화폐인 달러유동성의 충분한 확보가 필요하다. 수출과 외국인 직접투자가 중요한 이유이다.

④ 국가주도 화폐창조를 통한 재정투입의 기준을 객관적이고 정교하게 구성할 필요가 있다. 그 기준으로 공공적 가치 부합 여부,

국민의 수용 가능성, 공동구매를 통한 규모의 경제 발생 여부, 취약한 사회적 약자 보호, 국민의 실질가처분소득 증가 여부 등을 들 수 있다.

⑤ 수출과 외국인직접투자를 통해 획득한 자유화폐를 활용할 필요가 있다. 현재는 한국은행이 물가안정을 이유로 통화안정증권을 발행하여 환수하는 데 그치고 있다. 이를 국가가 환수하여 필요한 재정정책에 활용할 수 있다.

⑥ 국가주도 화폐창조를 위해 면밀한 분석과 시뮬레이션이 선행되어야 한다. 이와 함께 새로운 화폐·통화시스템에 대한 전문가들의 집단 지성과 사회적 합의가 필요하다.

CHAPTER

06

우리나라와
국가주도 화폐창조

1. 사회서비스 확대와 지역경제 활성화

국가주도 화폐창조의 적용 가능성은 앞에서 논의한 유럽과 미국의 사례와 함께 우리나라의 경우도 다양한 사례를 통해 그 가능성을 살펴볼 수 있다. 사회서비스 확대와 이를 통한 지역경제의 활성화도 그 예가 될 것이다. 앞에서 살펴본 보편적 기본서비스는 그 적용 범위가 넓고 아직 그 정의와 개념에 대한 논의가 진행 중이기 때문에 이 절에서는 일반적으로 사용되는 사회서비스라는 용어를 사용한다.

현재 우리나라의 심각한 문제 중 하나는 수도권 집중과 지역소멸 문제이다. 인구와 자원의 수도권 집중으로 인한 수도권과 지방의 양극화 현상, 청년 인구 유출로 인한 지역경제의 역동성 감소 문제는 시간이 갈수록 심각해지고 있다. 어느 지방이든 그 지역에서 태어나고 자란 청년들이 고향을 등지고 서울, 수도권으로 떠나가는 모습은 이제 흔한 모습이 되었다.

그만큼 지역은 청년에게 매력적이지 않은 곳이라는 의미이다. 양극화는 부와 자산의 양극화뿐만 아니라 지역의 양극화도 포함된다. 수도권과 지방, 도시와 농촌 등 지역 간 격차는 갈수록 심화하고 있다. 이 문제는 우리나라의 지속 가능한 성장을 위해 반드시 해결되어야 할 문제이다. 이 문제가 먼저 해결되지 않으면 다른 문제들도 백약이 무효라고 해도 과언이 아니다.

지역의 발전과 부흥을 위해서는 지역의 청년을 위한 사회서비스의 획기적인 지원정책이 필요하다. 이를 위한 증세와 차입도 필요하겠지만 충분한 재원 마련을 위해서는 이것만으로는 부족할 수 있다. 국가주도 화폐창조를 통한 재원 마련의 필요성이 제기되는 지점이다.

예를 들어 국가주도 화폐창조를 통해 청년 지원에 활용할 수 있다.

사회서비스원 홍보영상 화면

지역의 청년에 대한 대대적인 지원은 지역 이탈과 수도권 집중을 완화하는 데 큰 도움이 된다. 청년의 삶을 힘들게 하는 중요한 이유 중 하나는 소득에 비해 교육, 교통, 주거, 통신 등에 들어가는 고정비용이 많다는 점이다. 교육비, 교통비, 의료비, 주거비, 통신비 등의 고정비용은 대부분 앞에서 살펴본 보편적 기본서비스에 대한 비용이라는 특성이 있다.

교육, 교통, 의료, 주거, 통신 등은 시장 논리에만 맡기기에는 그 공공재적 특성이 큰 서비스이다. 따라서 동 분야의 국가 주도의 사회서비스 제공을 통해 청년의 고정 지출을 줄이고 실질가처분소득 증대가 가능하다. 저렴하고 수준 높은 다양한 사회서비스의 제공을 통해 실질가처분소득 증가와 삶의 질 개선이 가능하다. 청년층을 대상으로 한 이러한 지원을 통해 지역의 경쟁력은 높아질 수 있다.

우리나라는 경제성장과 더불어 저출산 고령화가 급격하게 진행되고 있다. 저출산 고령화로 인한 인구구조 변화는 그에 따르는 대응과 변화를 요구하고 있다. 한 사람 한 사람이 국가적으로 중요하게 되면서 개인이 자아실현과 행복을 추구하는 데 필요한 교육, 교통, 돌봄, 의료, 주거 등 소위 사회서비스에 대한 수요와 요구가 빠르게 증가하고 있다.

인구구조의 변화와 사회서비스에 대한 다양한 수요를 고려한다면 일자리 부족이 문제가 아니라 일할 수 있는 사람이 없어서 문제가 되는 상황이 전개될 수도 있다. 국가주도 화폐창조를 통해 지역 내에서 다양한 사회서비스 관련 일자리를 창출할 수 있다. 사회서비스의 수요에 부응하기 위해 이 분야의 전문 인력을 양성하고 이들을 공공 부문에서 고용한다면 지역의 청년실업 문제를 완화하는 데 큰 도움이 된다.

이렇게 사회서비스는 저출산 고령화 등 인구구조의 변화에 따라 그 필요가 더욱 증가하기 때문에 수요에 맞는 질 높은 사회서비스가 제공되어야 한다. 높은 수준의 사회서비스는 이윤추구의 시장에만 맡기면 적절히 공급되기 어렵고 공급되더라도 일부 제한된 수요층만 이를 소비할 수 있다는 점에서 국가의 적극적 개입과 역할이 중요하다.

예를 들어 국가가 국가주도 화폐창조를 통해 이 분야에 재원을 투입하여 사회서비스를 제공하는 대기업의 역할을 한다면 수준 높은 사회서비스의 공급뿐만 아니라 민간 부문(시장)에서 발생한 청년실업을 공공 부문에서 흡수할 수 있다. 현재 각 지역에 설치된 사회서비스원의 기능과 역할을 대폭 강화하고 이를 중심으로 지역 내 다양한 사회서비스 사업의 진행을 고려해 볼 수 있다. 이를 통해 실업으로 고통 받고 삶의 의미를 잃고 있는 청년에게 국가와 지역 공동체가 새로운 기회를 주는 것은 인간 존재의 인정이라는 차원뿐만 아니라 사회의 안정과 국가와 지역 경제의 발전을 위해 중요한 일이 아닐 수 없다.

국가주도 화폐창조를 통한 재정지원은 이뿐만 아니라 서민을 위한 교통서비스 확충에도 적용할 수 있다. 예를 들어 오스트리아 빈 시민은 1년 교통카드 정기권을 구매하면 약 300유로(50만 원) 정도의 가격으로 빈 시내 대중교통 사용을 자유롭게 이용할 수 있다. 교통비 같은 고정

비용의 경우 교통카드 1년 정기권 등과 같이 할인 혜택이 있다면 매일 대중교통을 이용해야 하는 시민의 실질가처분소득을 늘려주는 데 도움이 된다.

독일은 2022년 6~8월 3개월 동안 한시적으로 시행한 '9유로 티켓' 정책에 이어 2023년 5월부터는 '49유로 티켓' 정책을 도입하였다. 이는 독일 시민들이 저렴하게 대중교통을 이용할 수 있게 하고 에너지 가격 상승에 따른 인플레이션 억제, 탄소배출 저감 등을 기대할 수 있다. 무엇보다도 이런 교통비 지원정책은 독일 시민들의 교통비 지출 감소를 통해 실질가처분소득을 늘리게 된다.

서울시 기후동행카드 홍보 그림

이렇게 교통비 지원정책을 도입하게 되면 지역의 청년, 서민 등 교통약자의 실질가처분소득과 경제활동을 늘리는 긍정적 효과를 기대할 수 있다. 이러한 측면에서 2024년 1월부터 서울시에서 시행하기 시작한 '기후동행카드' 사업은 큰 의미가 있다고 평가할 수 있다. 이 사업으로 누구든 월 6만 5천 원으로 서울시의 모든 대중교통을 무제한 사용할 수 있다. 향후 이 정책이 인천과 경기도 등 서울 인근지역을 포함하는 광역교통망으로 확장된다면 수도권 시민 다수의 교통비 절감에 큰 도움이 될 수 있을 것이다.

만약 적자가 발생하는 경우 현재는 지자체와 운송업체가 분담하도록 되어있지만 향후 적용 지역의 확대를 위해서는 증세를 통한 재원 마련이 필요할 수 있다. 이후 이러한 교통서비스의 국가적 단위의 전면적 지원을 위해서 국가주도 화폐창조를 고려할 수 있을 것이다. 이러한 교통서비스의 강화와 확대는 탄소중립과 노인인구의 급증으로 인한 대중교통 서비스 수요의 증가에 부응한다는 의미에서도 효과적인 정책이 될 수 있을 것으로 기대한다.

앞의 내용을 요약하면 다음과 같다.

① 국가주도 화폐창조를 통해 저출산 고령화로 인해 발생하는 사회경제적 문제, 수도권과 지방의 격차, 지역소멸 문제 등에 대응할 수 있다.

② 예를 들어 지역의 청년을 위한 다양한 사회서비스의 제공을 통한 비용 절감으로 실질가처분소득을 늘릴 수 있다. 사회서비스 분야의 일자리 창출과 이 분야로의 청년 고용을 통해 지역의 청년실업 문제를 완화할 수 있다.

③ 이를 위해 각 지역의 사회서비스원의 기능과 역할을 강화할 필요가 있다.

④ 이는 급증하는 사회서비스 수요에 대응하는 차원뿐만 아니라 청년에게 새로운 기회를 제공하고, 더 나아가 사회 안정과 경제 발전에 도움이 된다.

⑤ 국가주도 화폐창조는 지역의 청년, 서민 등 교통약자를 위한 무료 또는 저렴한 교통서비스 제공을 위해 활용될 수 있다. 이는 가계의 실질가처분소득을 늘려주고 지역경제의 활력을 높인다.

2. 공교육 강화와 학벌주의 해소

현재 우리나라 가계 경제에 큰 부담을 주는 것은 자녀 입시 교육과 과외 등에 들어가는 과도한 사교육비이다. 가계의 실질가처분소득을 늘리기 위해서는 사교육비 경감을 위한 공교육 강화와 함께 대학의 서열화를 해소할 필요가 있다. 학벌주의와 대학 서열화가 존재하는 한 학생들은 살인적인 경쟁에 내몰릴 수밖에 없다. 사교육 수요는 결코 줄어들지 않을 것이다. 사교육비 완화는 단기적으로 해결될 일이 아니다. 국가의 고등교육을 비롯한 공교육에 대한 대대적인 투자와 대학 서열화 해소를 통해 사교육이 굳이 필요 없는 교육 환경으로 만들어갈 필요가 있다.

문제는 세금은 조금만 늘면 조세저항이 발생하지만 사교육비가 오르면 어쩔 수 없다는 듯이 이에 대한 저항은 크지 않다는 것이다. 불만이 있더라도 울며 겨자 먹기이다. 차라리 사교육에 들어가는 비용을 공교육 강화와 대학 서열화 해소를 위한 재원으로 환원될 수 있도록 유도하고, 그것으로도 부족하면 국가주도 화폐창조를 활용해서 대대적인 공교육 투자와 지원을 할 필요가 있다.

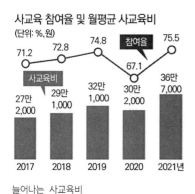

늘어나는 사교육비

이를 통해 공교육 환경은 향상될 것이고 굳이 사교육에 의존할 필요가 없다. 사교육비의 감소는 가계의 실질가처분소득 증가로 이어져 보다 생산적이고 지속 가능한 소비와 생산으로 이어진다. 단순히 공교육에 대한 투자만으로는 공교육이 사교육을 온전히 대체한다는 것은 어려울 것이다. 왜냐하면 사교육의 본질적 이유는 대학 서열화와 학벌주의 때문이다. 대학 서열화는 소위 SKY를 비롯한 수도권 상위 대학을 나와야 성공할 수 있다는 학벌주의와 연결된다.

학벌주의 → 대학 서열화 → 입시경쟁 → 사교육 수요 증가 → 사교육비 증가 → 실질가처분소득 감소 → 가계부채 증가 → 소비감소 → 내수 악화 → 저성장의 지속 → … 이와 같은 악순환의 고리가 만들어진다. 따라서 학벌주의 해소를 위해서는 그것을 뒷받침하는 대학 서열화를 반드시 해체해야 한다.

대학 서열화의 물질적 토대는 대학 간 교육비의 양극화에 있다. 수도권 상위 대학 교육비 규모는 지방대학에 비해 현저히 높은 수준이다. 대학 순위는 교육비 규모에 따라 달렸다고 해도 과언이 아니다. SKY 등 수도권 주요 상위권 대학의 교육비는 지방의 지역거점 대학의 2배 이상이라고 알려져 있다. 서울, 수도권 소재 상위권 대학과 지방 국립대학, 사립대학 간 교육비 격차를 줄일 필요가 있다. 교육비 격차를 줄이기 위해서는 등록금만으로는 한계가 있다. 궁극적으로는 국가 차원에서 지역 대학에 대한 재정지원과 투자를 획기적으로 늘려야 한다.

이를 위해서는 당연히 재원이 필요하고 이 재원을 마련하기 위해서 증세뿐만 아니라 국가주도 화폐창조를 고려해 볼 수 있다. 교육격차 해소는 우리나라 미래를 결정할 수 있는 중요한 의제인 만큼 그 사회적 합의에 대한 요구가 크다. 사교육비 문제는 부모와 자녀세대에 걸쳐 대다수 국민과 관련되는 것이기에 사회적 합의를 이루기 위한 논의에 적극적일 것으로 기대한다.

이를 지역에 적용하면 우선 지역 내 국립대학의 통합으로 국립대학 간 서열을 해소할 수 있다. 지역 거점대학을 중심으로 국공립대학을 하나의 지역대학 시스템으로 통합하고, 재학생은 어느 캠퍼스이든 자기가 원하는 곳에서 수업을 듣고 학점을 취득할 수 있도록 할 필요가 있다. 예를 들어 2023년부터 2026년까지 진행되는 '글로컬대학30' 사업은

총예산 3조 원을 30개의 선정된 대학에만 선택적으로 배정하여 통합을 유도하고 있다. 하지만 이것만으로는 현 대학 서열화 문제를 해결하기에는 역부족이다.

더 나아가 모든 지역 국립대학을 하나의 국립대학 시스템으로 통합, 운용할 필요가 있다. 통합된 국립대학 시스템은 국립대학 모든 재학생에게 동일하게 적용되어야 한다. 국립대학 재학생은 우리나라 어느 곳이든 원하는 국립대학 캠퍼스에서 자유롭게 학점을 이수할 수 있어야 한다. 이렇게 국립대학의 지역통합 그리고 더 나아가 전국적 통합은 이후 국립대학을 넘어 사립대학에까지 영향을 줄 것이다. 이는 대학 서열화의 완화와 해소를 위한 출발점이 될 수 있다.

앞의 내용을 요약하면 다음과 같다.

① 가계의 실질가처분소득을 늘려주기 위해서는 사교육 문제가 해결되어야 한다.

② 사교육 문제를 해결하기 위해서는 공교육을 강화해야 한다. 그리고 대학 서열화와 이를 불러오는 학벌주의의 해소가 필요하다.

③ 대학 서열화의 해소를 위해 수도권과 지방대학 간 교육비 격차를 줄여야 하고 국립대학 통합도 지역을 넘어 전국 차원에서 진행될 필요가 있다.

④ 이에 필요한 재원 마련을 위해 국가주도 화폐창조를 활용할 수 있다.

3. 저출산 문제 대응

다음으로 고려할 수 있는 분야는 저출산 문제이다. 2023년 우리나라의 합계출산율은 0.72로 선진국은 물론, 전 세계에서 최하위 수준이다. 연간 출생인구는 20만 명 미만으로 추락하였다. 현재 대학 정원이 50만 명 정도이니 단순 계산으로 앞으로 20년이 채 안 되어 대학의 절반은 문을 닫을 수밖에 없다. 고령화는 경제 수준의 향상과 의학 기술의 발전 등으로 자연스러운 것이라고 할 수 있다. 하지만 이렇게 심각한 저출산은 생산인구의 감소, 경제 역동성의 위축 등 경제에 심대한 타격을 줄 수밖에 없다.

저출산의 이유를 한 가지로 단정할 수 없다. 여성의 경우 출산·육아의 부담 전가, 경력 단절에 따른 불이익 등이 크다. 우리 사회는 높아지는 여성의 자기실현 욕구와 출산·육아의 부담이 충돌되는 경우가 대부분이다. 남성의 경우도 장시간 노동, 소득 대비 결혼, 출산, 양육 등에 따른 비용이 크다. 이러한 조건에서 정상적인 출산율을 기대하는 것은 이상한 일이다. 저출산 문제 대응을 위해서는 하나의 해결책만으로는 안 되고 성별에 따르는 맞춤형 방안이 필요하다.

부부의 입장에서 생각해보면 역시 가장 큰 문제는 경제적 문제라는 것을 부정할 수 없다. 청년 남녀가 결혼해서 주거, 출산, 양육에 필요한 비용을 감당하기에는 그 부담이 너무 큰 것이 현실이다. 그중에서도 주거와 양육에 들어가는 비용이 가장 큰 비중을 차지한다. 따라서 국가는 청년을 위한 주거와 자녀 양육에 투자와 지원을 아끼지 말아야 한다. 이 절에서는 이 부분에 대한

저출산 풍자 그림

논의에 집중하고자 한다.

예를 들어 주거비 비용을 줄여주는 정책으로 청년, 신혼부부를 중심으로 저렴하면서도 수준 높은 소위 프리미엄급 사회주택을 역세권을 중심으로 대규모로 공급할 필요가 있다. 국가가 소유한 국공유지를 활용한다면 더욱 좋을 것이다. 특히 공급에 비해 수요가 높은 수도권 역세권에 산재해 있는 국공유지를 국가가 사회주택 공급을 위해 활용할 필요가 있다. 국공유지는 국가 소유로 그대로 남기고 적정이윤을 보장하면서 민간 건설기업이 질 높은 사회주택을 짓도록 할 수 있다. 소위 토지임대부 주택이라 불린다. 사회주택 건설과 유지비용은 국가의 재정 지원뿐만 아니라 적정한 임대료 수입을 통해 충당한다.

이러한 정책은 이미 앞에서 이야기했던 유럽의 사회주택(Social Housing)으로 실현되고 있다. 사회주택은 기본적으로 토지와 주택은 사회의 공공 자원이라는 인식을 바탕으로 한다. 사회주택은 그 성격상 우리나라의 공공임대주택과 유사하지만 사회적 인식과 거주의 질이라는 측면에서 이보다 훨씬 높은 수준이다. 대표적인 사례로 오스트리아의 사회주택을 들 수 있다. 오스트리아 수도인 빈은 세입자들의 천국이라고 할 정도로 주거 서비스의 수준이 높다.

신자유주의의 영향으로 인해 런던, 파리, 베를린 등 유럽의 많은 도시에서 임대료 폭등으로 인한 사회적 갈등이 커지는 상황에서도 오스트리아 빈은 그렇지 않았다. 빈 시민 3명 중 2명은 이러한 사회주택에 살고 있다. 변호사, 의사, 청소원 등 직업이나 계층에 상관없이 다양한 계층의 시민이 같은 사회주택에 거주하는 경우가 적지 않다. 임대료는 국가의 지원 덕택에 대략 300~400유로(50만 원 정도)의 저렴한 수준으로 거주 약자인 서민, 청년들도 감당할 수 있는 비용이다.

이처럼 오스트리아 빈의 사회주택은 양질의 주거 서비스를 공급함으로써 중산층이나 저소득층에게 간접적으로 소득을 보전해 주는 역할을 한다. 저렴한 임대료로 실질가처분소득이 높아지면 그에 따라 자연스럽게 시민들은 다른 원하는 소비, 레저, 문화생활 등을 할 수 있는 경제적 여유가 생기게 된다. 결혼, 출산이 증가함은 당연한 일이다.

사회주택의 건설과 제공에 필요한 초기 비용이 재정수입만으로 부족하다면 국가주도 화폐창조를 활용할 수 있다. 국공유지를 활용한 프리미엄급 사회주택의 제공을 통해 부동산의 대물림, 자산 양극화를 방지하면서 서민, 청년, 신혼부부 등 주거 취약계층이 저렴한 비용으로 좋은 주거환경에서 살 수 있다. 국공유지 활용을 통한 사회주택 건설은 청년층에 높은 수준의 주거 서비스를 제공하고 주거복지를 보장한다는 차원에서 국민의 후생과 복리에 부응하는 것이다. 이는 기본적인 공공선의 차원뿐만 아니라 저출산 문제를 극복하는 방안이 된다.

예를 들어 여의도 국회의사당, 용산 미군 부대, 양재동 국립외교원, 서초동 대검찰청, 김포시 김포공항 등의 부지를 사회주택 건설을 위해 활용할 수 있다. 이 중 여의도 국회의사당은 세종시로 이전할 계획이고 서초동 대검찰청도 다른 지역으로의 이전이 논의되고 있다. 용산 미군 부대는 이미 평택으로 이전하였다. 김포공항은 영종도 인천공항으로의 확장 이전이 논의되고 있다. 대부분 서울과 경기도에서 노른자위 땅으로 평가되고 있는 지역이다.

이들 기관과 시설이 이전하게 되면 그 부지의 활용 방안에 대한 논의가 본격적으로 진행될 것이다. 이 부지를 기존처럼 개발을 명분삼아 일부 건설자본과 자산 계층의 이익을 위해 사기업에 매각하는 우를 범하지 말아야 한다. 국가가 공공부지를 활용하여 저렴하고 품질 높은 사회주택을 대규모로 지어서 청년층, 신혼부부 등에게 공급한다면 우리나라 청년정책, 저출산 대응 정책의 획기적인 전환점이자 대한민국의 랜드 마크가 될 것이라 확신한다.

　이러한 사회주택정책은 지역에도 적용할 수 있다. 지역에 산재한 국공유지를 활용해서 대규모 사회주택을 청년들에게 제공하면 청년들이 지역에서 안정적인 생활을 할 수 있는 기본적인 환경을 제공하는 데 큰 도움이 된다. 이러한 사회주택의 제공은 지역의 청년 유출과 인구감소를 방지하는 데 도움이 될 것이다. 이를 위해서는 재원이 필요할 수밖에 없다. 이를 위해 증세를 넘어서는 국가주도 화폐창조를 고려할 수 있어야 한다.

　앞의 내용을 요약하면 다음과 같다.

① 저출산 문제를 해결하기 위해 청년들을 위한 프리미엄급 공공임대주택(사회주택)의 건설과 제공을 고려할 수 있다.

② 이를 위한 재원을 위해 국가주도 화폐창조를 활용할 수 있다.

③ 사회주택은 시혜적 복지 차원이 아닌 역세권의 국공유지를 활용하여 청년들이 선호하는 지역에 수준 높은 임대주택을 제공하는 등의 국가의 전면적인 지원과 관심이 필요하다.

④ 이는 수도권 이외 다른 지역에도 적용할 수 있다. 이에 필요한 재원 마련을 위해서도 국가주도 화폐창조를 활용할 필요가 있다.

4. 중간착취 방지를 통한 실질가처분소득 증가

　국가주도 화폐창조를 통해 중간착취로 인한 노동자의 실질가처분소득 감소를 막을 수 있는 실제적인 정책을 시행할 수 있다. 중간착취는 IMF 외환위기 이후 용역, 파견 등 간접고용이 합법화되면서 전 산업 분야에서 광범위하게 이루어지고 있다고 해도 과언이 아니다. 간접고용은 말 그대로 사용자가 노동자의 노동력을 제공받지만 직접 고용하지 않는 것을 말한다.

과거에는 사용자가 직접 근로계약을 맺고 노동력을 제공받았다. 이제는 다수의 사용자가 용역·파견업체와 도급계약을 맺고 그 업체들이 고용한 노동자의 노동력을 제공받고 있다. 기존 '사용자(원청)—노동자'의 일대일 고용관계에서 용역·파견업체가 새로운 중간 고용주로 등장해 '사용자(원청)—고용주(용역·파견업체)—노동자'의 고용관계로 변화한 것이다.

일반적으로 이를 '아웃소싱'이라고 한다. 원청은 노동자에 대해 직접적으로 책임을 지지 않기 때문에 비용 측면에서 유리하다. 간접고용 노동자는 고용 안정성, 노동조건 등에서 불리한 환경에 처할 수밖에 없다. 이들에게 계약직, 기간제, 비정규직, 임시직, 일용직, 파트타임 등의 타이틀이 붙는다. 중간 고용주는 용역·파견업체라는 명목으로 원청과 노동자 가운데에서 이윤을 획득한다.

간접고용이 문제가 되는 가장 큰 이유는 간접고용 노동자에게 정당하게 돌아가야 할 임금이 제대로 지급되지 않는다는 데 있다. 노동자가 받아야 하는 임금의 상당 부분이 중간 고용주인 용역·파견업체에 돌아간다. 불법적, 탈법적인 착취가 일어난다. 최근 간접고용 노동자의 열악한 노동조건과 고용불안정성 등이 문제가 되고 이로 인한 폐해가 날로 커지고 있는 것은 잘 알려진 사실이다. 이와 함께 중간착취로 인해 수많은 용역, 파견 노동자의 실질가처분소득이 줄어들어 삶의 질이 악

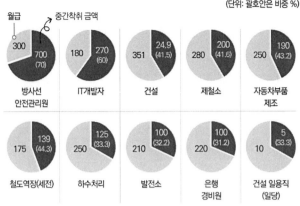

(단위: 괄호안은 비중 %)

월급   중간착취 금액

300
700
(70)
방사선
안전관리원

180
270
(60)
IT개발자

351
24.9
(41.5)
건설

280
200
(41.6)
제철소

250
190
(43.2)
자동차부품
제조

175
139
(44.3)
철도역장(세전)

250
125
(33.3)
하수처리

210
100
(32.2)
발전소

220
100
(31.2)
은행
경비원

10
5
(33.3)
건설 일용직
(일당)

*한국일보가 인터뷰한 100명 중 주요 사례, 월급은 세후 금액 기준

주요 중간착취 피해 노동자 사례

화되고 있음을 기억해야 한다.

고용노동부에 따르면 2023년 상시 근로자 300인 이상 기업 3,887
개 사가 공시한 근로자 수는 557만 7,000명이고 이 중 소속 근로자는
456만 6,000명(81.9%), 용역·파견 등 소속 외 근로자는 101만 1,000명
(18.1%)이다. 근로자 1,000명 이상 기업의 경우 소속 외 근로자 비중은
20.8%에 달한다. 5명 중 1명은 간접고용 노동자라는 의미이다. 결코 작
은 비중이 아니다. 고용 형태를 공시하지 않은 기업을 포함하면 그 비
중은 훨씬 높을 것으로 예상된다.

그리고 비공식적으로 조사된 바에 따르면 간접고용 노동자는 원래
원청이 노동자에게 지급해야 하는 임금보다 적게는 30%, 많게는 50%
이상 중간착취로 인해 임금이 감소하는 것으로 나타났다. 임금의 중간
착취는 불법적인 요소가 크다. 이뿐만 아니라 간접고용 노동자의 한계
소비성향을 고려할 때 실질가처분소득 감소는 내수(소비) 침체로 이어
져 경제에 부정적인 영향을 줄 수밖에 없다.

중간착취는 인력소개소와 같은 용역업체가 소개료, 수수료, 기타 부대비용 등 다양한 이유를 들어 원청이 지급하는 노동자 임금의 상당 부분을 가져가는 현재의 인력수급 구조에서 대부분 발생한다. 이를 개혁하지 않으면 실질가처분소득 증가는 요원하다. 중간착취방지법과 같이 법률과 제도로 중간착취를 금지할 수도 있지만 법과 제도만으로는 한계가 있다. 다른 실효적인 방법도 고려해 볼 수 있다. 예를 들어 국가주도 화폐창조를 통한 재원을 투입하여 국가가 직접 인력을 수급하는 용역업체의 역할을 할 수 있다. 이렇게 되면 원청이 지급한 임금은 원래 금액 그대로 온전히 노동자에게 지급된다. 중간착취로 인한 폐해는 해소, 완화될 수 있다.

이와 같이 인력소개소 등 사설 용역업체의 중간착취를 방지하기 위한 인력수급의 공공성 강화를 통해 간접고용 노동자의 실질가처분소득을 높일 필요가 있다. 이를 위해 필요한 재원은 국가주도 화폐창조를 통해 마련할 수 있다. 중간착취로 인해 발생하는 소득의 감소를 막을 수 있다면 비정규직, 임시직, 용역직, 파견직 등 저소득, 고용불안정에 노출되어 있는 수많은 간접고용 노동자의 실질가처분소득을 늘려줄 수 있다. 이는 내수(소비) 확대로 이어져 경제 활성화에도 도움이 된다.

정부가 재원이 없다는 이유로 간접고용 노동자 등 다수 국민의 삶과 직결된 문제를 무시한다면 이는 국가의 직무 유기이다. 국가가 의지만 있다면 국가주도 화폐창조를 통해 중간착취 방지를 위한 정책 도입이 가능하다. 재정은 재원을 마련해서 사후적으로 지출하는 것이 아니라 우선 필요한 부문에 사전적으로 지출하고 그 재원을 마련한다고 해야 맞다. 이는 중간착취 방지 등을 비롯한 국민 개개인 또는 가계의 실질가처분소득 증가에 큰 도움을 준다. 더 나아가 양극화를 해소하고 국민 삶의 질 향상과 경제의 지속 가능한 발전에 도움이 된다.

앞의 내용을 요약하면 다음과 같다.

① 중간착취로 인한 폐해와 문제는 심각한 수준에 다다르고 있다. 중간착취로 인해 정당한 임금의 지급이 어려워진다.

② 이들 용역·파견 간접고용 노동자의 실질가처분소득 감소 그리고 이는 내수 감소로 이어져 경제에 부정적인 영향을 줄 수밖에 없다.

③ 국가주도 화폐창조를 통해 중간착취 방지를 위한 재정지원과 사업이 가능하다.

④ 이는 양극화를 해소하고 국민 삶의 질 향상과 경제의 지속 가능한 발전에 도움이 된다.

5. 지역화폐사업과 지역공공은행

국가주도 화폐창조는 중앙정부의 정책이나 사업에만 적용되는 것이 아니다. 지방정부도 이를 기초로 다양한 정책과 사업의 주체로 기능과 역할을 할 수 있다. 따라서 지방정부 등 유관 기관은 국가주도 화폐창조에 적극 참여하고 이를 활용하여 지역 발전에 필요한 재원을 마련할 수 있다. 이를 통해 지역의 산업 발전과 경쟁력 향상을 위한 다양한 사회서비스 제공과 공공사업을 추진할 수 있다.

예를 들어 국가주도 화폐창조를 통해 지역화폐사업 등 지역소멸에 대응하는 지역순환경제의 구축을 추진할 수 있다. 지역화폐사업은 지역에서 창출된 소득이 지역에서 순환할 수 있도록 하는 긍정적 효과뿐만 아니라 서민, 전통시장, 중소자영업 종사자에게 큰 도움이 된 것으로 평가받고 있다. 하지만 균형재정, 재정건전성을 앞세우다 보면 이러한 지역화폐사업이 위축될 우려가 있다.

예를 들어 감세정책, 재정건전성을 내세우는 윤석열 정부에서는 지역화폐사업에 필요한 예산이 오히려 삭감되었다. 불가피하게 지역화폐사업이 축소되거나 폐지되는 안타까운 상황이 되었다. 예산이 부족하다는 이유로 지역화폐사업이 축소되거나 폐지되면 서민과 지역경제에 돌아가는 경제적 혜택과 긍정적 효과는 줄어들 수밖에 없다. 지역경제 활성화는 더욱 어려워질 것이다.

균형재정, 예산 부족의 이유로 이러한 사업이 유지될 수 없다면 이는 정책결정자의 직무 유기일 뿐만 아니라 국민의 삶을 책임져야 하는 정부의 태도가 아니다. 따라서 국가주도 화폐창조를 통해 예산이 지원될 수 있다면 지방정부는 지역화폐사업을 안정적이고 지속적으로 확대, 발전시켜 나갈 수 있다. 이는 지역순환경제의 실현과 지역경제의 발전과 활성화에 도움이 될 것이다.

부산에서 사용되고 있는
지역화폐 동백전

그리고 부채의 화폐화 방식을 지방정부에 적용하여 지역경제 발전을 위한 사업에 필요한 재원을 중앙은행이나 중앙정부에 의존하지 않고 자체적으로 조달하는 방안도 고려해 볼 수 있다. 예를 들어 지방은행이나 지역공공은행이 지방채를 인수하는 조건으로 지방채를 발행하여 필요한 재원을 조달할 수 있을 것이다.

국가주도 화폐창조를 활용한 지방정부의 재원 조달은 중앙은행, 중앙정부의 경우에 비해서는 그 신뢰성이 떨어질 수 있다. 따라서 지자체가 독자적으로 화폐창조를 강행하는 것보다는 우선 중앙정부 차원의 부채의 화폐화 방식의 화폐창조가 어느 정도 성공적으로 자리 잡게 된 이후에 점진적으로 시행해 가는 것도 하나의 방법일 것이다.

지역경제 발전과 관련하여 국가주도 화폐창조를 활용한 지역공공은행의 설립도 고려해 볼 수 있다. 지역공공은행은 기본적으로 다른 상업은행과 달리 영리가 아닌 지역의 공공의 이익과 사회적 가치 창출에 기여하는 것을 목적으로 한다. 지역공공은행은 투기적 목적의 대출이 아닌 공공의 이익과 사회적 가치를 창출할 수 있는 분야에 집중적으로 자금을 지원할 수 있다.

중앙정부나 지방정부가 화폐창조를 통해 지역공공은행 설립을 위한 재원을 출자할 수 있다. 지역공공은행의 운영은 지방정부가 위임하는 시민대표와 금융전문가가 중심이 되는 의사결정기구가 맡도록 한다. 지역공공은행은 지역순환경제 발전과 공공의 이익을 위해 앞에서 살펴본 다양한 사업을 추진할 수 있을 것이다.

예를 들어 금융 약자인 서민, 학생, 소상공인, 청년, 사회적 기업 등을 위해 그들이 감내할 수 있는 금리와 상환 조건으로 자금(화폐)을 공급할 수 있다. 이러한 지역공공은행의 설립과 운영은 지역경제의 풀뿌리라고 할 수 있는 지역 소상공인, 자영업자, 중소기업 등 기초 생산소비 주체의 삶의 질과 경제활동에 도움을 준다.

이렇게 지역공공은행은 지역경제에 지속 가능한 경제생태와 환경이 이루어질 수 있도록 하는 데 도움을 줄 수 있다. 이 외에도 국가주도 화폐창조를 활용하여 지역의 사회경제적 문제의 해소를 위한 다양한 사업과 지역의 기업과 주민을 위한 금융지원을 강화할 수 있다.

국가주도 화폐창조는 지역화폐사업과 지역공공은행 등의 지역경제 발전을 위한 정책을 위해 활용될 수 있다. 이러한 대안을 잘 활용한다면 현재 대부분 지역이 겪고 있는 수도권과 비수도권의 지역 양극화, 지역소멸의 문제에서 벗어나 지역발전을 위한 새로운 동력과 활력을 되찾을 수 있을 것으로 기대한다.

앞의 내용을 요약하면 다음과 같다.

① 지역화폐사업은 지역경제 활성화를 위해 필요한 사업이다. 국가주도 화폐창조를 활용하여 지역화폐사업을 수행할 수 있다.

② 국가주도 화폐창조를 통해 지역공공은행 설립, 금융접근권 확대 등 금융약자에 대한 지원을 강화할 수 있다.

③ 지방정부는 국가주도 화폐창조를 응용하여 지방채를 발행하고 지방은행이나 지역공공은행이 이를 인수, 화폐를 창조하여 지역을 위한 다양한 사업의 재원으로 활용할 수 있다.

④ 이처럼 국가주도 화폐창조를 활용하여 지역발전을 위한 다양한 사업을 추진할 수 있다.

맺음말

현 금융자본주의 화폐·통화시스템과 그 이론적 기초인 신자유주의 주류경제학은 경쟁과 효율을 지고의 가치와 선으로 간주한다. 인간을 능력에 따라 수치화, 계량화함으로써 인간 존재와 사회적 관계의 가치를 배제한다. 이 책에서는 이를 극복하기 위한 방안으로 전통적 화폐인식에 대한 문제를 지적하고 대안적 화폐인식과 화폐·통화정책의 필요성, 적용가능성을 살펴보았다. 그리고 현대판 시뇨리지를 지양하고 화폐창조이익을 지향하는 국가의 선제적이고 적극적인 화폐창조 필요성을 제기하였다.

화폐이론은 크게 부정적 인식체계를 토대로 하는 상품화폐이론과 긍정적 인식체계를 토대로 하는 신용화폐이론으로 구분할 수 있다. 통화주의, 신자유주의 등을 비롯한 주류경제학의 화폐이론은 상품화폐이론을 토대로 한다. 이들 이론에 따르면 인간은 존재 자체로 가치가 부정되고 수치화되고 계량화된다. 이는 화폐를 단순히 경제활동의 결과물이자 베일로 인식하는 수준에서 머물고 있기 때문이다.

이는 동시에 화폐의 긍정성을 제대로 활용하지 못함을 의미한다. 따라서 현 금융자본주의에서 인간 존재와 사회적 관계의 가치 회복을 위해서는 화폐에 대한 부정적 인식과 이론을 극복할 필요가 있다. 예를 들어 대안으로 제시되고 있는 현대화폐이론, 주권화폐이론의 국가주도 화폐창조를 통해 실물경제를 추동하고, 더 나아가 인간 존재와 사회적 관계의 가치 회복에 기여할 수 있을 것으로 기대한다.

국가주도 화폐창조와 관련하여 정교하면서도 현실에 부합한 탐색과 연구를 위해서는 경제학을 넘어 인문학적 통찰을 토대로 한 대안적 화폐인식과 정책이 필요하다. 화폐에 대한 부정적 인식을 극복하고 국가가 주도적으로 화폐를 창조함으로써 공공의 이익과 미래 성장 동력 확보를 위해 화폐를 활용할 수 있다는 긍정적 인식의 수용과 정책적 적용이 필요하다.

특히 이 책은 한 세대 이상 신자유주의 사조 속에서 태어나고 자란 청년층이 화폐·통화시스템의 전환과 적극적 화폐 활용이 먼 미래의 이상이 아닌 현실에서 이룰 수 있는 것임을 이해하는 데 도움을 줄 것이다. 현재 우리나라 청년층은 효율과 경쟁, 작은 정부, 승자독식이라는 신자유주의적 가치에 익숙하다. 여기에만 머문다면 그들의 미래 그리고 우리나라의 미래는 어두울 수밖에 없다.

이 책을 토대로 국가주도 화폐창조의 구체적인 기준, 그 경제적 영향에 대한 모델 구축과 실증적 분석, 법·제도적 측면의 보완 방안 등 보다 심도 있는 분석과 연구가 필요하다. 이러한 고민과 노력이 모아지면 화폐인식의 전환과 새로운 화폐·통화시스템으로의 실현을 위한 밑거름이 될 것이다. 이는 궁극적으로 국가경제의 성장과 안정에 도움이 될 것으로 기대한다.

화폐는 단순히 눈에 보이는 돈이 아니라 사회적 약속이며 법이며 제도이다. 약속과 법과 제도는 한번 정해지면 그 자체가 무기가 되어 사람을 구속한다. 사람을 살릴 수도 죽일 수도 있는 것이다. 화폐는 사람을 위해 만들어졌지만 오히려 사람을 살리는 것이 아닌 죽이는 도구로 쓰이게 되었다. 화폐를 어떤 도구로 쓸지는 우리 스스로가 결정해야 한다. 저자는 화폐를 사람을 살리는 도구로 적극 활용해야 하고 또 그럴 수 있음을 이야기하고자 하였다.

저자는 마르크스주의가 주장하는 것과 같이 역사가 어떤 법칙에 따라 진행한다는 역사법칙주의를 경계한다. 다만 이 책을 마무리하면서 지금까지의 논의를 바탕으로 화폐·통화시스템의 진화 과정을 제시해 볼 수 있을 것이다. 인류가 만들어온 화폐·통화시스템은 '고대, 중세의 상품화폐·국가(왕, 귀족)' → '근대의 상품화폐·시장(자본)' → '현대의 신용화폐(상업은행화폐)·시장(자본)' → '미래의 신용화폐(중앙은행화폐, 주권화폐)·국가(국민)'의 내용과 조합으로 진화, 발전하고 있는 것으로 보인다.

고대·중세는 왕 또는 귀족 등 독재자, 특권층의 이익이 중심이 되면서 상품화폐가 통용되는 시대이다. 이어서 근대는 시장(자본)의 이익이 중심이 되면서 상품화폐가 통용되는 시대이다. 그리고 우리가 살고 있는 현재 시점은 시장(자본)의 이익이 중심이 되면서 신용화폐, 상업은행화폐가 통용되는 시대이다. 이제 다가올 미래에는 화폐창조이익이 국민 다수에게 돌아가는, 다시 말해 국가(국민)의 이익이 핵심 가치와 중심이 되는 중앙은행화폐시대, 더 나아가 주권화폐시대가 열릴 것으로 확신한다.

그 미래는 화폐에 대한 긍정적 인식으로의 전환과 국민의 삶을 위한 화폐창조이익의 활용이 얼마나 빨리 이루어지느냐에 달려 있다. 천동설은 중세 천년을 지배하였다. 16세기 초 코페르니쿠스가 지동설을 주장한 이후에도 지구가 태양을 돈다는 진실이 대중의 인식 속에 받아들여지기까지는 오랜 시간이 걸렸다.

화폐도 마찬가지일 것이다. 이 전환의 과정에서 수많은 이념적, 이론적, 정책적 대회전(大會戰)이 일어날 것이다. 지동설이 그랬듯이 시간이 걸리더라도 대회전에서의 승리를 통해 국민 다수를 위해 화폐가 온전히 활용되는 시대, 화폐가 사람을 살리는 도구로 쓰이는 시대가 현실로 다가오길 기대한다. 화폐창조의 시뇨리지가 독점화, 사유화되는 현대판 시뇨리지의 시대는 가고 명실상부한 국민주권의 미래판 시뇨리지의 시대가 오길 기대한다.

화폐에 대해 알아가는 과정은 고뇌와 환희가 혼란스럽게 교차되는 시간의 연속이었다. 화폐에는 기쁨과 슬픔, 절제와 탐욕, 생명과 죽음과 같은 인생의 굴곡과 영욕이 들어있다. 화폐에는 인류가 유사 이래 쌓아온 법과 제도, 문명과 기술이 집적되어 있다. 화폐를 이해하고 공부하는 것은 인문학, 사회과학, 자연과학 등 대부분 학문 분야가 총망라되는 작업이다.

저자의 지식이 얼마나 짧고 부족한가를 뼈저리게 느끼는 과정이었다. 하지만 수십 년 찾아 헤매던 화폐와 경제의 본질을 조금씩이나마 알아가는 과정은 전율과 환희 그 자체였다. 이 책을 쓰면서도 화폐에 대한 광막한 이야깃거리가 계속 머릿속에 떠오른다. 하지만 일단 여기까지 그간의 여정을 이 책으로 정리하고자 한다. 앞서간 선배 학자들의 뒤를 이어 화폐와 경제에 대한 여정은 계속될 것이다. 그것이 또 한 권의 책으로 정리되어져 나오길 고대하며 이 글을 맺고자 한다.

찾아보기
인명

찾아보기
사항

저서

김동기. 2023. 『달러의 힘』. 해냄.

나원준 외. 2021. 『MMT 논쟁』. 진인진.

남보라·박주희·전혼잎. 2021. 『중간착취의 지옥도: 합법적인 착복의 세계와 떼인 돈이 흐르는 곳』. 글항아리.

낸시 폴브레. 윤자영 역. 2007. 『보이지 않는 가슴, 돌봄 경제학』. 또 하나의 문화.

데이비드 그레이버. 정명진 역. 2021. 『부채, 첫 5,000년의 역사: 인류학자가 고쳐 쓴 경제의 역사』. 부글북스.

렌덜 레이. 홍기빈 역. 2015. 『균형재정론은 틀렸다』. 책담.

론 폴. 서병한 역. 2019. 『우리는 왜 매번 경제위기를 겪어야 하는가? 중앙은행에 대한 불편한 진실』. 바른북스.

루트비히 폰 미제스. 김이석 역. 2011. 『화폐와 신용의 이론(상), (하)』. 한국경제연구원.

마요옌보. 홍민경 역. 2021. 『돈의 탄생: 돈의 기원부터 비트코인까지 5,000년 화폐의 역사』. 현대지성.

마이클 로버츠. 김하영 역. 2021. 『팬데믹 이후 세계경제』. 책갈피.

마크 라부아. 김정훈 역. 2016. 『포스트 케인스학파 경제학 입문 대안적 경제 이론』. 후마니타스.

머리 로스버드. 전용덕 역. 2012. 『정부는 우리 화폐에 무슨 일을 해왔는가?』.

지식을 만드는 지식.

밀튼 프리드먼. 김병주 역. 2009. 『화폐경제학』. 한국경제신문.

박만섭. 2020. 『포스트 케인지언 내생화폐이론』. 아카넷.

벤 버냉키. 김동규 역. 2023. 『벤 버냉키의 21세기 통화정책』. 상상스퀘어.

_____. 김홍범·나원준 역. 2013. 『벤 버냉키, 연방준비제도와 금융위기를 말하다』. 미지북스.

빌 토튼. 김종철 역. 2013. 『100% 돈이 세상을 살린다』. 녹색평론사.

새로운사회를여는연구원. 2009. 『신자유주의 이후의 한국경제』. 시대의창.

스테파니 켈튼. 이가영 역. 2021. 『적자의 본질: 재정 적자를 이해하는 새로운 패러다임』. 비즈니스맵.

신상준. 2021. 『중앙은행과 화폐의 헌법적 문제』. 박영사.

_____. 2020. 『돈의 불장난: 돌 화폐에서 비트코인까지 돈에 대한 거의 모든 이야기』. 생각의창.

안나쿠트, 앤드루 퍼시. 김은경 역. 2021. 『기본소득을 넘어 보편적 기본서비스로』. 클라우드나인.

안재욱. 2022. 『화폐와 통화정책』. 박영사.

에스와르 프라사드. 이영래 역. 2023. 『화폐의 미래』. 김영사.

이노우에 도모히로. 송주명·강남훈·안현효 역. 2020. 『기본소득의 경제학: 알기 쉬운 현대화폐이론(MMT) 논쟁』. 진인진.

이마무라 히토시. 이성혁·이혜진 역. 2010. 『화폐 인문학: 괴테에서 데리다까지』. 자음과모음.

이안 고프. 김연명 역. 1990. 『복지국가의 정치경제학』 한울아카데미.

이한. 2021. 『중간착취자의 나라: 비정규 노동으로 본 민주공화국의 두 미래』. 미지북스.

전용복. 2020. 『나라가 빚을 져야 국민이 산다』. 진인진.

정필모. 2015. 『달러의 역설』. 21세기북스.

제라르 푸셰. 서익진·김준강 역. 2021. 『화폐의 비밀: 화폐를 바꾸면 세상이 바뀐다』. 도서출판 길.

제프 크로커. 유승경 역. 2021.『기본소득과 주권화폐: 경제위기와 긴축정책의 대안』. 미래를소유한사람들.

조너선 윌리엄스존. 이인철 역. 1998.『돈의 세계사』. 까치글방.

조셉 후버. 유승경 역. 2023.『주권화폐, 준비금 은행제도를 넘어서어』. 진인진.

존 메이너드 케인즈. 이주명 역. 2010.『고용, 이자, 화폐의 일반이론』. 필맥.

질비오 게젤. 질비오게젤연구모임 역. 2021.『자유토지와 자유화폐로 만드는 자연스러운 경제질서』. 출판사 클.

차현진. 2021.『금융 오디세이』. 메디치.

_____. 2016.『중앙은행 별곡』. 인물과사상사.

_____. 2007.『애고니스트의 중앙은행론』. 율곡출판사.

최인호. 2022.『잃어버린 시뇨리지』. 이맛돌.

칼 마르크스. 김문수 역. 2016.『경제학·철학초고/자본론』. 동서문화사.

크리스토퍼 래너드. 김승진 역. 2023.『돈을 찍어내는 제왕, 연준』. 세종.

클라우디아 골딘. 김승진 역. 2023.『커리어 그리고 가정 평등을 향한 여성들의 기나긴 여정』. 생각의힘

펠릭스 파틴. 한상연 역. 2019.『돈: 사회와 경제를 움직인 화폐의 역사』. 문학동네.

포브스, 스티브 2022.『화폐의 추락: 우리가 놓친 인플레이션의 시그널』. 알에이치코리아.

홍춘욱. 2019.『50대 사건으로 보는 돈의 역사』. ROKMEDIA.

헨리 손턴. 박상수 역. 2014.『신용화폐론』. 아카넷.

Coote, A., P. Kasliwal, & A. Percy. 2019. *Universal Basic Services: Theory and practice—A literature review*. London: Institute for Global Prosperity.

Friedrich Hayek. 1976. *The Denationalization of Money*. Institute of

Economic Affairs.

Knapp, F. Georg. 1924. *The State Theory of Money*. London: Macmillan & Co.

Murphy, E. Antoin. 1997. *John Law Economic Theorist and Policy—Maker*. London: Oxford University Press.

Portes, J. P., H. Reed, & A. Percy. 2017. *Social prosperity for the future: A proposal for Universal Basic Services*. Institute for Global Prosperity.

Sheard, Paul. 2023. *The Power of Money How Governments and Banks Create Money and Help Us All Prospe*r. Matt Holt.

논문

강병익 외. 2023. "2022 민주연구원 불평등 보고서: 현황과 쟁점". 민주연구원.

강희원. 2021. "화폐제도와 국민주권: 화폐에 있어 국민주권의 실현을 위해서". 법철학연구. 24권 3호. 63-130. 한국법철학회.

김을식 외. 2021. "경기도형 보편적 기본서비스 도입방안 연구". 정책연구 2021-85. 경기연구원. 경기도형 보편적 기본서비스.

김종철. 2015. "자본주의 화폐(money)의 본질과 기원에 대한 정치학적 설명." 국제정치논총. 55권 3호. 157-191. 한국국제정치학회.

나원준a. 2021. "경제번영을 이끄는 재정의 역할." 지속 가능한 공정경제. 146-163. 시공사.

_____b. 2020. "비전통적 통화정책과 현대화폐이론(MMT)." 사회경제평론. 33권 1호. 1-44. 한국사회경제학회.

_____c. 2019. "현대화폐이론(MMT)의 의의와 내재적 비판". 경제발전연구. 25권 3호. 91-127. 한국경제발전학회.

서정희. 2017. "기본소득과 사회서비스의 관계 설정에 관한 연구." 비판사회

정책. 57권. 7−45.

신희영. 2020. "현대화폐이론에 대한 좌파 케인스주의−마르크스주의적 비판과 제언." 사회경제평론. 통권 제61호. 45−79.

유영성 외. 2021. "주권화폐 발행과 금융제도 개혁: 기본소득 재원과의 연계성 고찰." 정책연구 2021−903. 경기연구원.

조복현. 2020. "현대화폐이론(MMT)과 재정·통화정책." 사회경제평론. 33권 2호. 227−277. 한국사회경제학회.

황재홍. 2021. "내생화폐이론과 정부지출의 선행성: 현대화폐이론과 포스트 케인지언." 사회경제평론. 34권 2호. 25−45. 한국사회경제학회.

Mitchell−Innes, Alfred. 1914. "The Credit Theory of Money". *The Banking Law Journal*. 31. 151−168.

_____. 1913. "What is Money?". *The Banking Law Journal*. 30. 377−408.

Coote, A. 2021. "Universal basic services and sustainable consumption". *Sustainability Science, Practice and Policy*. 17(1). 32−46.

Gough, I. 2019. "Universal Basic Services: a theoretical and moral framework." *Political Quarterly*. 90(3). 534−542.

Lavoie, M. 2013. "The monetary and fiscal nexus of neo−chartalism: A friendly critique". *Journal of Economic Issues*. 47(1). 1−32.

Wray, L. Randall. 2014. "From the State Theory of Money to Modern Money Theory: An Alternative to Economic Orthodoxy." *Working Paper* No. 792. Levy Economics Institute of Bard College.

URL

국제화폐개혁운동(IMMR), https://internationalmoneyreform.org/

돈은 이러해야 해, https://blog.naver.com/youme41_368

유승경의 화폐와 금융, https://blog.naver.com/hymangyoo

화폐민주주의연대, https://cafe.naver.com/smd2020/

Alliance for Just Money, https://www.monetaryalliance.org/

Network for Monetary Diversity, https://monneta.org/en/

Positive Money, https://positivemoney.org/

Positive Money Europe, https://www.positivemoney.eu/

Positive Money US, https://positivemoney.us/

Website for monetary system analysis and reform by Joseph Huber, https://sovereignmoney.site/the−chicago−plan−100−per−cent−re−serve−and−plain−sovereign−money/

국가주도 화폐창조

초판발행	2024년 3월 30일
지은이	나희량
펴낸이	안종만·안상준
편 집	전채린
기획/마케팅	박부하
표지디자인	Ben Story
제 작	고철민·조영환
펴낸곳	(주) **박영사**
	서울특별시 금천구 가산디지털2로 53, 210호(가산동, 한라시그마밸리)
	등록 1959. 3. 11. 제300-1959-1호(倫)
전 화	02)733-6771
f a x	02)736-4818
e-mail	pys@pybook.co.kr
homepage	www.pybook.co.kr
ISBN	979-11-303-1988-9 93320

copyright©나희량, 2024, Printed in Korea

정 가   20,000원